▲弘一大师（李叔同）像，拍摄于1937年。

▲1905年，李叔同（左）在天津与其兄文熙下围棋留影。

▲李叔同于1907年留学日本期间，出演《茶花女》之主角玛格丽特剧照。

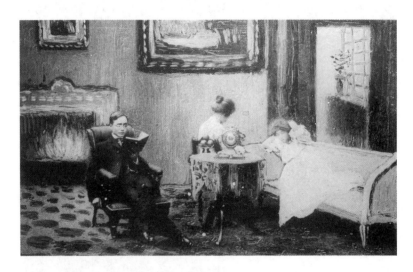

▲李叔同（卧床者）出演《茶花女》剧照。

▲1911年，李叔同（居中者）在东京美术学校毕业时的合影。

▲1912年3月，第六次南社雅集合影（李叔同在后排右七）。

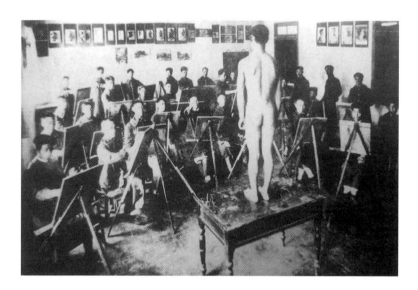

▲1914年，李叔同在浙江省立第一师范学校以极大胆魄，首次上人体写生课，惊动各学府。

▲李叔同所作之广告图。

▲ 1918年，弘一大师（中）入山修行前与弟子刘质平、丰子恺（右）合影。

涵養沖靈便是身世學問

是歲重光協洽嘉平月於普陀山滕地

遠離眾生相具足大悲心

省除煩惱侶菩心性安和

而無眾生想為現智慧燈

集華嚴經偈頌句慧善居士供養弘一書

▲当代著名书画家、收藏家臧克琪藏品。

▲弘一大师手绘观音像。

▲弘一大师于圆寂前一年，在福建泉州留影。

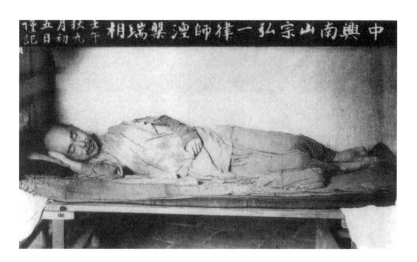

▲1942年10月13日，弘一大师圆寂于泉州温陵养老院。

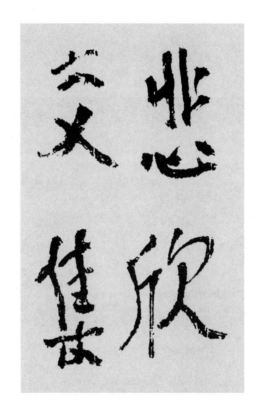

▲弘一大师绝笔"悲欣交集"。

李叔同传

从风华才子
到云水高僧

汪兆骞 著

中国出版集团
现代出版社

图书在版编目（CIP）数据

李叔同传 / 汪兆骞著. -- 北京 ： 现代出版社，
2022.10（2024.10重印）
ISBN 978-7-5143-9951-6

Ⅰ. ①李… Ⅱ. ①汪… Ⅲ. ①李叔同（1880-1942）
－传记 Ⅳ. ①B949.92

中国版本图书馆CIP数据核字(2022)第159402号

李叔同传
LISHUTONG ZHUAN

著　　者　　汪兆骞

选题策划　　张　霆
责任编辑　　姚冬霞　张　瑾
责任印制　　贾子珍
出版发行　　现代出版社
地　　址　　北京市安定门外安华里504号
邮政编码　　100011
电　　话　　(010) 64267325
传　　真　　(010) 64245264
网　　址　　www.1980xd.com
印　　刷　　三河市中晟雅豪印务有限公司
开　　本　　710mm×1000mm　1/16
印　　张　　22.75
字　　数　　273千字
版　　次　　2022年10月第1版　2024年10月第8次印刷
书　　号　　ISBN 978-7-5143-9951-6
定　　价　　78.00元

目　录

· 第一卷

风华才子

李叔同的前半生

第一章

出身津门官宦家，
乃父被尊『李善人』

亲亲而尊尊，生者养而死者藏。
——唐·韩愈《送浮屠文畅师序》

1

寒露时节，一场秋雨刚停，从海河吹过来的阵阵潮湿的风，吹进东岸的粮店后街陆家竖胡同二号，让正在花园散步的李世珍感到寒意，他顺口吟出曹丕《燕歌行》中的两句诗"秋风萧瑟天气凉，草木摇落露为霜"。

这个院落，坐落在三岔河口东，为清代风格建筑，皆砖瓦房，东西南苑皆面胡同，院墙上加了女儿墙。东院墙外还有一所厦子平房。大门原有屋宇式小门楼，内有屏门四扇，院内房舍为北房三间、东西厢房各三间的"三合式"。北房东房山墙间有夹道，通往三间南房，北墙有带小后门的后院，出门便是静静流淌的海河中段。院内有一棵老榆树。

李叔同诞生在斯院，两岁后搬到粮店后街六十号新居。

这几天，李世珍心绪不宁。他的第四位夫人，十九岁的侧室，已进入临产期。快到从心所欲之年的他，一直为子嗣担忧，汉代刘向《说苑·谈丛》说"庶人将昌，必有良子"，可自己的长子李文锦在二十岁时夭亡，次子李文熙生下来十分羸弱，九岁时才能蹒跚学步。怕李家香火难继，年近七十岁的李世珍便收了王姓十七岁的小康之家姑娘为侧室。苍天眷顾，王氏一年多便怀上了孩子，这几天就要临盆，他兴奋又紧张。

李世珍手里握着的天竺木镶玛瑙嘴白铜锅烟袋，早已熄灭。他怔怔地站在开得正艳的月季花圃前，这时，瘦弱的次子文熙匆匆地从他身边跑过，喊了声"爹"。他手里提着一只蝈蝈笼，唱着含混不清的童谣，在老人疼爱担心的嘱咐"莫急，慢些"声中，在花园前消失了，老人无奈地摇了摇头。

就在这时，一个年轻的丫鬟跑过来，气喘吁吁地说："恭喜老爷，四夫人生了！"

李世珍听罢，快步赶到西厢房院子里。西厢房门口已有几个人拥在那里，见老爷进院，都笑着道喜："四夫人添了个公子！"

李世珍随着丫鬟一路小跑，只问四夫人怎样，得知顺利生产，已让他满心欢喜，等听众人齐云"晚得贵子"，眉宇间更是挤满了喜气。那时，头戴花翎的官人进产房是犯忌的，但他把烟袋交给丫鬟，立刻掀起刚刚挂上的厚门帘，跨进屋，来到四夫人的床前。小丫鬟端来一把太师椅，他坐下后，拉着四夫人的手，轻轻地拍着，满脸堆笑地看着她苍白的俏脸，然后俯身轻轻吻了吻她饱满的额头，吟道："亲卿爱卿，是以卿卿，我不卿卿，谁当卿卿。"吟着吟着，他爬满皱纹的眼角淌下了两行清泪。他吟的诗是《世说新语·惑溺》中的句子，他娶来四夫人当夜，在床上吟过。老人还教过四夫人"曾经沧海难为水，除却巫山不是云"。四夫人听罢，苍白的脸上浮起两片红云。

正是他们二人，孕育了一百多年后赵朴初先生所说的"不仅是近代高僧、律学大师，而且是我国新文化运动的功臣，他在音乐、书法、绘画方面都有卓越的成就"，"一生可以说是立德、立功、立言的"一位贤人（《在纪念弘一法师诞生110年座谈会上的讲话》），一位非凡的人——李叔同。

李叔同降生于1880年的农历九月二十。

不少关于弘一大师的传记，都说他降生前有只花喜鹊口衔一青翠松枝，飞到产房窗前，在张嘴报喜之时，松枝落在窗沿上。陈慧剑所著《弘一大师传》中就有详细描述。喜鹊衔松枝到产房贺喜，佛赐祥瑞，无非证明这个婴儿非凡胎，是对弘一大师璀璨的一生，特别是后来皈依佛门的渊默庄严的法相人生的一种痴想吧！正如龚定庵诗云"吟道夕阳山外山，古今谁免余情绕"，宛然高僧入图画，把经吟立水塘西，认定弘一大师是"高松鹤不群"吧！

走出产房，李世珍为上苍赐予李家一个新生儿而兴奋狂喜。在回房的路上，他放慢了脚步，想起迎娶四夫人王凤玲的往事。

2

当初纳王氏为侧室时，李世珍似无红袖添香之欲，实为传宗接代。原配姜氏嫡出长子文锦早逝，续弦张氏庶出次子文熙又体弱，三夫人郭氏无生育，怕香火断绝，大厦倾，灯将尽，对不起祖宗，早过花甲之年的李世珍，常有"俟河之清，人寿几何"，"不知将白首，何处入黄泉"之慨叹，痛苦焦急，食不甘味，长夜难眠，方有纳年方十七的王氏女子为侧室之举。李世珍时年已六十六。但老夫少妻，在当时官宦之家，系平常事。

那十七岁的王家女孩儿，被一乘红色软轿抬进李家位于东浮桥东岸的粮店后街陆家竖胡同二号的大宅院西侧门。侧室即偏房，实为小妾，不能无限风光地娶进进士宅第正门。轿里蒙着盖头的王凤玲，还是不谙世事的天真少女，突然成为新嫁娘，心里忐忑不安。这门亲事敲定前，父母双亲将李世珍家世、为人说与女儿听，也将自家小康与官宦李家门不当户不对的实情相告，将她入门之后作为小妾的地位、处境的卑微也说得明明白白。他们说，世事艰难，王家答应这门亲事，图的是背靠大树好乘凉，女儿一辈子享荣华富贵基本无虞，王家也能衣食无忧。他们叮嘱女儿"上和下睦，夫唱妇随"。

王凤玲生于小康之家，不愁衣食，父亲饱读诗书，以书香门第自居，教女儿识文断字。父亲为促成这桩婚事，不断劝说之时，十七岁的少女记得，《颜氏家训·止足篇》说"婚姻勿贪势家"，唐代李益《杂曲》有"嫁女莫望高，女心愿所宜"，心知父亲言不由衷。她知道"嫁女择佳婿，毋索重聘"。佳婿起码要年龄相当，但父亲偏偏择了个六十多岁的老女婿。

出阁前几天，她上街去打梳头的桂花油，遇见胡同里的玩伴，她们像见了陌生人一样，在她打招呼时低头匆匆走过，然后回过头鄙夷道："这不是李善人老爷家的姨奶奶吗？"被小伙伴冷嘲热讽，视作以色事人、贪图钱财的人，王凤玲心如刀割。但她只能顺从父母之命、媒妁之言。

王凤玲无奈嫁到李世珍家，成了第四偏房，原配夫人姜氏早年已过世。她被安置在大宅第的西跨院，那是专门为她准备的独立小院。李世珍迎来王凤玲，心里甚是高兴。他第一次见到王凤玲，是在粮店后街。那天他去钱庄办事，只见迎面从大佛寺方向走来王凤玲母女二人。姑娘面容清秀，一双明眸清澈深邃，身材苗条修长，青春的气息扑面而来。这一带无人不识李进士，姑娘恭敬地叫了一声"李老爷"，向他有礼貌地嫣然一笑。李善人浑身透着儒雅之气，和善地点头微笑，让母女二人感到年迈的老人的平易谦和，而他也记住了这个女孩儿。

后来，在择偏房时，老人首选王凤玲。媒人到王家提亲，王家人感到突然，但没有马上拒绝。李善人家财万贯，六十多岁仍身体硬朗毫无老迈之气，他们并不反感，便答应了这门亲事，才成就了不是孽缘便是宿命的这桩姻缘。

3

李世珍回到书房，稍事休息，便洗手整理衣冠，焚起檀香，又从香案上取下《佛说金刚般若波罗蜜经》——这是他朝夕课诵的佛经——然后坐在蒲团上，合掌诵经，字字铿锵，句句流畅。他诵到"一切有为法，如梦幻泡影，如露亦如电，应作如是观"为止，但觉神清气爽，如沐春风，然后起身，在书房踱步、沉思。他忽有所思，忙来到书案边，研墨润笔，从纸堆中抽出一张红色宣纸铺好，挥笔写下"李文涛"三个楷体字，欣喜地目视良久。"文涛"，是他给刚降生的儿子取的名字。一个"涛"字，寄托了老人让李家血脉如滔滔江水奔流不息的宏愿。然后，他走到窗前，眯眼打量那一片开得红彤彤的鸡冠花，便有两行热泪挂在他苍黄消瘦的脸上。

人是复杂的，读儒学书，可知孔圣人见南子也有动心之窘，在场的"子路不悦"可证。

李世珍，出身豪门，一生都在名利场中逐鹿，先后经历清嘉庆、道光、咸丰、同治、光绪五个时期，他苦读诗书，经年科考，后中举人，再得进士，入朝官至吏部主事，后又经商，主营盐业和钱庄，成津门巨富。他在科场、官场、商场得风得雨，享一辈子荣华，一生乐善好施，受人尊敬，得津门"李善人"雅号。

李世珍的一生很复杂。

李世珍（1812—1884），号筱楼，祖籍浙江嘉兴府平湖县当湖镇，其父名锐，叔名锟，经营盐业、银钱业，为当地显贵。李世珍自幼苦读诗书，精通儒、佛、道、医等诸学，科举屡试不中，直到道光年间才中了举人，同治四年（1865）与李鸿章等同会试，皆高中进士，时年李世珍五十三岁，与小其十一岁的李鸿章比，他算是大器晚成了。入朝后曾授知县，后官至吏部主事，以团防有功，得四品衔花翎，尽显殊荣。按理说，"为政犹沐也，虽有弃发，必为之"（《韩非子·六反》）。但《尹文子》卷上说，"有理而无益于治者，君子弗言；有能而无益于事者，君子弗为"。李世珍在腐败的官场，难有作为，"无补于政，虽大弗与"（汉代王充《论衡》），做不到"上安下顺，弊绝风清"（宋代周敦颐《拙赋》），只干了四年，便弃官从商，继承其父叔之盐业和银钱业。

世人所云"官清不爱钱"，非贪赃枉法地捞钱，取之有道者，爱钱何错之有。李世珍在商界呼风唤雨，粮店后街之桐达李家得以闻名，成为天津望族。

《孟子·公孙丑上》说"君子莫大乎与人为善"，《周易·系辞下》说"善不积不足以成名"，饱学之士李世珍，自然不忘先贤关于士人为善的教诲，"惟善以为宝"（《礼记·大学》），一生以善为本，热衷于社会公益事业。据《天津县新志》载，李世珍"纠合同志，建备济社，集聚资备荒。而每岁施放钱米、棉衣、医药、棺木及恤嫠"。

备济社是以救灾济民为目的的社会慈善团体，是社会贤达创办的救灾机构。比如，深刻影响李世珍的咸丰、同治年间的慈善家李春城建的寄生所，便是一例。李春城曾因练兵有功，得到僧格林沁的赏识重用，授刑部四川司外郎。不久，便辞官回到原籍天津。李春城"从善如转圜，遣恶如去仇"，在津办"寄生所"，救济灾民穷人，每至严冬，常收容无家可归的贫民六七百之众，施舍衣食，死者予以棺木下葬。其善举深受津门各界所称赞敬仰。

受到李春城的影响，"闻一善言，见一善事，行之唯恐不及"（《意林》），李世珍极仰慕李春城，遂邀志同道合者在粮店后街孙家胡同西口南，创立了社会慈善团体备济社，以寄生所为榜样，备济社也尽心尽力恤贫济灾，"哺之以粥，疾病施医药，死亡则棺殓而瘗之"。

为善非一时一事一人，终身为善为真善。李世珍懂得教育为强民族强国家之根本，"今天下无事，汝辈挽得两硕弓，不如识一个字"（《旧唐书·张弘靖传》），他在办备济社的同时，又动用一部分财力，兴办义学，让寒门子弟有书可读。其"善气迎人，亲如兄弟"（《管子·心术下》），津门对李世珍之善举，有口皆碑，称其为"粮店后街李善人"。

韩愈在《谢自然诗》中云"人生处万类，知识最为贤"。晚清举人、进士李世珍，靠才学知识取得功名，入朝为官，他在书中求得黄金屋，喜得颜如玉。

作为儒商，他一生都致力于陶朱之业，陶朱即陶朱公，泛指大富者，《韩非子·解老》："夫弃道理而妄举动者，虽上有天子诸侯之势尊，而下有猗顿、陶朱、卜祝之富，犹失其民人而亡其财资也。"郁达夫《题友人郑泗水半闲居》诗："难道半闲还治产，五湖大业比陶朱。"李世珍从《韩非子》《史记》中，懂得陶朱之业的重要，也深谙陶朱之道，他在任吏部主事时，即趁机出巨资买下大量盐田引地，等他辞官经商之时，原来荒芜的盐田引地，引海水成为产盐地，是为一聚宝盆。他又从徽商、晋商那里学得开银号钱庄的路数，在津门开办桐达钱铺，成为津门金融市场的一支生力军。正所谓：日中为市，致津门之民，聚天津之财，成为津门陶朱。"天下熙熙，皆为利来，天下攘攘，皆为利往"，为利来往，只要"诚有功，取其直，虽劳无愧"，留意于孔孟之间，委身于经济之道，财富滚滚而来，李家财势最盛之时，李世珍心安焉。

李家原住粮店后街东侧一所三合院，后李世珍又在粮店后街晋都会馆斜对面六十号购置了一处大院落，门楼高挂起"进士第"，过道悬有"文元"匾额。那年李世珍七十岁，是中进士后的第十七个年头，即辞官经商只三个春秋有余。

一日，送友人携活泼可爱之子离宅，返回时夕阳已暗，他站在进士第门楼前，见落叶在秋风中飘零，一股伤感油然而生。韩愈在《孟东野失子》中说"有子且勿喜，无子固勿叹"，但自家子嗣堪忧，是他的彻骨之痛，长子早夭，二子天生羸弱，两岁多尚不能行走。古人云积粮防饥，养儿防老，家为陶朱之家，不指望儿女养老，但若断香火，李门不幸啊。吃晚饭时，一桌山珍海味，却不见老爷动箸，二夫人张氏见状，知其心中之痛，便劝道："老爷洪福齐天，该来的总会来。文熙现在虽弱，但以老爷的功德，上苍会赐福于他，使他慢慢强壮起来。"李世珍忧虑地看了看一直不能生育的三夫人郭氏，心中说道："三夫人可否赐子于我？"那眼神充满了期待。郭氏心里慌乱，前两位夫人皆有孩子，她不敢看老爷那忧郁的眼神，只好将头深深低下。李世珍举起箸，布菜给两位夫人，又唤了丫鬟，上了一坛陈酒，每人斟上一小盅。他举起酒杯，十分抱歉地对两位夫人笑了笑："有桩生意，让我心神不定，让你们又胡思乱想，怠慢娘子们了。其实在生本来多子孙，生男生女催人老，我们为了家族的香火永续，都各司其职，我去赚钱养家，你们倾心尽力生儿育女，都做了贡献。来，让我敬你们一杯。"然后一饮而尽。

"朝骋骛乎书林兮，夕翱翔乎艺苑"，李世珍乃饱学之士，"寂寂寥寥扬子居，年年岁岁一床书"，他终生沉湎于读书，乐而忘忧，不知老之将至。古来名士皆有不惜重金收藏古书和文玩的嗜好，史称"喜读书，京津书客争趋之"。清朝有山东杨氏"海源阁"、常熟瞿氏"铁琴铜剑楼"、归安陆氏"皕宋楼"、上海徐氏"积学楼"，天津横氏也位列其中。

去年新购的粮店后街六十号，已修茸一新。这是一座经历一百多年风雨的清代风格建筑，占地两亩多，宅院呈"田"字形，计有各种房舍六十余间，每个院落分南北两部分，各部又都有前后院。宅院沿街而建，坐西朝东。大门为"虎座"门楼，磨砖对缝，有极精致的"百兽"镂刻砖雕镶在门楣之上。迎面有刻砖照壁，造型典雅。门楼南侧为厅房，"进士第""文元"两方大匾分别高悬门楼前和过道内，颇为醒目，具官宦气象和书香典雅。

进得大门，前四合院，迎面有两座砖砌垂花门，院内有相对的南北房各三间，东西房各五间。其前脸有"渔樵耕读"木质结构装饰。院子宽敞，右侧为一小花园，有一木架，上爬满藤萝，四周用竹篱围起，筱楼取名"意园"。春秋时节，他常坐在藤萝架下，看书、饮茶、吸烟。

九月，秋高气爽，七十二岁的筱楼悠闲地坐在"意园"藤萝架下的汉白玉石桌前饮茶吸烟，不时看到十七岁的文熙和五岁的文涛，从眼前花径跑过，他们手执线轴，拉着天上一鹞一鹰，快乐地笑着，使他那苍白消瘦的脸上，浮着惬意和满足的微笑。

筱楼亲自掌管李家的钱庄及盐业生意，凭着他的智慧和人脉，创造桐达李家最富有兴旺的光景。筱楼在朝为官几年，结交了不少官员，辞官后还常与他们交往。最要好的是清廷重臣、国之栋梁李鸿章。二人同科考中进士，又同朝为官，虽李鸿章小筱楼十一岁，但都饱读诗书，满腹经纶，又熟谙儒学，二人可谓志趣相投。大凡李鸿章到天津公干或私行，总会到李家拜望，二人或对弈，或对酒，或对诗。李鸿章尤对筱楼兴办公益事业，济民救灾之善举，大加赞赏。筱楼总是笑道：你在朝廷是股肱重臣，国之栋梁，我一个闲人，做此善事，所谓"君子莫大乎与人为善"而已。李鸿章忙举起酒杯："筱楼兄，韩昌黎云：'君子之于人，无不欲其入善'，该'褒其所褒'，让我敬兄一杯。"

就在前几天，暑热难耐，李鸿章轻车简从来到李宅，二人落座书房，会晤闲聊。

书房在后三合大院里，东院有几排房舍，便是闻名津门的藏书房李氏"延古堂"，珍藏宋、元、明、清珍本图书，多是明代抄本、刻本，还有清代初刻本及稿本，共约五千册部，集部古书占半数，凡"延古堂"藏书皆有"延古堂李氏珍藏""身行万里半天下"等钤印章。李鸿章多次流连其书海之间，羡慕不迭。多年后，天津南开大学木斋图书馆编撰了《天津延古堂李氏旧藏书目》上、下两册油印本。

李宅两院系四进五间，北有大约两间半房舍，便是筱楼的书房。房间有当时最新潮的大玻璃隔扇，与"藏书房""延古楼"封闭严紧的门窗形成对照，这里光线充足，冬日暖阳照进，明亮温暖，花草绿红争艳。房门西南角，有一抱柱书橱，筱楼将一些佛经和常看的古书陈列其上。旁边设一香案，一尊玉佛，一宣德香炉，檀香袅袅吐着暗香。这间书房兼卧室是他接见亲朋密友之处，李鸿章是这里的常客。

此时李鸿章这位有争议的人物，代表腐败清王朝签了不少丧权辱国的不平等条约，但他又精通洋务，支持洋务运动，擅长外交，使清王朝苟延残喘地延续了几年。作为一个执行者，由于所处的时代和形势，他也很无奈。

清末，受西学的冲击，康梁变法。同时，传统的以王朝为中心的"政教"趋于衰败，巨大的社会变革让世人特别是李鸿章、李世珍对清王朝的政治体制也产生了怀疑。面对儒学理想的崩溃，亦官亦士的二李每到一起，谈到混乱的时局，便深感迷茫与落寞。

洋务运动前后，李鸿章读过严复的《论世变之亟》《原强》《天演论》《救亡决论》等宣传资产阶级民主启蒙思想的文章，读过林纾翻译的《巴黎茶花女遗事》。此次访筱楼，与同科进士谈到林纾的《兴女学》《破蓝衫》等，他们都认为这是赞扬新学、攻击科举制度，与康有为、梁启超正在酝酿的变法立场相近。二位进士兴奋又谨慎地表达着作为传统士人的道义和责任。筱楼谈着竟背诵曹植的诗曰："闲居非吾志，甘心赴国忧。"李鸿章击掌以应。

5

读书人多注重养生，筱楼年过七十，在当时算是高寿了。他一生注意"起居时，饮食节，寒暑适，则身利而寿命益"，六十八岁能传宗接代。但先在官场后在商场劳碌，心动神疲，总会有损身体。多亏他略通医道，有头疼脑热，自己开几味中药煎服，七十多岁尚硬朗。可是"人命不可延"也，因此，他要早为后事做准备。

一天，吃过午饭，他便叮嘱家眷到他书房议事。与家眷议事，过去鲜有，七年前，在旧宅，为娶侧室王凤玲，他曾请夫人们到书房议事，他以李家人丁堪忧为由，说服夫人们。他是宽厚之人，并未责备三房郭氏未给他生个男丁，让一直惴惴不安的郭氏感激得热泪横流。两位夫人也都懂得"上和下睦，夫唱妇随"，特别是关乎李家香火，兹事体大，都劝老爷早点儿将年轻的王凤玲娶进李家大门，为李家继香火，早生健康男婴。见夫人个个通情达理，他很感动。家私不论尊卑，亲亲而尊尊，是他恪守的治家之道，就在他与王凤玲洞房花烛夜时，张氏、郭氏每人都得到一对通体碧绿水头极足的翡翠玉镯，一套白金链挂红宝石的时髦项链，扫除了她们心中的醋意。

三位夫人一路揣测议事内容，不久就来到明亮的书房。这里除了王凤玲，另两位夫人很少走进此室。那宽大的玻璃隔扇，李鸿章赠送的高大的木座珍贵大钟，另一同僚送的罕见的留声机，让她们目不暇接。

夫人们落座，筱楼把两个儿子叫到跟前，放下手中的烟袋，等丫鬟给老爷太太斟上茶离去，议事开始。老人先在宣德炉里燃上香，郑重地口念"积善之家，必有余庆，积不善之家，必有余殃"。十九岁的文熙知道，父亲讲的是《周易·坤》中的句子。筱楼接着说，我李家世代积善，可谓以善传家。福善之门尊美于和睦，今日要讲的是兄弟和睦。李门近几代一直单传，老夫有幸得两子，有必要说说兄弟关系。

然后对站立左侧的文熙说："熙儿，你为兄长，可知兄弟关系的重要？"

文熙略加思索道："孩儿读《颜氏家训·兄弟篇》，记住'兄弟不睦，则子侄不爱'，懂得要爱护弟弟。"

老人微笑点头，又问："可会背曹植《七步诗》？"

文熙即背诵："'煮豆持作羹，漉菽以为汁。萁在釜下燃，豆在釜中泣。本自同根生，相煎何太急？'孩儿谨记，不学曹丕欺辱其弟曹植，要做个爱护弟弟的好兄长。"

老人欣慰地点点头："熙儿长大了，懂事了，让为父放心了。"然后抚着文涛的头，说，"你也要尊敬哥哥和睦相处。"

那五岁的文涛，听罢向文熙鞠躬道："母亲给我讲《幼学琼林·兄弟》，我记住'天下无不是的父母，世间最难得者兄弟'。母亲还教我背王维《九月九日忆山东兄弟》，'独在异乡为异客，每逢佳节倍思亲。遥知兄弟登高处，遍插茱萸少一人'，如我与哥哥分离，每到过节也会想念他乡的同胞手足。"

老人惊喜地站了起来："涛儿只有五岁，便懂圣贤之书，殊为难得。我原本想涛儿到六岁再请先生开蒙授课，看来涛儿早慧，现在便可请先生授课了。"

最后，老人站起身向三位夫人鞠躬施礼："'爱子，教之以义方，弗纳于邪'，你们深明大义，教子有方，辛苦了。立身行道，扬名于后世，以显父母，孝之终也，老夫向你们致敬。"

夕阳西下，全家在西院花厅吃过晚饭，老人不要用人搀扶，自己慢慢经花园，往书房走去。他感到十分疲倦。近些日子，特别是入秋之始，他便有一种不祥之感。他记起刘彻的《秋风辞》，"欢乐极兮哀情多，少壮几时兮奈老何"。一生顺风顺水、官场顺遂、商界得意、家庭和睦、子嗣茁壮。但"死生有命"，"人命危浅，朝不虑夕"，谁能长生。欧阳修在《唐华阳颂》中说："死生，天地之常理，畏者不可以敬免，贪者不可以敬得也。"人总要赴黄泉，因此他并不畏死。他感到满意的是，他已将后事交代清楚了，今天议事向妻子和两个儿子讲清楚"常棣之华，鄂不铧铧。凡今之人，莫如兄弟"（《诗经·小雅·常棣》）的道理，文熙听懂了。

回到书房，仆人已点亮房内灯烛，进屋，他深情地打量已经栖身一年多的房舍，备感温馨。他径直到香案前，整理衣冠，燃香插入宣德炉，像往常一样，默诵《金刚般若波罗蜜经》。诵到"一切有为法，如梦幻泡影，如露亦如电，应作如是观"时，他总会流下两行老泪。诵经后，仍双手合十，默立于金菩萨像前。病身最觉风露早，他的身体日渐衰弱，良医不能措其术，百药无所施其功。他明白，生者为过客，死者为归人。虽说"虽死之日，犹生之年"，他还是留恋官场的荣耀、商场的富贵、美人的妖娆。特别是文人那种"游仙半壁画，隐士一床书""兴阑啼鸟换，坐久落花多"的闲适隐逸生活，让他恋恋不舍。

许久，他才命仆人去粮店后街的大佛寺请净圆老僧。仆人听命快步去了。

大佛寺是明神宗朱翊钧所建，殿宇雄浑壮观，前殿供奉佛祖释迦牟尼，后殿塑一丈大佛一尊。寺院有僧人十多位，方丈法名净圆，与筱楼关系甚好。筱楼常到大佛寺与方丈或谈佛说禅，或评书论画，或黑白对弈。

净圆大筱楼两岁，快步随李家仆人来到他熟悉的书房，仆人撩起深蓝色的门帘，将方丈让进屋内，忙去厨房端来方丈爱喝的橘普茶，然后退去。

净圆落座后，笑道："施主让老衲匆匆到府上怕不是单为喝茶吧？"

筱楼也笑："老子曰：'不出户，知天下，不窥牖，见天道。'方丈想必知晓我今晚请您到寒舍的目的了吧？"

净圆在来李宅的路上从仆人口里得知筱楼与家眷议事之事，心里便明白了，笑对曰："《孔子家语·颜回》说'一言而有益于智者，莫如预'。老衲料定，施主已为身后之事做好了准备。"

筱楼将自己如燃尽灯油一般的身体状况说与净圆，预感时日无多，想请净圆吟诵自己朝夕课诵的《金刚经》，送自己西归。

净圆望着老友那双再无往日神采的眼睛，点头允诺，命李家候在屋外的仆人去大佛寺请来众僧，从当晚开始诵经。

不久，众僧赶到书房，净圆开始诵《金刚经》，诵经声惊动了李家大院，三位夫人携文熙、文涛来到老爷的书房，见老人半躺在黄花梨木床上，目光黯然。张氏率先放声痛哭，众家眷也哭成一团，文熙拉着文涛跪在床前。老人吃力地挥了挥手，用微弱的声音坚定地说："我要安静地离去，你们都退出去吧！"

众家眷退出书房，躲在廊里小声抽泣。文熙、文涛跪在书房门前，泪流满面。

秋夜，明月当空，花园里的秋虫浅吟低唱。从窗里飘出木鱼、石磬伴奏下的诵经声，清晰、悠扬，"时，长老须菩提在大众中，即从座起，偏袒右肩，右膝着地，合掌恭敬……"

屋里，老人的呼吸伴着众僧诵咏《金刚经》的声音，渐渐微弱，乃至无声，身子已僵硬地挺在床上。

忽然，蓝色的门帘被轻轻掀开，众僧一愣，见一高一矮两个男孩子，手拉手，庄严地走进屋，径直到老人的床前。净圆识得，这是筱楼的爱子文熙和文涛。

文熙见父亲静静地躺在床上，双手合十，双目闭合，安详如往常。然后，他转向慈眉善目的净圆方丈："大师，俺爹真的归灭了吗？"

老方丈双手合十："阿弥陀佛，李进士子夜时分，就安详地诵着《金刚经》乘鹤西去了。"

文熙拉过文涛："来给大师磕头。"

那文涛跪地，熟练地背诵道："时，长老须菩提在大众中，即从座起，偏袒右肩，右膝着地，合掌恭敬而白佛言：'希有！世尊！如来善护念诸菩萨，善付嘱诸菩萨。世尊！善男子，善女人，发阿耨多罗三藐三菩提心，应云何住，云何降伏其心？'佛言：'善哉！善哉！须菩提！如汝所说，如来善护念诸菩萨，善付嘱诸菩萨。汝今谛听，当为汝说。善男子，善女人发阿耨多罗三藐三菩提心，应如是住，如是降伏其心。唯然，世尊。愿乐欲闻。'……"

满屋众僧皆惊讶，五岁幼童竟能如此流利地背诵《金刚经·第二品善现启请分》，神童也。

老方丈抚着文涛的头："阿弥陀佛，文涛何时向谁学的《金刚经》？"

文涛如实禀告："大师，平时总听家父诵《金刚经》，昨夜我一直在门外听众师连续诵《金刚经》，便记住了。只是不懂，将来向大师请教。"

老方丈自叹："百岁无智小儿，小儿有智百岁！"

李世珍的祭奠仪式办得极为隆重盛大，震惊津门。其同僚好友直隶总督李鸿章为其奠主，朝廷重臣马三元将军报门，这让李家痛失老主人悲痛之时，又让后人享尽荣耀。

胡宅梵《记弘一大师的童年》中，记录了李叔同父亲李世珍去世的情景。

> 筱楼公精阳明之学，旁及禅宗……公年至七十二，因患痢疾，自知不起，将临终前病忽愈，乃属人延请高僧，于卧室朗诵《金刚经》，静聆其音，而不许一人入内，以扰其心……公临殁，毫无痛苦，安详而逝，如入禅定。每日延僧一班或二班，诵经不绝。时师见僧之举动……以后即屡偕其侄辈，效焰口施食之戏，而自处上座，为大和尚焉……

1931年，弘一大师由杭州到绍兴戒珠寺，与徐悲鸿相晤。画家为大师画像后，请求允许为大师编纂《年谱》，大师这样回答：

> 平生无过人行，甚惭愧，有所记忆，他日当为仁等言之。至二十岁前，陈元芳居士已得其略。年七八岁时，即有无常、苦、空之感，乳母每教戒之，以为非童年所宜。

上述两例，证明李叔同童年时受其父影响，便有日后向佛的因缘。

第二章

有小忿不废懿身，
兄长开蒙教小弟

仁人之于弟也，不藏怒焉，
不宿怨焉，亲爱之而已矣。

——《孟子·万章上》

1

家庭，是以婚姻和血缘关系为基础的社会单位，也是传统的宗法上的关系。筱楼乘鹤而去，文熙在十九岁时，按法统继承了掌管李家的全权。自斯日起，只有他可对家里的一切人事发号施令，一言九鼎，所有人都得无条件服从于还有些稚嫩毛躁的文熙指挥，他自己也努力担负起对家的责无旁贷的责任。

深秋时分，他在父亲的书房，坐在父亲那把明代黄花梨木的太师椅上，开始处理钱庄盐业买卖上的事务和家里的琐事。

买卖上的事务，有父亲时任命的老人精心管理，平日账房有关账目清清楚楚，有重要情况，主管们会向他汇报，并提出建议，一般情况下，他总是勉励由他们做主去做，商业运转还算正常。但家务繁杂，让他经常用心劳神。家里有三位母亲，还有众多姐妹及小弟文涛，另有长兄文锦去世后的寡嫂及孩子。父亲为文涛请的乳母刘氏也留在李宅。刘氏与一般乳母不同，不只让文涛有足够的奶水，还能让他识文断字，背诵诗词和《名贤集》，使文涛从小受文化熏陶，父亲十分满意。宅内尚有十多个丫鬟和小厮听差。在文熙看来，李宅就如《红楼梦》的贾府，杂事何其多也。

他坐在太师椅上，自然不忘父亲几个月前在这里议事的情景，他更不能忘记父亲的嘱托，要善待文涛。他曾想过要亲自教文涛读书，但他认为四娘与其他二位娘不同，她最年轻，与自己年纪差不多，又有家学，平日不多言语，与世无争，看似温、良、恭、俭、让，但遇事沉稳，自有主见。尽管四娘在讲尊卑的李府上地位不高，只是一个小妾，无法与张氏郭氏相提并论，特别是依照当时社会上的传统观念，她在李家上下只比丫鬟地位略高一些，即使母以子贵，文涛也是庶出，依然会被世人瞧不起。但四娘从不自卑自贱，这一点父亲早就看在眼里，特别是她年轻貌美又通文墨，再为李家添了个聪慧的涛儿，父亲晚年一直与她同床共枕，院里没人敢轻慢她，文熙对此心里明镜一般。为了父亲的临终之嘱，他骨子里虽对四娘有所轻视，但从未流露出来。

为了文涛的教育，他专门到西院征求四娘意见。进得四娘屋，看她和乳母刘氏正在为文涛拆洗棉被褥，让涛儿冬天有暖和的铺盖，这原本是仆人丫鬟干的粗活，那二位娘从来不亲力亲为的。

王氏见文熙来了，忙放下手里的活儿，微笑着让他进屋落座，又命丫鬟端上一盘西域马奶葡萄，这是文涛舅舅刚刚送过来的。见文涛不在，他便开门见山，说起让文涛读书的打算："四娘，我想让弟弟早点读书，由我教他，您以为如何？"

王氏听罢，忙说："老爷总说文熙读书用功，学问好，由你执教最好不过。只是涛儿玩疯了，你得好好管教他。"

文熙很认真地说："四娘放心，兄弟一起读书，如切如磋，如琢如磨，共同长知识。"

王氏道："文熙引用《诗经·卫风·淇奥》这句话，可知你要教涛儿努力求学，又兼顾德行的砥砺，四娘很欣慰。"

正说着，文涛土猴般哼哼唧唧地撩起门帘进了屋。见文熙在，立马跑过去拉着兄长的手，说："哥哥何时带我去大佛寺，见净圆师父？他曾说寺里那几座石塔里有几位坐化高僧。"

文熙拉着文涛的手："你五岁了，别净想玩耍了，从明天起，咱就开班读书了。"

王氏看着眼前的文熙，一如他的父亲，消瘦的方脸上，流露出一种自信的神情，又多了些坚毅。

文熙从王氏西院出来，顺便到另两位娘那里走动走动，嘘寒问暖，告知给小涛上课之事，两位娘都很高兴。特别是文熙生母张氏见文熙遵父命，善待弟弟，特别高兴地说："熙儿果然像个当家的。"文熙发现，每位娘那里的果盘都盛着马奶葡萄，认为四娘虽有刚强个性，却能亲近家人，且腹中还有诗书，可不能轻慢四娘。这与大宅门鄙视小妾的心态迥然不同。

2

文熙是个办事心思颇为缜密的人。一个多月前，他就吩咐仆人，把"洋书房"收拾好，为课堂置两桌两椅，教与学者面对而坐。

这"洋书房"是筱楼专门仿西洋建筑建造得非常洋气的书房，与他的卧室兼书房的古雅相映成趣。"洋书房"陈设精致，有从英国进口的皮沙发，西式桌椅，最为显眼的是奥国租界驻津领事赠送的一架华贵钢琴，为18世纪的珍品。多年后，李叔同从日本留学回津，又将钢琴改造了一番，成为津门一景，那是后话。

开课日，已是深秋。那天，东方旭日高升，文涛穿戴整齐，走进"洋书房"，只见兄长文熙已在面西的长书桌前严肃地正襟危坐。文涛按母亲的吩咐，上前给兄长鞠躬，曰："给先生鞠躬！"

文熙和颜悦色："免了，落座吧！"

文涛忙坐在面东向着兄长的长桌后的木椅上。母亲曾说过："学问无大小，能者为尊。"兄长从父亲那里学了各类古代典籍，已是饱学之士了。文涛母亲叮嘱，"列士并学，能终善者为师"，务学不如务求师。他虽然尚不太懂其意，但他知道母亲的话一定要听。

文熙谨从父命，决定从责任、荣誉、孝悌方向启蒙文涛。每日两个小时，日课识字、写字及蒙学书籍。授《千字文》《玉历钞传》《返性篇》，由浅入深地讲下来。第二日，要弟弟背诵。聪颖的文涛，总是流畅地朗声背出。那个置于桌上用于惩戒的竹板，一次也没派上用场。这种填鸭式的教学，竟有如此好的效果，让老师很满意。文熙在晚饭时，总会让文涛给全家背诵大段诗文，听童稚的背诵声，大家会喜笑颜开，众声夸赞。

"人非生而知之者，孰能无惑"，文涛常常提出问题。文熙以欧阳修《吉州学记》之"善教者以不倦之意须迟久之功"自勉，尽力将问题解答清楚。

有时，文涛坐在书桌前，抬眼看到瘦脸严肃酷似父亲的兄长，心里总会有几分亲近，他听哥哥的话。

文涛七岁时，偶读《文选》朗朗成诵，文熙惊喜，全家异之。文熙深觉弟弟过于聪明，自己的学问只能给他开蒙。但"闻道有先后，术业有专攻"，面对七岁的文涛，他已力不从心，遂请先生辅导学习。他要做的是在"洋书房"询问所学情况，或出题考问，督促他上进。

文涛九岁时，文熙得知文涛乳母刘氏熟读《名贤集》，经常教文涛背诵"人贫志短，马瘦毛长""高头白马万两金，不是亲来强求亲，一朝马死黄金尽，亲者如同陌路人"等启迪年幼的文涛。那刘氏，虽不是名门望族出身，但其父饱读诗书，科考得举人，对爱女钟爱有加，自幼授其《名贤集》。刘氏得父真传，将《名贤集》学得深透，且颇有己见，为乡里称"女状元"。刘氏授课是在四娘院里的小书房，每到早晨鸡鸣，伺候文涛吃过早饭，便在小书房讲《名贤集》，王氏也天天到课。文熙能"不耻相师"，也常来听课，有时请教疑难。学罢《名贤集》，九岁的文涛能背诵，能讲解和发挥，所得甚丰。

文熙所学多为《论》《孟》《学》《庸》，很少涉猎文学。文涛只能听乳母刘氏的意见，从大儒常云庄先生学《诗经》《千字诗》《唐诗三百首》。文涛很小就由母亲教诗歌，诗成了他最先相交的文学读物，一般情况下，他只能背却不知其意，那平仄和韵律很让他着迷。那沉浸浓郁，含英咀华的诗真正打开了他的文学之门。常云庄先生引用清代叶燮《原诗》的话"诗之基，其人之胸襟是也"，及刘熙载《艺概·诗概》中的话"诗品出于人品"等语，告诉文涛"志高则言洁、志大则辞宏、志远则旨永"的道理。

到文涛十岁，哥哥文熙又安排他学"四书"和《古文观止》。"四书"即指《论语》《孟子》《大学》《中庸》。文熙懂得儒学的核心是"仁"。"仁"讲的是家庭的尊卑长幼，贵贱亲疏的有差别的爱，这个"爱"体现在四个字上，即孝、悌、忠、信。此乃封建秩序上的"君君臣臣，父父子子"。在他看来，文涛必要懂得并做到"仁"。应维护他在李家的掌门地位。在表面上他会藏起这份私心，但内心深处，他的地位绝不容许挑战。为此，他曾有些心虚，有些自责。

王氏爱怜幼子，却从不溺爱。在教育上，王氏也毫不松懈，在日常生活上，也处处以儒家规范教育文涛。比如《论语》说"不撤姜食，不多食"，是她坚持让儿子遵守的，她每天在饭桌上总要摆一小碟生姜片，给儿子耳濡目染的影响。有时，文涛站坐没个形，她就厉声训斥"席不正不坐"。她更经常传授他"万般皆下品，唯有读书高"的古训。用知礼、守孝、诚信、孝悌、慈善、忠厚、舍生取义、悲悯苍生等儒学礼仪和规范要求他。

3

除了读孔孟，知"仁"，他还涉猎道家学派的老庄。他尤其喜欢读《红楼梦》。别人读《红楼梦》多纠缠于宝黛的爱情故事，而文涛却从爱情悲剧中读出贾、王、史、薛四大富贵家族的兴衰，悟出人世间的富贵不过是过眼烟云，"贵富太盛，则必骄佚而生过""富必给贫，壮必给老"。十岁这年，他在诗中云："人生犹似西山月，富贵终如草上霜。"文熙读后，惊讶于弟弟的早熟，更惊讶于他如此年纪就参透人生的本质，产生超然物外的思想，为此他感到骇然。

母亲吟罢他的诗，更有一种不祥之感，小小年纪，便看破红尘，让她不安。她读《红楼梦》就不解，贾府给贾宝玉安排了一条功名富贵、光宗耀祖的锦绣之路，但贾宝玉偏偏厌恶、背弃了这条路，对富贵家庭表现出异乎寻常的冷漠，甚至挑战。最后，遁入空门。这种不祥的预兆，让王氏深感恐惧。

弗洛伊德认为，童年的经历，会随岁月的流逝而被淡忘或从意识层中消失，但却顽固地潜藏于潜意识中，对人生产生恒久的影响。李叔同1918年抛妻弃子，告别红颜知己，到杭州虎跑寺削发为僧，并不是谜案，而是宿命，也与他的童年经历有关。

文涛十三岁，即光绪十八年（1892），始学训诂之学，读《说文解字》。《说文解字》是文字学和文献语言学的基础，在中国语言学史上有重要地位，是东汉许慎所撰。它是研读古代文化经典的一把钥匙，掌握它，便可在文字的海洋里徜徉。文涛学得刻苦认真，一生受益。

他还兼学篆书和隶书。他的书法和篆刻已有大家气象，名动津门，被视为神童，求字求篆刻者络绎不绝。

文熙见状很高兴，这毕竟是桐达李家的荣耀，作为兄长和师长的他，与有荣焉。

光绪二十年（1894），文涛十五岁，已经长成瘦高的白面书生模样，走起路来快而轻盈。或许是太过用心读书、习字的原因，他与外界联系不多，除偶尔到大佛寺去拜访一下须发皆白年事已高的净圆方丈，与方丈谈谈书法，说说汉隶、魏碑、二王或听听他讲经，或对弈，文涛与街坊的小友很少来往，没有谈天说地的机会，心里很是孤独寂寞。

这一年，在父亲的好友李鸿章的安排下，文涛到京师游历了一遭。领略了古燕京的帝都风物，拜访了父亲曾任主事的吏部衙门。尤其让其兄感到得意的是筱楼之子，受到荣禄中堂和王文韶揄扬。瓜尔佳荣禄是晚清政坛的重要人物，任文华殿大学士、军机大臣，在戊戌变法等政治事件中扮演复杂角色。有这等人揄扬，桐达李家名震京津。在文涛看来，荣禄、王文韶揄扬，只是看在曾同朝为官的父亲的面子上，做做样子而已。但却从此让他尝到了诸巨公络绎不绝求字之苦。

回津后，文熙兴高采烈地在"虎座"门楼前迎迓弟弟，并特吩咐厨房设宴为文涛洗尘。席间三位母亲也都喜笑颜开，夸文涛有出息，其母王氏，很敏感地注意到，在她们的笑容里，隐含着不屑。在桐达李家，庶出子女的地位是很卑微的，她感到悲凉。

时光流逝，转眼间文涛就十七岁了。那是光绪二十二年（1896）。

他师从赵幼梅学诗词，又师从唐静岩习篆刻和刻石，同时请教徐耀廷。后，他"刻成的线条流利自然，有如闲云出岫，别树一帜"（《书法》1979年第六期），其宗秦汉，兼收浙、皖，并继承了明末清初流派及徐三庚的字法刀法。但起步于唐静岩之教。

春，他对天津减各书院奖赏银为洋务书院之议不满，曰："照此情形，文章虽好，亦不足以制胜也。"

夏日，文涛以二十四页之素册，请唐静岩师书写钟鼎、篆隶、八分书，以作拓本。唐静岩按其请，写毕送他，他视为楷模。后将其册付印，名曰《唐静岩司马真迹》，署名当湖李成溪，唐静岩为此作了后记。成为谱主集印之先河。

不学不成，不问不知。他懂得博观而约取，厚积薄发之道，在师从唐静岩学篆刻之时，他还向自家商号的账房先生徐耀廷求教，徐精通篆刻之术。他通常是以书信形式向徐耀廷讨教，书信之多，仅一年就写了十七封《致徐耀廷信》，足见其求教之切。

4

俗语说"智者不愁，多为少忧"。文涛五岁开蒙至十七岁，十二年，他如一眼山泉，奔涌而下，渐渐汇成一条溅着浪花的溪流，它清澈又充满灵性。从一个瘦娃长成高大挺拔的后生，散发着勃勃的青春气息。十二年寒窗苦读，他智慧的头脑里，积攒了经史子集、诗词歌赋、金石书画、佛道戏曲等丰富博杂的学问。

他的学识是融会贯通的，学习那些经史子集、诗词歌赋，使他的心智如同重新锻造、窑烧，化为自己的血肉，成为自己的学识。

又比如他的书法，"初学分布，但求平正，既知平正，务追险绝，既能险绝，复归平正"（孙过庭《书谱》），"风神骨气者居上，妍美功用者居下"（张怀瓘《书议》）。他曾学前人诸名家书法，又以张猛龙为主。但"学书在法，而其妙在人"（晁补之《鸡肋集》）。文涛在十七岁时书法已见个性，丝毫没了各大家的痕迹，自成无锋、古拙、藏神、蕴骨、点线结合的独特艺术风格。

光绪二十一年（1895），十六岁的文涛走进过去专门供奉文曲星的庙宇文昌宫。此时文昌宫由道光年间天津文化名人梅成栋（梅贻琦先祖）重建，改为"辅仁书院"。

一位先生见走进门的翩翩少年正是人称"李双行"的桐达李家的

李文涛。

李文涛此年以优异的成绩考入辅仁书院，学习八股文（亦称制义）。该书院与当时的官学并无多大区别，以考课为主，并无坐堂听课，每月初二、十六两日考课两次，一次为官课，一次为师课，分别由官方和掌教出题、阅卷和考评等级，为督促学业，让贫寒者有机会求学，书院发给优者银钱奖赏。李文涛已经熟读经史诗文，再加天赋异禀，每次考课作文，他都文思泉涌，笔墨恣肆，因所发试卷尺幅有限，便在一格中书写两行，比别人的作文内容丰富，行文流畅，字迹又好，故得"双行李文涛"的美名。几乎每次考试，文涛皆得奖银。岁月荏苒，书院更名为文昌宫小学。李文涛对辅仁书院印象深刻，后为该校谱写了校歌：

> 文昌在天，文明之光。地灵人杰，效师长；初学根本，实切强；精神腾跃，成文章。君不见，七十二沽水源远流长。

十六岁的文涛，这一年还继续向他称为五哥，也是李家账房先生的徐耀廷学习篆刻和各体书法，准备兼学算术及洋文，有他当时写给徐耀廷的十七封信为证。他在端午节前写的第五封信中说：

> 今有信将各院奖赏银皆减七成，归于洋务书院。照此情形，文章虽好，亦不足以制胜也。昨朱莲溪兄来舍，言有切时事，作诗一首云：
>
> 天子重红毛，洋文教尔曹。万般皆下品，唯有读书糟。
>
> 此四句诗可发一笑。弟拟过五月节以后，邀张墨林兄内侄杨兄教弟念算术，学洋文。

由此，我们可以看到，李文涛年纪轻轻却懂得顺应形势，既要精读四书五经等传统国学，又要在西风东渐中吸取新知和新文明，与朱莲溪之短见殊为不同。

次年，十七岁的文涛随唐静岩习遍各书体。他的书法、篆刻受唐静岩影响甚大。唐静岩，原籍浙江，久居天津，书界名气颇大。文涛以篆书题签《唐静岩司马真迹》。

唐静岩特为此册作跋语：

> 李子叔同，好古主也。尤偏爱拙书，因出素册念四帖，属书钟鼎篆隶八分等，以作规模。情意殷殷，坚不容辞。余年来老病频增，精神渐减，加以酬应无暇，以致笔墨久荒，重以台命，遂偷闲为临一二帖，积日既久，始获蒇事。涂鸦之诮，不免贻笑方家耳。

030

文涛二十岁时，到上海即刊印此册，以纪念恩师。

十七岁时文涛亦学诗词歌赋，主要师从津门名士光绪年拔贡赵幼梅，此师学识渊博，诗文俱精，著《藏斋诗话》《藏斋随笔》等。师从赵拔贡，这里还有些渊源。早年其在天津鼓楼东"世进七第"姚家教书，即文涛二嫂姚氏之家。文涛与二嫂关系亲密，常到姚家走动，便与赵幼梅相识，文涛慕其学识深厚，在文熙和二嫂支持下，就在姚家学馆师从赵先生，主要学辞赋八股和古典诗词。文涛深得唐诗宋词的精髓，诗文大进。

1901年，文涛回津探亲，特拜访众恩师，其中便有赵幼梅。回沪后，他将北上探亲见闻，以日记体写成《辛丑北征泪墨》，以记洋人在华罪行，抒悲愤忧国忧民之情。出版后，寄给赵先生，赵为之题词曰："与子期年长别离，乱后握手心神怡。"

5

文涛由一个乳臭未干的毛孩儿，已经长成一个玉树临风、满腹经纶的成熟的男人了。有时与哥哥文熙一同出门，粮店后街的街坊看到两个一般高矮，同样消瘦的兄弟，就会想起他们的父亲李筱楼，他们的长相似一个模子里刻出来的，尤让他们称奇的是，他们爷儿仨的举止风度也相似。桐达李家并未因李进士去世而衰落。

当然，在那个讲究伦理尊卑的年代，小妾王氏所生的文涛，远不如已执掌李家大权的文熙尊贵。文涛从小就听到街坊称他是小妾生的孩子，他们眼里的鄙视给文涛幼小的心灵造成了深深的伤害，他曾到大佛寺向净圆大师倾诉自己的委屈。老僧劝曰："小惑易方，大惑易性，由他们去说。"

从此，听到歹话，看到冷眼，他都一笑而过。

他从心里感谢哥哥文熙，与之相处经年，他从哥哥的眼神里只看到爱护和温存。《孟子·万章上》有"仁人之于弟也，不藏怒焉，不宿怨焉，亲爱之而已矣"，哥哥做到了。他从心里庆幸和感激。

他的母亲王氏也深有感触。当初她嫁到李家，生文涛时，二房张氏之子文熙尚小，十七岁的文熙执掌李家时王氏也只有二十五岁。在李家，丫鬟、仆人轻视这个小妾，但文熙一直以母视之，从不轻慢，有关文涛之事，多与王氏商议，从不独断。当然，在世俗社会里，他们母子的尴尬处境也少不了经历一些难以言说的苦楚。

桐达李家这条大船，在文熙这位少掌门的掌舵下，依然平稳和谐地前行，四房老老少少，二十多位仆人、老妈子、当差的日常开销，还有李家遍及天津乃至扩展到全国各地的盐业及钱庄等商号的生意，都落在文熙的肩上，临危受命的文熙谨遵父嘱，牺牲了个人的仕宦之路，已是秀才的他放弃科举，以家族为重独撑家业，既要关照弟弟的读书进取，又要帮弟弟成家立业，可以说是桐达李家的顶梁柱。

文熙艰难地支撑李家这条大船，在风雨中前行，李家的家业才没有因李筱楼的故去而衰败，为李文涛后来的发展提供物质条件，使他成为中国文学艺术史上的奇才，佛教史上光芒四射的弘一大师，一个伟大的爱国主义者。

光绪二十三年（1897），文涛十八岁。

一日，文涛推开李家大院的西侧小门，走进属于他们母子的西院，刚进书房，小丫鬟翠儿过来，说夫人有请。

到母亲房中，请了安，便垂手立于坐在太师椅上的王氏面前。还不足四十岁的王氏见瘦高的儿子一身长衫，便笑着说："涛儿，我刚才与翠儿到大佛寺去进香，路上遇到对门的林嫂，她说你已长成大小伙子了，若我们娘儿俩走在路上，人们会以为是姐弟呢！"

文涛也笑："林大妈是夸娘年轻，说儿'少壮几时分奈老何'呗。"

母亲说："娘是想借林嫂的话，说你已是成年人了。男大当婚，女大当嫁，娘得为我儿寻个媳妇了。"

文涛忙说："古诗说'人生寄一世，奄忽若飙尘'，'远而有光者，饰也，近而逾明者，学也'。孩儿趁年轻还是再多读些书吧。"

母亲一脸严肃："孩子，娘一直在想，如果你成了亲，宅门里，是不是会对我们母子俩好些？"

文涛从母亲的话里听出她内心积郁的伤感和苦楚，一个小妾受到的鄙视和屈辱，也一直噬咬着文涛那颗年轻而又自尊的心。

母子沉默了一会儿，眼神交汇，百感交集。

文涛对母亲说："孩儿听娘的。"

王氏有些沉重："娘不想逼你。"

文涛有些羞涩："不，我愿意。'关关雎鸠，在河之洲，窈窕淑女，君子好逑。'娘给儿子招来哪家的窈窕淑女呀？一来与孩儿共剪西窗烛，二来可给娘做伴，不让娘寂寞冷落。"

王氏莞尔一笑，她知道，儿子早与天津伶人们来往密切，他经常去剧场听戏捧场。他已是成年男人，与俊俏女人来往也是寻常事，只是她未点破这层窗户纸，避免儿子窘迫，便一语双关地说："涛儿，其实早就想要个红袖添香的佳人儿了吧？"这就把母子很严肃的谈话变得欢愉而温馨。

王氏问："娘一直在为儿选媳妇。你可见过芥园大街俞家茶庄的女儿？"

文涛说："孩儿没太留意，只要娘中意，人家也中意，娘做主便是。《长生殿》不是有'意中人，人中意，则那些无情花鸟也情痴'的唱词吗？"

王氏说："你还是见见俞姑娘吧，秦观的《鹊桥仙》说得好，'金风玉露一相逢，便胜却，人间无数'。"她知道，涛儿在外是很有血性的，但在自己面前总是百依百顺，她懂得他的孝心。在婚姻大事上，她希望由他做主。她与李筱楼的婚姻不能算不幸，但一个少女与年过花甲的老人的婚姻毕竟让她年轻守寡，凄凉度过后半生。她希望涛儿自己决定自己的婚事。接着说："娘读《古今小说·蒋兴哥重会珍珠衫》，有句话说得好：'做买卖不着（不如意），只一时；讨老婆不着，是一世。'还是涛儿自己选媳妇吧！"

文涛说："相信娘会选个咱娘儿俩都喜欢的姑娘。"

王氏与文熙商量之后，定下这门亲事，文熙还给弟弟拿出三十万巨款为结婚礼金（三十万银圆，在当时可建一座颇具规模的中学）。为亲友们所称道。

这一年的岁尾，纷纷瑞雪飘落之际，芥园大街俞家茶庄的长文涛两岁的闺女俞容儿被八抬大轿在鼓乐声中抬到李家大门前，兄长文熙、母亲及众人早就盛装候在那里，看着凤冠霞帔的新娘子，被身着红袍桂冠的新郎扶下花轿，众人看到俞家闺女白皙端庄。

粮店后街桐达李家的这场婚礼，引起不小的轰动，亲朋好友纷纷带着各种礼品参加了婚宴。为文涛的婚事，其兄文熙，不惜钱财，将婚礼办得隆重盛大，酒席间，文熙以李家掌门的身份接待来宾，礼数极为周到，让人看到兄弟间"会桃花之芳园，序天伦之乐事"的和睦亲密景象。

回到西院，夫妻到王氏房里，再拜高堂，品容温雅的儿媳让王氏颇为满意。她看到儿子面带微笑，却未见惊喜。从他的眼神里她没看到儿子将婚事看得多么重要。她知道只要娘高兴，儿子就心满意足了。

进洞房时，文涛没有太多激情，却不失礼节。

与俞容儿一起到李家的还有一位从俞氏娘家带来的陪房廖姑娘，廖姑娘一直跟着他们，直到文涛携母与俞氏到上海时才辞掉。

第三章

写《辛丑北征泪墨》，
风流才子醉红尘

变故在斯须，百年谁能持？

——三国魏·曹植《赠白马王彪》

1

光绪二十四年（1898），文涛十九岁。

婚后的文涛，与妻子俞容儿的日子过得很平静。那俞容儿容貌端庄，侍奉婆母也很孝顺，婆媳关系和睦。她也通文墨，有时也读些《千字文》《唐诗三百首》等诗文，有疑惑时去问婆婆，总被支到夫婿文涛那里，正在准备科考的文涛会耐心为她讲解。

农历二月，文涛应天津县学科考，在试卷正面填写履历时写道："文童李文涛，年十九岁，身中，面白，无须。曾祖忠孝、祖锐、父世珍。"成为研究李叔同的可信资料之一。

两个月之后，戊戌变法，之前曾大量阅读黄遵宪、康梁的文章，关注时局的文涛，受到社会新思潮的影响，倾向维新，支持以康梁为代表的变法，他曾说："老大帝国非变法无以图存。"他曾以上等寿山石镌刻"南海康君是吾师"的私章，以自励。

在兴奋和期待中度过了五个月，京都传来变法失败，康梁亡命日本，谭嗣同断头喋血菜市口的噩耗，文涛不胜悲戚、失望，将"南海康君是吾师"的图章紧紧攥在手中，仰天长啸。

母亲和俞氏，从严复在天津办的支持康梁变法的《国闻报》上，读到变法失败的消息，明白文涛这几天沉默悲愤的原因。她们不去劝说，只是在生活上对他照顾得更妥帖些。偶尔，在饭桌上，他会发些议论，认为康梁有些举措不当，"虑善以动，动惟厥时"。他知道母亲和妻子不关注时政，她们更关注本年的岁考，希望他金榜题名，继承李家的荣光。结果，岁考却取消了，虽然文涛并不在意，她们娘儿俩却多了几分惋惜。

就在这年八月，奉母亲王氏之命，文涛离开李家那座有着虎座门楼的显赫大院，随母亲和奶妈刘妈携俞容儿到了繁华热闹的上海。

说是奉母之命，离开距燕京古城不远的天津，去大江之南的上海，未免有些牵强。当立宪派康梁因行动失当，痛失大好局面，被慈禧整垮，或被捕杀，或亡命海外时，那个如同摆设的光绪皇帝也被囚禁在瀛台，失去自由和尊严。变法失败，国家"无以图存"。在距北京近在咫尺的天津，大清那腐朽的浊气，让文涛感到压抑和窒息，他有了一个打算，便拉着俞容儿到母亲房里。先行了礼："娘，您已看到了，北方的局势，腐败透顶，短时间，毫无希望。孩儿想离开这乌烟瘴气的天津，到上海换个活法。您看可使得？"

王氏一怔，儿子的主张太突然："到上海？那可是孙悟空一个筋斗方能抵达的远方啊。"她看了看儿媳，俞容儿笑而不语。王氏不埋怨儿媳，在决定家里的大事时，她是不便插嘴的，这是规矩。

文涛说："万里长江入海之处，是上海，得水利之便，早就成了南方富足繁华的大都会，人文荟萃，没有北方的严苛的管制，故那里已得西方之文明，新学、新事、新人，孩儿所学，是有用武之地的。难道这里值得留恋吗？"王氏见儿子早有准备，态度笃定，笑道："凡事行，有益于理者立之，无益于理者废之，娘听涛儿的。"是的，自她以侧室的身份进了李家大门，虽衣罗缎吃美食，身边有人侍奉，衣来伸手，饭来张口，连奶孩子都由人代劳，又有老爷宠爱，母子应当说安逸得很，但在这个官商之家，"朝夕不怠，奉承雍容"处处得看主人的脸色，她在李家地位卑微，连老妈子小丫鬟都瞧不起她，她早已受够这种失去尊严的生活，离开李家是她求之不得的。

儿子和媳妇走后，王氏心里一直有所担忧，文涛要去上海，得一家之主文熙拍板。

若为此事兄弟伤了和气，就违背筱楼临终嘱咐，是为不孝，文熙得一辈子受良心谴责，做娘的也对不起李家祖宗。

王氏踌躇了。

《诗经·小雅·常棣》将兄弟之情看得很重："常棣之华，鄂不韡韡。凡今之人，莫如兄弟。"兄弟之情，是维系家庭、家族关系的重要因素。"兄弟虽有小忿，不废懿亲"，文熙是个称职的兄长，对文涛一直关爱有加。当文涛与兄长文熙谈到戊戌变法失败，岁考未得，想到上海法租界卜邻里伯父李世荣那里暂居时，文熙痛快应允，并告诉文涛，为他依例捐监生，以便明年直接参加乡试。

择了吉日，文涛扶着母亲，带着俞氏，及文涛的奶妈刘妈，登上天津的邮轮坐头等舱出发去上海，盛夏之时，有海风吹拂，旅途中他们并未受天气酷热之苦。

2

上海法租界法马路卜邻里是条南北对通的弄堂，石库门建筑分列弄堂两侧，文涛赁居于第三弄的石库门中。石库门石门高大，门内有两层西式楼房，院内有宽敞天井。上海的石库门沉淀着浓厚的人文历史。

上海这座当时亚洲最繁华的南方大都会，果然一派新气象，最让文涛吃惊的，是天高皇帝远，京津那种让人透不过气"不学墙面，莅事惟烦"的腐朽皇权的肃杀之气，在这里不见了踪影。这里环境相对自由，百姓敢在市井、文人敢在报刊对朝政说长道短，评头论足。

敢在戊戌变法时拥护康梁新政，将朝廷重犯康有为公开称为"我师"，并镌刻在寿山石上，又敢于喊出"老大帝国非变法无以图存"的

"异端"李文涛到了宽松自由的上海，如鱼儿有了一片自由的大海，很快他就融入新的环境，对国家危亡的命运，表现得十分关切，放飞一种破除约束的解放精神。

其时，康梁的改良运动在上海得到很多人的赞同与支持，康有为的文学活动，主要在诗歌创作方面，主张"意境几于无李杜，目中何处着元明"，反对吟风弄月的诗风，主张以诗反映社会生活。梁启超是改良运动的宣传家，光绪二十二年（1896）八月在上海创办《时务报》，以变法图存为宗旨。曾发行一万两千份，影响甚大。在文学方面，他提倡"诗界革命"和"小说界革命"，在上海掀起文学革命浪潮。上海的"城南文社"，就是一个在这样的背景下诞生的文化团体。

光绪二十四年（1898）十月，经友人介绍，文涛与上海名士许幻园等人相识。他还加入著名的"城南文社"并与诸学大会试。会试题为"朱子之学出于延平，主静之旨与延平异，又与濂溪异，试评其说"，副标题为"拟宋玉《小言赋》，以题为韵"。诸参试者之论文辞赋答卷，特由文社聘沪上理学名家孝廉张蒲友评卷，并列出名次。结果李文涛诗文俱佳拔得头筹。文社后来举行多次有奖征文活动，李文涛都积极响应，以诗文相投，多是名列文社榜首，他得以初露锋芒于上海文界。许幻园夫人沪上名媛才女宋梦仙曾有诗赞文涛：

李也文名大如斗，等身著作脍人口。
酒酣诗思涌如泉，直把杜陵呼小友。

"城南文社"设于南大门青龙桥侧的"城南草堂"，此乃上海学界名人许幻园之居所，为适应沪上文界活动，许幻园在草堂办起"城南文社"，他又另创设了规模更大的文化团体——"沪学会"。

许幻园为饱学之士,广结文友,尤其欣赏才至沪上的文涛,特辟自家城南草堂一处醴纨阁,修葺之后,亲书"李庐"匾额,挂在门上,诚邀文涛居住。文涛仰慕许幻园之博大胸襟,引为挚友,但考虑自家携三十万巨资到上海,且上海又有自家的银号,随时可以东家的身份支取银两,何必麻烦人家。但最后在许幻园的诚邀下,还是携家带口搬进草堂,自称"李庐主人"。从此与许幻园常在一起研究诗文,情谊愈深。王氏与俞容儿有了舒适的、有花有草的庭院,也颇满意。

文涛在城南草堂与沪上名士多有来往,翌年便与许幻园、宝山袁浠濂、江湾蔡小春、江阴张小楼志趣相投互换名帖,世称"天涯五友"。结拜为兄弟的当日,五人同往照相馆留影。人称"天涯五友图"。

精神得到自由的文涛,面对镜头自有一种愉悦,只见他身材修长,身着时装,玉树临风,极为洒脱,极精致清秀的脸上二目炯炯。这张照片,给他的新生活留下了纪念。

他曾镌刻一方印,印文曰:"父兮生我,母兮鞠我,拊我畜我,长我育我,顾我覆我,出我腹我,欲报之德,昊天罔极。"他要报答双亲,报效国家。

这方小篆大印,阳文碎边花,极显文涛篆刻之隽逸灵秀。

3

光绪二十五年(1899),文涛二十岁。

是年春,其在上海购得纪晓岚甘林瓦砚,视若珍宝。纪晓岚有《甘林瓦砚铭》,是他在嘉庆甲子五月十日记,时年八十一岁。文涛以醴纨阁主人之名,在《游戏报》上发布《启事》,以"甘林汉瓦"为题，向海内外各界名士征求题咏。我们可从他与天津老友徐耀廷的信札中见其事：

耀廷五哥仁大人足下：

……今冬仍拟出《瓦砚题辞》一书，印成当再奉鉴。印谱之事工程烦琐，今年想又不能凑成矣。然至迟约在明春，当定成书……

此次征求题咏，共得诗词文赋三十三大题三十九首。仅选两则：其一，为天津故人中营模范学校校长刘宝慈所作《甘林瓦砚歌》：

甘泉壮百俯云旸，故宫开拓秦林光。
两汉书家惜无考，渊源斯邈笔老苍。
汾阴鼎没铜仙泣，剩有残瓦经风霜。
后来篆法失古意，魏之铜雀齐香姜。
河南尚书妍苍雅，研坟索典凌班扬。
四库书成纂总目，三千年事蔚文章。
当日词坛炳麟凤，苏斋金石相颉颃，
芝英鹤头辨奇字，超轶魏晋追夏商。
诸城相国有同调，砚材不取端溪良。
想见名流风骨峻，扫除俗好如秕糠。
芳躅清风久阒寂，铭辞完整松煤香。
叔同先生矜创获，剡笺手拓锦绨装。
君从莫徒珍倒薤，英雄唐尽心激昂。
他年待草讨夷檄，捷书一夜陈庙堂。

该诗说古论今，最后落在称赞李文涛的锦绣文章上。

其二，是许幻园夫人宋梦仙为李文涛摹画《汉甘林瓦砚图》。画上钤"叔同过眼"印鉴，乃篆体阳刻，并制瓦砚原件拓片一件，后由李文涛将诸友题辞上下两册刊印出版，由"天涯五友"之一袁浠濂签题《汉甘林瓦砚题咏》为封面，题签旁有"醿纵阁主李成蹊编辑"九字，扉页有宋贞题字，署"八红楼主"，内页署"己亥十月李庐校印"。

此书系李文涛到沪上后出版的第一部书。

是年夏，格致书院公布夏季课案，题为"三十年来，我华人崇尚各种西艺，近今更甚于前。有先学其语言文字以为进身阶梯者，有专赖翻译成华文之书籍以资考索者，或谓日本仿效西法，已尽得其奥窍，如先学日文，以为学西艺者先路之导师，则不啻事半而功倍也。其说然否？试比较其迟速、利弊、得失之所在而详言之"。

此课案的提出，反映出在改良运动兴起后，西方文明对中国传统文化的猛烈冲击，文界新兴力量开始对政治和文化进行思考、选择。此课案不知出自谁人手笔，其意义重大，可视为"新文化运动"之先声。

李叔同参加了此次征文。次年公布结果，其未获超等、特等，而得一等奖，第二十二名。未拔头筹，非文墨不逮而是在西学东渐的形势下，他的新文化尚不给力。仅以中国历史证之，格局未免太小。

李叔同的参赛之文，只有残存部分：

昔宋孝宗即位，诏中外臣庶，陈时政阙失。朱子封事，首言帝王之学，必先格物致知。是知格物致知之学，为帝王所不废。然世之欲致其知者，往往轻视夫格物之理，抑何谬也……所以泰山之高，非一石所能积。琅琊之东，渤澥稽天，非一水之钟。格物之理，微奥纷繁，非片端之能尽，此则人之欲致，夫知者所不可不辨也……语云：

"通天地人谓之儒。"又云,"一物不知,儒者之耻",其此之谓欤。

是年年底,李叔同作《咏山茶花》诗:

> 瑟瑟寒风剪剪催,几枝花发水云隈。
> 淡妆写出无双品,芳信传来第二回。
> 春色鲜鲜胜似锦,粉痕艳艳瘦于梅。
> 本来桃李羞同调,故向百花头上开。

右余近作《山茶花》诗也。格效东瀛诗体,愧鲜形貌之似。近读东瀛山根立庵先生佳作,而拙作益觉如土饭尘羹矣。先生《咏山茶花》诗云"前身尝住建溪滨,国色由来出素贫。凌雪知非青女匹,耐寒或与水仙亲。丰腴坡老诗中相,明艳涪翁赋里人。莫被渡江梅柳妒,群芳凋日早回春"。己亥岁暮之月,息霜仙史成蹊。

044

读山根立庵诗后而作,自谦"拙作益觉如土饭尘羹"。实则其意境,诗句多有婉约清丽之音,有秦柳风调,远在山根立庵之上。

光绪二十六年(1900),李叔同二十一岁。

意气风发的李叔同作《咏山茶花》,以和日本月友山根立庵之诗作。

二月春节,李叔同与母亲、俞容儿及王妈在草堂醼纵阁其乐融融地过节,年饭中有上海风味的菜肴,令吃惯北方饭菜的一家人感到惊喜。沪上文友登门拜贺,也让李叔同应接不暇。岁月之匆匆,生命之短暂,他感慨良多,遂作《二十自述诗序》,陈述自己二十年生命之状态,给人生做小结,文字间流淌着他的抑郁之情:

堕地苦晚，又撄尘劳。木替草荣，驹隙一瞬。俯仰之间，岁已弱冠。回思曩事，恍如昨晨。欣戚无端，抑郁谁语？爰托毫素，取志遗踪。旅邸寒灯，光仅如豆。成之一夕，不事雕劖。言属心声，乃多哀怨。江关庾信，花鸟杜陵。为溯前贤，益增惭恧。凡属知我，庶几谅予。

庚子正月

此诗于1912年4月15日发表于《太平洋报》，署名息霜。草长群莺乱飞的江南春天，值好友许幻园生日，李叔同即兴作《清平乐·赠许幻园》并有《题城南草堂联语》。

"天涯五友"皆是上海滩文界名人，个个风流倜傥，他们的文化沙龙地处法租界。他们在一起吟诗作画，食佳肴饮美酒，常招上海滩美媛名妓作陪，像上海名妓李苹香、交际花朱慧百、评剧名旦杨翠喜都曾为他们红袖添香。一些倾慕李叔同风度、才学的"青楼艳妓"，更是设法接近他们。当时的文社士子多流连于美人群里寻欢作乐。城南文社，虽有高水平的诗词唱和，但也有烟火气的东西，如交际花朱慧百有诗曰：

如君青眼几曾经，欲和佳章久未成。
回首儿家身世感，不堪樽酒话平生。

光绪二十五年（1899）十月，因李叔同赠诗沪上名妓朱慧百，朱又以一自绘山居扇面回赠李叔同，上并和原诗三绝句，并小序："漱简先生，当湖名士，过读累日，知其抱负非常，感时愤俗，溢于言表。蒙贻佳什，并索画箑，勉依原韵，率成三绝，以答琼琚，敬请方家均政……"

三绝中另一首：

斯人不出世嚣哗，谁慰苍生宿愿奢？

遮莫东山高养望，怡情泉石度年华。

从朱慧百三绝及小序中，得知李叔同与其熟稔，过从甚密。

我们从庚子年（1900）李叔同作的《老少年曲》，可以嗅到一些韶华匆匆，及时行乐的红尘味道：

梧桐雨，西风黄叶飘，夕日疏林杪。

花事匆匆，零落凭谁吊？

朱颜镜里凋，白发愁边绕。

一霎光阴，底是催人老，有千金，也难买韶华好。

一个人往来于名士、文坛、美人、香榻之间，寄情于"九秋香满镜台前"，少年意气退去，心就自觉渐苍老，于是选择及时行乐，沉湎于酒色，放浪形骸于灯红酒绿的上海滩。好在，李叔同尚存积极一面，不忘在学海泛舟。

是年四月，李叔同参与创办"书画公会"，设在四马路杨柳楼台，选"天涯五友"之一张小楼为会主。该会宗旨"提倡风雅，振兴文艺"。办《书画公会报》，李叔同的书画常在此刊载，如《醵纨阁李叔同润格》《李庐主人书法》等。

己亥之秋，将所收集的诗文编为《诗钟江编初集》出版，有序言叙述在城南文社之雅集之趣，曰：

　　己亥之秋，文社叠起。闻风所及，渐次继兴。义取盖簪，志收众艺。寸金只玉，斗角钩心。各擅胜场，无美弗备。鄙谬不自揣，手录一编，莛撞管窥。矢口惭纳，佚漏之弊，无不免焉。尤望大雅宏达，缀而益之，以匡鄙之不逮云。

当湖息霜仙史识

到庚子年初，李叔同再为之作《李庐诗钟自叙》：

　　索居无俚，久不托音，短檠夜明，遂多羁绪。又值变乱，家国沦陷。山丘华屋，风闻声咽。天地顿异，啼笑胥乖；乃以余闲，滥竽文社。辄取两事，纂为俪句。空梁落燕，庭草无人。只句珍异，有愧问哲。岁月即久，储积寝繁。覆瓿摧薪，意有未忍，用付剞劂。就正通人，技类雕虫，将毋齿冷？赐之斧削，有深企焉。

庚子嘉平月

　　是年，李叔同自作《李庐印谱》出版，自作《李庐印谱序》，为近现代印论之重要文献，至今无人能及。

　　其序曰：

　　繁自兽蹄鸟迹，权舆六书。模印一体，实祖缪篆。信缩戈戟，屈蟠龙蛇。范铜铸金，大体斯得，初无所谓奏刀法也。赵宋而后，兹事遂盛。晁王颜姜，谱派灼著。新理泉达，眇法葩呈。韵古体超；一空凡障，道乃烈矣。清代金石诸家，蒐辑探讨，突驾前贤。旁及篆刻，遂可法尚。丁黄唱始，奚蒋继声。异军特起，其章草焉。盖规模秦汉，取益临池，气采为尚，形质次之。而古法蓄积，显见之于挥洒，与諭之于刻画，殊路同归，义固然也。

　　不佞僻处海隅，昧道懵学。结习所在，古欢遂多。爰取所藏名刻，略加排辑。复以手作，置诸后编。颜曰《李庐印谱》。太仓一粒，无裨学业。而苦心所注，不欲自埋。海内博雅，不弃窮陋，有以启之，所深幸也。

　　后《李庐印谱》稿一度遗失，此序1912年6月4日刊于《太平洋报》。或许是李叔同供稿，或许是朋友抄录原稿供之。此无考证。

　　李叔同自幼习书法篆刻，桐达李家老账房先生徐耀廷知识渊博，书法篆刻艺术造诣极深，其长李叔同二十岁，是李叔同书法篆刻的启蒙老师，他倾尽心血，辅导李叔同书法篆刻，甚至读书论印外，连购买石料、治印刀具，都恭而有礼地替少东家代劳。后李叔同又师从国学名士唐静岩，得其篆刻艺术的精髓，从章法、布局、论印到赏印等方面悉心传授，李叔同治印有秦汉、魏晋、六朝的气度，且有自己的个性精神，为世人所称道。

　　《李庐印谱》乃集李家所藏旧印并李叔同大部分自治之印，共四册。从他于己亥年自上海致徐耀廷的信中可知，"印谱之事工程烦琐，今年想又不能凑成矣。然至迟约在明春，当定成书"。他请求老账房五哥在津代办出书事宜，"缘沪地实无其人"。后徐耀廷请友人在天津印制《李庐印谱》，系用上等薄棉连纸对折，双层内衬，开本长24.5厘米，宽13厘米，单面钤印。李叔同在编汇书稿时，使五百五十五方印章排列有序，疏密十分得当。每册封面左上端有浅黄色绫签条，书之首尾皆留空页，以备题跋之用。装帧十分精美古雅，实为一部珍贵历史文物。

　　《李庐印谱》四册，因战乱水火，踪迹全无，令人叹惋。

上苍眷顾，后来在天津著名学者龚望先生家意外发现一部。龚望老先生学识渊博，德高望重，其书法篆刻更是高古奇绝，为津门泰斗。龚望老先生次子龚绥，于1994年春，拟为其父出版《书法篆刻集》，整理老父的书画篆刻作品时，在老人的一个古旧书架顶端发现一个尘封甚久的泛黄纸包，上有毛笔书写"印稿"二字。起初龚绥以为是父亲的印稿，谁知，小心翼翼打开之后，发现里面竟是三册线装印谱，是原印钤印，印泥润厚。其中一册封面有《李叔同先生印存》的题签，下署"无竞"二字，为龚望先生别名。众人惊叫起来。

经龚望先生苦苦思索，终于恍然大悟，云："此为20世纪40年代，我在天津旧书市上购得，共四册。"经反复考证，确为《李庐印谱》无疑。当时兴奋，便题签了两册。此乃重要历史文物，友人纷纷来赏。天津解放后，天津艺术博物馆馆长张老槐先生，多次恳请，弄去一册，收藏于该馆。

龚先生之子龚绥将家中三册与天津艺术博物馆收藏册反复比对，发现四册用纸尺寸、装帧完全一致。又经津门多位学者鉴赏，又到北京请专家鉴定，确认此四册印谱就是李叔同之《李庐印谱》。

但历史还是留下不少谜团。李叔同于庚子年由上海返津，亲自将《李庐印谱》书稿带回天津，交由徐耀廷出版，为何最终没有出版，而书稿竟出现在旧书肆？ 1905年，李叔同母亲去世，李叔同回天津办丧事，为何不顺便询问该书出版之事？五年后，李叔同由日本留学返津，徐耀廷尚健在，李叔同也没过问《李庐印谱》出版及书稿之事？

可以肯定的是，《李庐印谱》书稿落在徐耀廷家无疑。

庚子年（1900）11月10日，李叔同长子准出生。

光绪二十七年（1901）至光绪三十一年（1905），李叔同二十二岁至二十六岁。

辛丑年元宵节，诗友聚会于名妓李苹香的香馆，诗词唱和，醇酒美人，有了子嗣的李叔同，已经习惯沉醉于大上海的灯红酒绿的温柔乡里。

深夜回家，上得楼来，母亲在灯下为孙子缝制小衣衫，抬眼问道："又到哪个女人家去了？"她的眼里有些愠怒。

李叔同在外面以富家才子傲然行走，但在母亲面前，总是恭顺听话的。他只好说实话，到李苹香那儿去了。他娘知道，凭李家的背景，李叔同在上海有几个相好的女子算不了什么，但她不愿儿子总往烟花巷里跑，太丢身份。她不想伤害儿子，只好说："与红尘女子在一起填填词，唱唱曲儿，喝喝酒倒也算不得什么，但不能被她们的美色迷住，你得守住自己！"

李叔同："娘，孩儿记住了。"

回到自己的房间，俞容儿已拥着儿子睡了。他悄悄去了书房。南国美人李苹香那双脉脉含情明亮深邃的大眼睛，楚楚动人的姣好身材，热情而不失分寸的举止，真的让他迷醉，特别是她虽出身贫寒，认不得多少字，却能让饱读诗书的他，如逢知己，二人相处极为和谐。而且，他已深深感到，这个沪上名妓已真的恋上了他。英俊的容貌，才子的风雅，干净而单纯的灵魂让她真心仰慕爱恋。在风尘里遇到他怎能不让她如醉、如痴、如梦。

他痴痴地想着李苹香那双明亮的眼睛，忽记起许幻园在酒席上提醒他曾答应为许幻园的新作《城南草堂笔记》作跋，该交卷了。于是他研墨润笔，定神思索，然后铺纸挥笔写道：

> 云间许幻园姻谱兄，风流文采，倾动一时。庚子初夏余寄居城南草堂。由是促膝论文，迄无虚夕。今春养疴多暇，数日间著有笔记三卷，将付剞劂。窃考古人立言，与立德、立功并重。往往心有所得，辄札记简帙，并收并载。积日既久，遂成大观。如宋之《铁围山丛谈》、本朝《茶余客话》《柳南随笔》之类。今幻园以数日而成书三卷，其神勇尤前人所不及。他日润色鸿业，著作承明。日试万言，倚马可待。则幻园之学，岂遽限于是哉。
>
> 时在辛丑元宵后，余将有豫中之行。君持初稿嘱为题词。奈行李匆匆，竟未得从容构想。爰跋数语，以志钦佩。
>
> 当湖息霜仙史李成蹊漱筒甫倚装谨识

"跋"中说的"余将有豫中之行"，很快就成行了。庚子之变，洋人凭洋枪洋炮克天津，破北京，慈禧狼狈逃离。家书中云，为安全起见文熙已率家眷躲到河南内黄避难。王氏与李叔同商议，城池百战后，眷旧几家残，离乱中，亲人流落异乡，让人牵肠挂肚，决定让他去河南探望。

行前，李叔同向李苹香告别，虽是小别，却让她悲戚苦痛。她用诗表达了自己的心情：

> 潮落江村客棹稀，红排吹满钓鱼矶。
>
> 不知青帝心何忍，任尔飘零到处飞。
>
> 春归花落渺难寻，万树荫浓对月吟。

堪叹浮生如一梦，典衣沽酒卧深林。

凌波微步绿杨堤，浅碧沙明路欲迷。

吟遍美人芳草句，归来采取伴香闺。

当她将诗稿交给李叔同时，已流下两行清泪。

李苹香的诗很轻浅，但充满了爱，有生死离别的悲痛。

李叔同将新填的一阕海上留别词《南浦月》抄下给了李苹香，词曰：

杨柳无情，丝丝化作愁千缕。

惺忪如许，萦起心头绪。

谁道销魂，尽是无凭据。

离亭外，一帆风雨，只有人归去。

名士之词，自然与香闺里的美人诗不同。美人惜情郎，只有浓浓爱
恋，而名士之佳作，多有一腔家国情怀。请看李叔同离沪前写的《辛丑
北征泪墨》：

游子无家，朔南驰逐。值兹离乱，弥多感哀。城郭人民，慨怆
今昔。耳目所接，辄志简编。零句断章，积焉成帙。重加厘削，定
为一卷。不书时日，酬应杂务。百无二三，颜曰：《北征泪墨》，以
示不从日记例也。

辛丑初夏，息霜识于海上李庐

《辛丑北征泪墨》较长，不宜全录，仅择片段和几首诗，便可见辛
丑洋人祸我国、殃我民的滔天罪行。也可见李叔同那种"贤者不悲其身

之死，而忧其国之衰""感时思报国，拔剑起蒿莱"的爱国士子之心。

其途经大沽口，见沿岸残垒败灶，不堪极目，遂吟诗一首：

> 杜宇声声归去好，天涯何处无芳草。
> 春来春去奈愁何？流光一霎催人老。
> 新鬼故鬼鸣喧哗，野火磷磷树影遮。
> 月似解人离别苦，清光减作一钩斜。

至日暮，李叔同乘火车赴天津，路途所经，房舍大半焚毁。抵津，城墙已拆除。大风怒吼，夜不能寐，作诗云：

> 世界鱼龙混，天心何不平！
> 岂因时事感，偏作怒号声。
> 烛尽难寻梦，春寒况五更。
> 马嘶残月坠，笳鼓万军营。

天明，访恩师赵幼梅，友人大野舍吉君、王耀忱君、上冈君，后携四师友到育婴堂合影留念。抚事感时，心多悲怆。

居津时，闻河南土寇蜂起，虎踞海隅，屡伤洋兵，也劫行人，"余自是无赴豫之志矣，小住二旬，仍旧棹海上"。后整装返沪，宿塘沽旅馆，长夜漫漫，孤灯如豆，填《西江月》一阕：

> 残漏惊人梦里，孤灯对景成双。前尘渺渺几思量，只道人归是谎。
> 谁说春宵苦短，算来竟比年长。海风吹起夜潮狂，怎把新愁吹涨。

次日夕，登船，赋诗一首，尽写洋人入侵后，家国一派凋败，江河无尽的苦难：

感慨沧桑变，天边极目时。

晚帆轻似箭，落日大如箕。

风卷旌旗走，野平车马驰。

河山悲故国，不禁泪双垂。

回到上海，母亲妻子不胜欣喜。让母亲不解的是，他没有去看李苹香，而是闭门专注整理北归中撰写的诗词日记，题以《辛丑北征泪墨》，由赵幼梅（元礼）题词，五月出版，轰动黄浦两岸，沪上名士抢购。

辛丑年夏，李叔同以李广平之名报考南洋公学特班，被录取。南洋公学系西安交大和上海交大的前身，1896年由盛宣怀在上海创办，与北方的北洋大学堂皆为中国近代史上由中国人创办的高等学府。特班主任为清翰林、后任北京大学校长、新文化运动的先驱之一蔡元培。蔡元培对李叔同后来成为嘉德懿行的文学家、艺术家和教育家有重要影响。

南洋公学一周年，特班全体同学合影留念，蔡元培居中坐，李叔同站其后。可惜，此照今已不存。

受其父兄影响李叔同一直想在科举中求得功名。壬寅夏，李叔同以李广平之名参加庚子辛丑恩正并科浙江乡试，赴杭州。三场报罢未中，李叔同气馁回上海南洋公学。乡试虽名落孙山，但其兄为他捐了个监生。十月，格致书院公布十月课题，李叔同参考，年底公布课案，策论二十名，李叔同名列第七。又两个月，格致书院课题，策论十二人，李叔同居第二。

癸卯年（1903），李叔同二十四岁。年初任上海圣约翰书院教职。

春译《法学门经书》《国际私法》，出版皆署名李广平。

九月，心有不甘的李叔同又赴河南参加卯科乡试，苦心等待张榜，结果仍榜上无名，只得悻悻返沪。

科考不中，在沪格致书院几次课题策论也不理想。

甲辰年（1904），李叔同作《二月望日歌筵赋此叠韵》：

> 莽莽风尘窣地遮，乱头粗服走天涯。
>
> 樽前丝竹销魂曲，眼底欢嬉薄命花。
>
> 浊世半生人渐老，中原一发日西斜。
>
> 只今多少兴亡感，不独隋堤有暮鸦。

春杪，为友人铄镂十一郎所著《李苹香》一书作序。

大约就是在这个时候，李叔同又结交了名妓谢秋云。但他对谢秋云的情感远不如对李苹香那样专一深厚。青楼里的风尘男女的情感并非没有真情实意，有的甚至"之死矢靡它""愿得一心人，白头不相离"。所谓"戏子无义，婊子无情"之说，是一竿子打翻了一船人。李叔同之与李苹香才子佳人，两情相依，诗词唱和，肌肤相亲，灵魂干净。李叔同并无逢场作戏之想，他之所以不敢继续下去，恰恰是因为李苹香对他用情太专一，而他又不能给她一个好的归宿。这种疏离也是七尺男儿的一种无奈。

七夕，他到了谢秋云家里，把酒言欢之后给她写了一首诗：

> 风风雨雨忆前尘，悔煞欢场色相困。
>
> 十日黄花愁见影，一弯眉月懒窥人。
>
> 冰蚕丝尽心先死，故国天寒梦不春。
>
> 眼界大千皆泪海，为谁惆怅为谁颦？

这首诗很哀婉地写了一个"情"字，其间有疏远旧爱李苹香的无限伤感，又暗示他与谢秋云及其他几个相好的美人杨翠喜、金娃娃等的"爱"注定是一场悲剧。

过了几天，李叔同又找到风情万种的金娃娃，软软地拉住她纤长的手，将一首《金缕曲》交给她："金郎，送你首词。"那金娃娃，懂诗词音律，边看边唱：

> 秋老江南矣。忒匆匆。春余梦影，樽前眉底。陶写中年丝竹耳，走马胭脂队里，怎到眼都成余子？片玉昆山神朗朗，紫樱桃，慢把红情系。愁万斛，来收起。
>
> 泥他粉墨登场地，领略那，英雄气宇，秋娘情味。雏凤声清清几许，销尽填胸荡气，笑我亦布衣而已。奔走天涯无一事，问何如声色将情寄？休怒骂，且游戏！

《金缕曲》中有李叔同的自省，自视清高、才高八斗的正人君子却混迹于烟花巷，这比起落入青楼以色相混饭吃的歌伎又能高贵多少？但他偏偏离不开美人的笑靥和香唇。

那是1903年秋，李叔同赴河南参加癸卯科乡试，路过天津小驻，一次到大观园戏楼看河北梆子《卖胭脂》，见花旦杨翠喜，不仅身姿如月，面容姣好，且唱做俱佳，遂与杨翠喜结识，二人迅速堕入情网。杨是北京通州人，生于1889年，小李叔同九岁。十四岁在天津侯家后协盛茶园初登舞台，其当时已出落得花容月貌，崭露头角，身价甚高。

李叔同初见杨翠喜即动情，二人有过一段短暂而浓烈的爱情，后因杨翠喜陷入清末政坛"丁未政潮"，一个坤伶，一位名流，人各殊途，李杨断了关系。但那段感情，已刻在二人心里，留在诗词中。

他在《菩萨蛮·忆杨翠喜》一词中，表达了同样的复杂矛盾心情。

　　燕支山上花如雪，燕支山下人如月。额发翠云铺，眉弯淡欲无。夕阳微雨后，叶底秋痕瘦。生小怕言愁，言愁不耐羞。

　　晓风无力垂杨懒，情长忘却游丝短。酒醒月痕低，江南杜宇啼。痴魂销一捻，愿化穿花蝶。帘外隔花阴，朝朝香梦沉。

词中，写杨翠喜"额发翠云铺"并称"生小怕言愁，言愁不耐羞"，"夕阳微雨后，叶底秋痕瘦"，思念其额前"刘海儿"，手、颊、眉、弓鞋。更香艳的是"痴魂销一捻，愿化穿花蝶"。词中充满仰慕之情和浪漫情怀，想来读此词后，害羞的不只是杨翠喜，还有那些成不了国家栋梁、沉醉于温柔乡里的读书人。在浙江一师，年届三十七岁的李叔同，作歌《早秋》时，又忆起了杨翠喜。

5

母亲患了咳症，咳得李叔同心疼。每当他子夜前后从风月场中归来，上楼时总是听到母亲断断续续的咳嗽声，那声音似乎是从他的身子里发出的，"可怜的娘啊！……"

乙巳年（1905）春节后，李叔同编新剧《文野婚姻》，在沪学会第一次大会即春节大会上演出。文界对此评价很高，但社会反响平平。

娘的咳病日渐加重，李叔同遍请名医，有名的中医、从日本来的大医院的西医，他都不惜重金请到家里给娘诊治。名贵的药品，比如人参、鹿茸、杜仲、阿胶、知母、郁金、柿霜……西药、针剂，等等，皆用过，娘的病并没有好转。李叔同坐在娘的床边，眼看着娘的脸日渐消瘦下去。娘偶尔睁开眼，凝视儿子片刻，便有两行浊泪淌出，那黯然的眼睛，满是疼爱，然后在一阵剧烈的咳声中又闭上了。

有一刻，娘的嘴似乎在动，他握着娘的手，俯下身去倾听，听见"《金刚经》……"声声如游丝。他明白，父亲在生命的最后时刻请了大佛寺的僧侣在石磬和木鱼的伴奏中，齐诵《金刚经》。他立刻反复地诵起《金刚经》。娘的眼睛慢慢闭紧，手也越来越凉，他浑身一震，明白娘已灵魂出窍，他猛伏在娘身上，昏厥过去。

这一天是乙巳年（1905）农历二月初五，清晨寒冷，阴云密布。

经与天津的二哥文熙商量，母亲的灵柩要送回天津，安葬在天津东北郊，李氏祖茔。其过程并不顺利，他将信发出后，因邮路漫长，二十多天后才收到兄长的回信，文熙依旧俗，很婉转地表示："在外地故世的家人遗体，依祖先旧规，不得安灵于家中正厅。最好另找一个地方安厝。然后觅地安葬。"接信后，李叔同复信强烈要求兄长顺应时代变化，尊敬亡者。提出"母亲的灵柩必须供于大厅"，"母亲是李氏家族最后一位尊长了，请兄长尊重死者的在天之灵吧"。

文熙通情达理，从善如流，即回信同意弟弟的建议。这也令李叔同对兄长的宽宏大量极为感激："仁人之于弟也，不藏怒焉，不宿怨焉，亲爱之而已矣！"按旧俗，李叔同丧母，要"守七"，即守灵七七四十九天。他忆起娘二十六个年头的养育之恩，每日以泪洗面。他埋葬了李文涛、李成蹊等名，更名"李哀"。

在"守七"期间，李叔同编辑的《国学唱歌集》出版。其序曰：

> 《乐经》云亡，诗教式微。道德沦丧，精力摽撦。三稔以还，沈子心工、曾子志忞，绍介西乐于我学界，识者称道毋少衰。顾歌集

甄录，佥出近人撰著，古义微言，匪所加意。余心恫焉。商量旧学，缀集兹册，上溯古毛诗，下逮昆山曲。靡不鳃理而荟萃之。或谱以新声，或仍其古调，颜曰《国学唱歌集》区类为五：

毛诗三百，古唱歌集。数典忘祖，可为于邑。《杨葩》第一。

风雅不作，齐竽竞嘈。高矩遗我，厥惟楚骚。《翼骚》第二。

五言七言，滥觞汉魏。瑰玮卓绝，正声罔愧。《修诗》第三。

词托比兴，权舆古诗。楚雨含情，大道在兹。《摘词》第四。

余生也晚，古乐靡闻。夫为大雅，卓比西昆。《登昆》第五。

且看《国学唱歌集》出版广告：

李叔同之新作《国学唱歌集》初编。

沪学会乐歌研究科教本，李叔同编，区类为五：曰《杨葩》、曰《翼骚》、曰《修诗》、曰《摘词》、曰《登昆》。撼怀旧之蓄念，振大汉之无声。诚师范学校、中学校最新之教本。初稿已出版，价洋二角。

原刊于《时报》1905 年 6 月 6 日

《国学唱歌集》，有其《哀祖国》：

小雅尽废兮，出车采薇矣。豺狼当途兮，人类其非矣。凤鸟兮，河图兮，梦想为劳矣，冉冉老将至兮，甚矣吾衰矣。

后在《觉民》（1904）九、五合订本上，所发该歌，有所不同：

小雅尽废兮，出车采薇兮。戎有中国兮，人类其非兮。明主不兴兮，吾谁与归兮。抱春秋以没世兮，甚矣吾衰矣。

另收录《爱》：

爱河万年终不涸，来无源头去无谷。滔滔圣贤与英雄，天地毁时无终穷，愿我爱国家，愿国家爱我。愿国家爱我，灵魂不死者我。

此书与丙午年（1906）之《乐令比独芬（贝多芬）》《昨非录》《呜呼！词章》、歌曲《隋堤柳》《我的国》等，共同表达了李叔同关于音乐的独特见解，表现出了他在音乐方面的高超水平，给中国乐坛吹起一股新风。

李叔同母亲王氏的文明丧事，惊动了天津卫。《大公报》率先以《文明丧礼》报道此事：

河东李叔同——广平，新世界之杰士也。其母王太夫人月前病故。李君特订于（七）月二十九开追悼会，废除一切繁文缛节，别订仪式。

次日，《大公报》又发文《天津追悼会及哀歌》，将这次"新式丧礼"的内容公布于众。丧礼备有西餐以飨来宾，及附三则《哀启》；欢迎友人送诗文联句，花圈花牌，但勿馈呢缎轴幛、银钱洋圆；吊唁以致敬，行鞠躬礼；追悼仪式，丧家要献致辞，来宾献花等。同时，发表李叔同两道《追悼李节母之哀辞》：

松柏兮翠蕤，凉风生德闱。

母胡弃儿辈，长逝竟不归。

儿寒谁复恤，儿饥谁复思？

哀哀复哀哀，魂兮归乎来！

当日，来宾云集，有驻天津的各国使馆人员，天津教育界、文化界的名流，竟达四百人之多。在追悼会中，李叔同眼含热泪，袖戴黑巾独坐钢琴前，弹琴并唱悼歌，见闻者莫不垂泪。

李叔同为母亲操办的追悼会，在媒体的宣传下，开天津新潮丧葬仪式之先河，移风易俗，影响甚大。

办完母亲的葬礼，告别兄长亲友，李叔同携妻子又由塘沽买舟赴上海。凭栏远眺，海风吹拂，他的胸中思绪万千。

料理完母亲的丧事回沪，李叔同随严修等率领的天津高等工业学堂学生赴日本考察与实习之行，一起乘邮轮前往日本。行前作《金缕曲·留别祖国并呈同学诸子》：

披发佯狂走。莽中原，暮鸦啼彻，几枝衰柳。破碎山河谁收拾？零落西风依旧。便惹得离人消瘦。行矣临流重太息，说相思，刻骨双红豆。愁黯黯，浓于酒。　　漾情不断淞波溜。恨年来，絮飘萍泊，遮难回首。二十文章惊海内，毕竟空谈何有？听匣底苍龙狂吼。长夜凄风眠不得，度群生那惜心肝剖？是祖国，忍孤负！

伤国家山河破碎，哀空谈文章误国，听祖国苍龙狂吼，期群生不惜牺牲，忠心报国，反映李叔同的拳拳爱国之情。诗人的情感复杂，就在此前不久，他作诗《为老妓高翠娥作》：

残山剩水可怜宵，慢把琴樽慰寂寥。

顿老琵琶妥娘曲，红楼暮雨梦南朝。

这首诗为老妓的年老色衰而叹息感伤，一种悲悯之情，让人戚戚焉。两诗相互映衬，让人对家国、人生的不幸无限感慨。

到日本后李叔同住在留学生会馆并未直接申请入学，而是补习日语、学钢琴。结识进步留日学生江苏金山高剑公，为其创办的《醒狮》杂志绘制封面。并在该刊发表《图画修得法》《水彩画法说略》《美术界杂俎》《石膏模型用法》等文，可看出他对美术雕塑艺术的兴趣和造诣。同时作诗《为沪学会撰〈文野婚姻〉新戏册既竟，系之以诗》（四首），其间他还经常参加东京日本汉诗界人士组织的"诗鸥吟社""联吟赋诗"等文化活动。

大约是冬季，李叔同制水彩画《沼津风光》明信片寄五哥徐耀廷。

第四章

探赜求学到日本，美术戏剧动东瀛

人生到处知何似，应似飞鸿踏雪泥。

——北宋·苏轼《和子由渑池怀旧》

1

到了光绪三十二年（1906），李叔同已二十七岁。

1905年岁尾开始筹办的《音乐小杂志》出版，李叔同作序，但未署名：

> 闲庭春浅，疏梅半开。朝曦上衣，软风入媚。流莺三五，隔树乱啼。乳燕一双，依人学语。上下婉转，有若互答。其音清脆，悦魄荡心。若夫萧辰告悴，百草不芳。寒蛩泣霜，杜鹃啼血。疏砧落叶，夜雨鸣鸡。闻者为之不欢，离人于焉陨涕。又若登高山，临巨流。海鸟长啼，天风振袖。奔涛怒吼，更相逐博。砰磅訇磕，谷震山鸣，懦夫丧魄而不前，壮士奋袂以兴起。呜呼！声音之道，感人深矣。唯彼声音，金出天然。若夫人为，厥有音乐。天人异趣，效用靡殊。

> 繄夫音乐，肇自古初。史家所闻，实祖印度。埃及传之，稍事制作。逮及希腊，乃有定名（希腊人谓音乐为上古女神Maess之遗，故定名曰Musieal）。道以著矣。自是而降，代有作者。流派灼彰，新理泉达。瑰伟卓绝，突轶前贤。迄于今兹，发达益烈。云瀚水涌，一泻千里。欧美风靡，亚东景从。盖琢磨道德，促社会之健全。陶冶性情，感精神之粹美。效用之力，宁有极欤！

> 乙巳十月，同仁议创《美术杂志》，音乐隶焉，乃规模粗具，风潮突起。同人星散，瓦解势成。不佞留滞东京，索居寡侣。重食前说，负疚何如？爰以个人绵力，先刊《音乐小杂志》，饷我学界。期年二册，春秋刊行。蠡测莛撞，矢口惭讷。大雅宏达，不弃窳陋。

有以启之，所深幸也。

呜呼！沈沈乐界，眷予情其信芳。寂寂家山，独抑郁而谁语？矧夫湘灵瑟渺，凄凉帝子之魂。故国天寒，呜咽山阴之笛。《春灯》《燕子》，可怜几树斜阳。《玉树后庭》，愁对一钩新月。望凉风于天末，吹参差其谁思？瞑想前尘，辄为怅惘。旅楼一角，长夜如年。援笔未终，灯昏欲泣。

时丙午正月三日

该序形象地诠释了《礼记·乐记》："声相应，故生变，变成方，谓之音"之深意。阐明音乐乃是一种用有组织的乐音来表达人们的思想感情，反映现实生活的艺术。

春，曾归国，到天津为母扫墓。冷雨淅沥，哀思绵长，泪眼蒙眬。

见国家衰败，民不聊生，遂作《喝火令·哀国民之心死》：

故国鸣鹡鸰，垂柳有暮鸦。江山如画日西斜。新月撩人透入碧窗纱。

陌上青青草，楼头艳艳花。洛阳儿女学琵琶。不管冬青一树属谁家，不管冬青树底影事一些些。

此词系对"哀民心死"的形象呈现，江山破败，社会凋敝，民生困苦，而另一世界，达官贵人却夜夜歌舞，沉湎于酒色。两极分化，令诗人沉痛愤慨。

回到日本，李叔同结束日语补习，改名李岸考入"东京美术专门学校"之油画科。遂搬到离美校不远的下谷区上三崎北町三十一番地居住。

作为中国留学生中唯一专修西画者，他接受了东京《国民新闻》报记者的采访。发表时，还登了李叔同的照片：身着西装，一头浓密的短发，英俊的脸上绽放出优雅的微笑。

不久，他又迁居到上野住宅区的一家公寓楼上。作为一个深谙中国诗词的文人，他深深懂得诗画间相互映衬的关系，他选择绘画并未离开诗境，如同他选择音乐、戏剧艺术一样，都是表达人类对世界的美的认知和美好的情感。

在这里生活，李叔同渐渐日化，睡榻榻米，吃生鱼片、米饭团，穿宽大的和服，足蹬木屐，操日语，早晨沐浴，吃茶，说话低语，见人弯腰，脸上堆着谦卑的笑容。但是美校却全套照搬欧美教材，研究人体解剖学，真实地体现人体，这就使他的学习离不开模特儿。

李叔同在美校上人体素描课，或有一健壮的日本年轻男人，或有一略显矮胖的日本中年女人，皆裸体站或坐在画室前，供学生绘画。

一天，叫李岸的中国留学生，请半老女人"阿卡密桑"（女房东）代他找一个年轻女人。她听罢，冲着这位风度翩翩的年轻房客一笑："找艺伎？"年轻房客摇摇头："找健康好看的姑娘。"

老板娘诡秘地笑道："先生，恋爱得自己找。"

弄清是找模特儿后，老板娘挺热情，但找的多是很普通略显粗壮的女孩儿，李叔同看罢很失望。他只好自己找到职业介绍所，在职业介绍所门口他发现一个不足二十岁，衣着淡雅，素面朝天，身材姣好，气质不俗的女孩儿，但她看起来不像是职业模特儿。他主动去打招呼："姑娘，我是上野美校的学生，想请你做模特儿。"

那姑娘本来是到职业介绍所找工作的，听罢有些惊喜，见面前的学生面目清秀，举止文雅，她思忖片刻微笑道："没当过模特儿，如果先生看我行，那就试试吧！"

他们商定，姑娘每周六下午三点至六点，在李叔同私人画室工作，薪金每次银币五元。姑娘听罢有些吃惊。"啊？五元？"李叔同以为姑娘嫌少，就改口说"那就十元吧"。

姑娘忙说："不，不，先生给得太多了，过去我父亲在世时，在乡下小学当老师，一个月工资也没这么多。父亲酗酒死了，母亲靠洗衣养活我们，供我们上学。你给五元，已足够养活母亲、弟妹。"

姑娘讲话时，不卑不亢，其表情平静、纯粹，有东方的神韵。

这位叫雪子的姑娘，相信这位温厚、严肃又热情的中国留学生。

每周六下午，姑娘便上楼，走进李叔同精致、宽敞的房间。这里摆着不少新式家具，书架上有许多书，墙上挂着中国古雅的字画，架上有古雅的青花瓷、金石等中国古董，还有钢琴和各种乐器。这里一切都显得清洁、雅致。

工作前，他们对坐在日式茶几的沙发上，喝茶、闲聊，当他知道雪子姑娘在读书、学音乐后，欣喜地说："啊，绘画、音乐不分，我们是同道！"便旁若无人地走到面窗的钢琴前，弹起中国的《潇湘夜雨》。整个房间便渐渐沥沥地下起潇湘夜雨，雪子陶醉在入心的乐曲里，如梦如幻。

琴声渐远，乐声停顿，雪子："先生，我怎么称呼您？"

李叔同："我名李叔同，在美校称李岸，你叫我叔同吧！"

一开始李叔同工作时，雪子坐在一张椅子上，眼睛望着楼外的白云，似凝思似遐想。李叔同从侧面看着这张美丽的面容，用炭笔在板上勾勒，雪子很听话，按照他的吩咐，变换着角度和姿势，当太阳西斜时，一张立体的雪子面容已呈现在画板上。

下一次，他让雪子捧着一本书坐在沙发上，雪子很松弛，窈窕的身材，长长的颈子优雅而白皙。一瞬间，他想起了弹琵琶的李苹香。眼前的雪子姿态妩媚，他感到雪子的美很自然，毫无脂粉之气。画完之后，他将素描拿给闪着明眸的姑娘："雪子，你的姿态真美。"

姑娘审视之后，羞涩地笑道："先生，你把我的胸画得高了一些。"

后来，画穿着宽大的领口很低的和服的雪子，或身着睡衣的雪子。他说："衣服少，才能显现出年轻女性的身体曲线之美。"姑娘虽不好意思，还是按李叔同的要求去做。

画裸体时，已到了盛夏。起初雪子犹豫，说："先生，让雪子完全裸露在一个非亲非故的青年男人面前，你和我不尴尬吗？"

李叔同正色道："雪子，让我这个凡夫俗子站在一个体貌美丽的裸体姑娘面前，我真的羞愧难当。但若是一个想当画家的学生，为了学本领而画裸体素描，我没有羞臊之感。"

雪子："先生鼓励我为艺术献身吗？"

十九岁的雪子，一个身心成熟的未经历过恋爱的年轻姑娘，相信了眼前这个诚实严肃的美校学生。

雪子一开始有些不自然，当身上的衣裤一件件褪去时，她脸红心跳，几次之后，她就很坦然地做起裸体模特儿，很配合李叔同的要求。雪子的母亲听说后说，在西方，模特儿是一种很高尚的职业，没有模特儿，美术很难发展。这与李叔同跟她讲的中国画的成就，以山水花鸟鱼虫为重，也有敦煌画上栩栩如生的佛像、飞天，但普遍没有人体的真实美感，很难表现人体的野性、血性和精神，是不谋而合的。雪子的面容灿若桃花，她那窈窕白皙如玉的胴体，有东方审美的一切妙处。当李叔同涂完最后一笔，当她美丽的躯体生动地呈现在油画中时，李叔同久久凝视、沉默。

突然，他听到雪子小声温存地问："叔同，你在想什么？"

李叔同听到雪子称他叔同，心里一跳。充满惊喜的双眼，望着尚未穿衣的雪子。两双热烈的眸子对视碰撞的刹那间，两颗年轻的心迸发出火星，燃烧起来。

2

在美校学美术时，李叔同并未放弃他同样钟爱的戏剧。早在庚子年（1900）他回到天津时，就曾在京剧《黄天霸》中扮演黄天霸，到甲辰年（1904）在上海再演黄天霸。在"沪学会"，他又编写文明戏《文野婚姻》，应是我国早期话剧第　个成熟剧本。在朋友的引荐下，他认识了日本文明戏专家藤泽浅二郎先生。说来也巧，藤泽浅二郎也从上野黑田清辉教授那里听说过才华出众的中国留学生李岸。李岸找到藤泽先生，表示要组建剧团演戏，请先生指教。藤泽先生告诉李岸，组建剧团容易，找几个志同道合的朋友一说就成了。但演什么戏就成了大问题。当下的文明戏，是从西方舶来的，与中国的传统昆曲、京剧和日本的浪人戏、傀儡戏完全不同。京戏、昆曲通过固定的程式，用生、旦、净、末、丑来表现人性，而西方戏剧如莎士比亚的戏剧是通过一群人表现人物的命运。

李叔同研究过西方戏剧，完全赞同藤泽先生的观点，表示请先生多给他们指导和帮助。藤泽愿意帮助他们，但他不得不告诉李岸，演戏是要有大量资金支撑的。李岸表示，这方面不成问题，只等先生悉心指导了。

李叔同、曾孝谷和一群年轻人组建的富有青春气息的"春柳剧社"，于丙午年（1906）秋天在上野诞生。

"春柳剧社"依次排演的是小仲马的《茶花女》、美国斯托夫的

《黑奴吁天录》及雨果的《孤星泪》。而公开在东京"留学生会馆"上演的是《茶花女》。丁未年(1907)二月初,国内徐淮闹水灾,《茶花女》在东京留学界组织的赈灾游艺会上上演,李叔同饰演了剧中女主角玛格丽特。

雪子读过不少日本近代作家的书,当时日本文坛较为复杂,新理想派正在取代自然主义派。人道主义、享乐主义、唯美主义、社会主义颇为流行。雪子喜欢武者小路实笃的人道主义小说,大正时代唯美派之谷崎润一郎的小说,她也读过不少。她订阅的《白桦》《不二》两本杂志中,常有他们的作品。这之前,雪子对夏目漱石的《我是猫》爱不释手,后来曾讲给李叔同。

日本明治时期,欧美文学被大量翻译到日本,以法、英、美、俄为主,像莫里哀、莎士比亚、歌德,俘获不少日本年轻人的心,雪子在春柳社决定上演《茶花女》前,已经读过不止两遍《茶花女》,李叔同与之探讨过如何将其搬到新式舞台。雪子提出一定要忠于原著令李叔同大喜过望。改编剧本前,李叔同用中文,雪子用日语,朗读全本小仲马的原著。这部书讲述的是玛格丽特的爱情悲剧。她是一个出身贫寒的农家女孩儿,不幸在巴黎沦为娼妓,她厌恶卖笑的可悲境遇,渴望真正的爱情,后她与青年阿芒相爱,决心和他结成伴侣,但遭到阿芒父亲的坚决反对,最终在绝望中悲惨死去。每次朗读,雪子总是泪流满面,悲戚地倒在李叔同怀中。

在演出中,美丽而哀伤的玛格丽特一出场便惊艳观众,掌声四起。虽然早已熟悉李叔同,但雪子还是看呆了。她不仅被"女主角"娇娆的容貌和婀娜多姿的身段倾倒,更为其在风月场中举手投足间表现出的内心的痛苦动容,李叔同的表演将这一细节把握得恰到好处。她为玛格丽特落入风尘而悲,为与阿芒相爱而喜,当演到玛格丽特绝望而死时,台下的雪子已哭得肝肠寸断。

落幕时，李叔同睿智地引用林肯的名言做谢幕词，高亢地说道：

只要有人的地方，绝不许有一半自由，一半奴役并存于世界。

台下的观众报以热烈持久的掌声……

落幕回到后台，卸完装的李叔同还沉浸在角色之中，回家路上，一轮冷月，几盏路灯，他痴呆呆地走着。忽然听到一声"先生……"，他抬头见一女子站在对面。他鞠了躬，想继续前行，不料，那位美丽、修长、高雅的女子却拦住他："叔同，你太入戏了，我是雪子！"

雪子告诉他，她又读了他推荐的小仲马的《茶花女》原著，那个悲苦的玛格丽特的命运多次让她落泪。今天在舞台上看到他饰演的玛格丽特仿佛就是书中那个可怜的女人："叔同，你把玛格丽特演活了，真让我吃惊。"

李叔同坦言，他在上海结交过风月场上的女人，对她们的命运很熟悉。

雪子听罢，竟能脱口吟出"十日黄花愁见影，一弯眉月懒窥人"，"陶写中年丝竹耳，走马胭脂队里"……那是他给沪上妓女谢秋云和金娃娃诗中的句子。

李叔同苦笑："雪子，我放荡过，孤独时我'声色将情寄'。"

雪子痴痴地嫣然一笑："叔同，以你的才情、英俊和阔少的身份，身边有过几个要好的女人，这不奇怪。我爱的正是你的真诚和才华。"

春柳社上演的两幕剧《茶花女》，成为中国话剧艺术实践的第一部话剧，应该也是中国话剧史上记载的第一次正式演出，虽只有两幕（阿芒的父亲访问茶花女和茶花女临终），但这足以对国内正在开始试验的半戏曲半话剧形式产生决定性的影响。李叔同饰演的玛格丽特是中国话剧史上第一个较为成功的角色。

当然，春柳社上演的《茶花女》及李叔同饰演的玛格丽特，在艺术上是比较稚嫩的，而且此次演出也并非重在话剧本身，而是中国留学生为同胞赈灾的一次义演。但中国话剧的第一次亮相，即产生如此大的轰动效应，中国话剧的最早实践者李叔同和他的同学们感到振奋。

演出结束，日本戏剧权威藤泽浅二郎和松居松翁到台后表示祝贺。松居松翁在《芝居》杂志上发表文章说：

> 中国的俳优，使我佩服的便是李叔同君。当他在日本时，虽仅仅是一个留学生，但他组织"春柳社"剧团，在乐座上演《椿姬》（即《茶花女》）一剧，实在非常好，不，与其说这个剧团好，毋宁说是这位饰演椿姬的李君演得非常好。化装虽简单一些，却完全是根据西洋风俗的……尤其是李君的优美婉丽，决非日本的俳优所能比拟。我当时看过以后，顿时又回想到玛德小剧场所见裘菲列表演的椿姬，不觉感到十分兴奋，竟跑到后台去和李君握手为礼了。

五月十日，天津《大公报》发表《春柳社文艺研究会简章》和《春柳演艺部专章》并加《小序》，后又由《北新杂志》转载，春柳社在国内已有影响。《春柳社文艺研究会简章》由李叔同执笔：

> 本社以研究文艺为目的。凡词章、书画、音乐、剧曲等皆隶焉。
> 本社每岁春秋开大会两次，或展览书画，或演奏乐剧。又定期刊行杂志，随时刊行小说脚本、绘叶书之类（办法另有专章）。

凡同志愿入社研究文艺者为社员（应任之事务按月应徵之会员，另有专章）。其有赞成本社宗旨者，公推为名誉赞成员（无会费）。

无论社员与名誉赞成员，凡本社所出之印刷物，皆于发行时呈赠一份，不取价资。

因《春柳社演艺部专章》太长，此处略去。

客观地讲，李叔同及春柳社公演《茶花女》只是照搬小仲马《茶花女》的片段，即第三幕。《黑奴吁天录》则是春柳社在日本上演的第一部完整剧本的剧目。

在接触西方戏剧之前，李叔同只熟悉中国传统戏曲的剧本和表演形式，到日本后，他了解了西方剧本和演出与中国传统戏曲有迥然不同的审美意识和表现手法。须知，晚清西方文化东渐，西方小说和诗歌流入中国，但西方戏剧却付之阙如。小仲马的《巴黎茶花女遗事》，清光绪年间由王寿昌（晓离主人）口述，林纾（冷红生）以文言文笔录出版。小仲马将之改编为剧本，1926年由刘半农译成。春柳社1907年公演《茶花女》，没有现成剧本参照。李叔同只能参照小说中译本的故事。当时，李叔同借鉴了日本剧坛把小说、故事等叙事文学改编成戏剧作品上演的经验。可以说话剧《茶花女》是李叔同汲取中国传统戏曲、西方戏剧和日本戏剧的营养而创作的中国最早的话剧。

六月，春柳社举行"丁未演艺大会"，乘《茶花女》成功之势，又演出《黑奴吁天录》，并发表《演出趣旨》，再次轰动日本演艺界。

《黑奴吁天录》在东京的上演，证明春柳社在话剧实践中有了长足的进步。虽然，其受日本新派剧的影响明显，但中国新戏剧元素显著呈现，该剧是由李叔同的好友曾孝谷根据林纾翻译美国作家斯托夫著名小说《汤姆叔叔的小屋》改编而成的。小说描写了19世纪中叶美国黑奴的悲惨命运及觉醒抗争的故事。林纾翻译此书时，正值《辛丑条约》签订，中国已彻底沦为半封建半殖民地。一直对大清忠心耿耿的布衣林纾，感到大清将危矣，"触黄种之将亡"，故译此书"振作志气，爱国保护"。

据在日本留学、参与过春柳社戏剧活动的骨干回忆：共同创办春柳社的李叔同与曾孝谷都被《汤姆叔叔的小屋》所感动。于是二人共同策划了剧本：表现黑奴的反抗精神，曾孝谷负责执笔编剧，李叔同负责舞台美术布景设计。

至今未发现当年《黑奴吁天录》剧本，却留下了李叔同撰写的节目单。其中有《春柳社开丁未演艺大会之趣意》及五幕剧情梗概，人物饰演者名录也列在其中。

李叔同设计、制作的《黑奴吁天录》海报，即《春柳社开丁未演艺大会之趣意》：

> 演艺之事关系于文明至巨，故本社创办伊始，特设专部研究旧戏曲，冀为吾国艺界改良之先导。春间曾于青年会扮演助善，颇辱同人喝彩。嗣复承海内外士夫交相赞助，本社值此事机，不敢放弃。兹定于六月初一、初二借本乡座举行丁未演艺大会。准予每日午后一时许开演《黑奴吁天录》（五幕）。所有内容之概论及各幕扮装人名，特列于左方。大雅君子，幸垂教焉！

下面是列于"左方"的角色分配：

庄云石（法科学生）：饰乔治·谢比尔（白人），是黑奴汤姆叔叔的老主人。

曾孝谷（上野学生）：饰乔治的妻子。兼演莱葛立（白人），汤姆最后的主人。

黄二难（上野学生）：饰海雷，乔治的债主（白人，黑奴贩子）。

李涛痕（国文教员）：饰一个黑奴贩子（白人）。

李叔同（上野学生）：饰爱弥丽，莱葛立家的女奴。兼演圣克莱尔（白人），汤姆第二位主人。

欧阳予倩（剧校学生）：饰小海雷，贩奴商人之子。

其他角色由春柳社员分别担任。

剧情不多赘言，李叔同饰的爱弥丽是一黑人女奴，因不堪忍受黑奴贩子和白人主人的蹂躏和欺辱，曾设计逃亡，躲进森林，莱葛立带人和猎犬追捕时，又逃回来，藏在阁楼，莱葛立怀疑是老汤姆参与同谋，将之毒打至死。后爱弥丽与另一黑人女奴逃到一艘船上，到了加拿大，与家人团聚。

该剧的主人公是黑奴，黑奴的反抗压迫是该剧的题旨，这种反抗已超出了黑奴反抗白人奴役的范畴。演员们演得很投入，目的是唤醒中国留学生乃至全体中国人，警惕日本多年来处心积虑地侵我疆土，企图灭我民族的野心。

我们发现，曾孝谷之《黑奴吁天录》，首先，将小说的主人公由多次被转卖的汤姆改换成虽经历悲惨命运但"性刚烈火、有才识"的哲而治一家。其次，削弱了原小说的宗教色彩，强调了民族反抗精神。最后，结局改变，由汤姆被折磨至死，改成汤姆与哲而治共同杀死奴隶贩子，象征只有斗争民族才能获得自由解放。

该剧采用开放式结构，悲喜效果并出，从中可窥见中国人对戏曲热闹又感人的审美习惯。日本饭塚容在《被搬上银幕的文明戏》一文中指出：春柳社之《黑奴吁天录》创建了一种以"中国志趣与西洋情趣融合"的特色。

丁未年（1907）春柳社公演《黑奴吁天录》，受到中国留日学生的热烈欢迎，两日观众超过三千人，连剧场走廊也站得人山人海，轰动了东京戏剧界。日本《报知新闻》记者，对演出盛况做了热情洋溢的详尽报道，其中有"整个楼座站满了人，甚至无立锥之地，其盛况令人惊喜"。

除了《报知新闻》，还有《东京朝日新闻》《东京每日新联》等日本报纸对《黑奴吁天录》的成功演出也表现出极大的热情。

继《茶花女》初登舞台，《黑奴吁天录》演出成功，也在日本产生了影响，不仅中国留学生纷纷要求加盟，连日本年轻人也积极要求入社，甚至有印度留学生申请加入。谁都没有想到，中国戏剧运动会在日本率先破土。随后，在其影响之下，上海的"春阳社"也萌芽了。天津的南开学校也展开了话剧活动。由此，正式揭开中国话剧运动的序幕。

客观地讲："春柳社"和李叔同在话剧活动中取得的可喜成绩，与中国传统戏曲的滋养休戚相关。首先，李叔同在天津、上海研究京剧，饰演黄天霸，从中汲取其精华；其次，李叔同等人受日本戏剧改良运动及"新派剧"的影响，才取得这样的成就。

一个心系家国的知识分子，积极参与戏剧运动，自然不是为艺术而艺术的。李叔同早期的戏剧活动，是他关注家国、关注社会、关注民生的具体体现。

有些研究者说"中国的现代戏剧是从改编外国文学作品起步的"，认为这种跨文化改编现象贯穿了中国现代戏剧始终，并促进其发展和成熟，而且培养出大量的现代戏剧家，繁荣了现代戏剧运动。例如，欧阳予倩、洪深、田汉等，为现代戏剧家的代表。这种说法，从理论到实践，有一定的道理，但过于片面。

中国现代戏剧是在中国传统戏曲的滋养下才得以产生和发展的。比如，李叔同在日本成立"春柳社"改编演出《茶花女》《黑奴吁天录》时，就借鉴了昆曲、京剧等中国传统戏曲的理念和表演程式。而且，李叔同轰轰烈烈地演出现代戏剧时，欧阳予倩还在日本读书，后来才加入春柳社，至于洪深、田汉、曹禺，还没登上现代戏剧的舞台呢。另，有些研究者说，"中国现代戏剧史上第一个白话剧本是陈独秀1919年发表在《新青年》上的《终身大事》"。而实际上李叔同在1905年所编新的半传统半现代文明戏《文野婚姻》，在上海沪学会第一次大会暨春节大会上演出，早《终身大事》十四年，早洪深1924年创作的现代戏剧《少奶奶的扇子》近二十年，早曹禺（演万家宝）《少奶奶的扇子》二十一年。欧阳予倩认为中国话剧史上第一个由中国人自己创作的剧本，是李叔同的《黑奴吁天录》（《欧阳予倩全集》）。

事实是，真正拉开中国现代戏剧序幕的，是李叔同。

中国现代戏剧史低估了李叔同对现代戏剧做出的卓越贡献。

清政府的腐败，导致百姓民不聊生，甲午海战，日本对中国领土的觊觎，洋人以枪炮入侵中国，导致中国人民家园破坏、百姓涂炭，这都激发了他的爱国精神；母亲因为小妾的身份被世人鄙视，他到上海见到底层妇女，特别是妓女的悲惨命运，对其产生的悲悯和同情，恐怕不只是怜香惜玉的情感。他积极筹备并演出《茶花女》《黑奴吁天录》，与他内心的反压迫、反侵略、争尊严、争自由，及民族自尊与振兴中华的理想不无关联。

李叔同将戏剧视作他的人生，但当他发现用热心和希望在舞台上表演达不到预期目的，实现不了救国、救民、救己的理想时，他不得不离开戏剧事业，转而追求超脱、逃避，最后成为一个苦行僧，希冀以宗教普度众生。这是后话。

3

李叔同不仅在戏剧活动方面十分活跃，成绩卓越，在东京戏剧界广受推崇，作为东京美术学校西画科唯一的中国留学生，其美术成绩也令人瞩目。其实，在考入东京美校之前，其美术天赋和素养就已显现出来。

1905年他发表在《醒狮》第三期（1905年12月）上署名息霜的长文《美术界杂俎》，就是一篇谈美术艺术的专论，内容有"日本洋画大家三宅克己氏""日本洋画杂志一斑""日本近日美术会汇记"等；还有"图画修得法"，分图画之效力、图画之种类、自在画概说等三章；另有"水彩画法说略"，分水彩画材料、水彩画之临本两章；另有介绍"石膏模型用法"四章。他在介绍学习西方美术艺术的同时，并没有放弃中国美术的理论与实践结合的传统，而且其美术专论有自己的独特见解。

李叔同很少谈到自己在日本美校学习的具体情况，我们只能从他在日本创作的画作中研究他在美术创作方面的成就。

李叔同最负盛名的油画作品，是在东京创作的堪称中国现代第一幅裸体画的《半裸女像》。这幅油画与李叔同早年向张兆祥、徐世昌、马家相等"津门国画"大家学到的国画大相异趣。尽管李叔同所画《为唐企林作山水》，已对"津门国画"进行了"开放包容，稳健流变"的带有"冲撞性"的改造，令人耳目一新，但毕竟还属传统中国画。后来，从他的《美术界杂俎》一文中，可以看到西风东渐之后，西方文化、艺术理念已在中国生根发芽，如果我们看到他在《音乐小杂志》上刊载的插图，就可发现李叔同的美术思想由传统向现代转化的轨迹。

美校对油画推崇备至，李叔同进入东京美术学校后，学习的是西方美术，特别是欧洲近古以来的油画。为画好油画，李叔同认真学习人体素描，并请雪子做模特儿。天津故居的两幅女性油画及《半裸女像》，便是他与雪子合作的结果，而《自画像》则是其自我写照。

《半裸女像》曾参加东京美校的画展，据说后来李叔同将其赠送给夏丏尊，夏曾挂于家中，后因其女嫁给叶圣陶的儿子，又将画转赠给叶圣陶，叶在中华人民共和国成立后，又将《半裸女像》交给中央美术学院。此说是否可信，待考。但真实的情况是，李叔同回国后，这幅油画便再无踪影，连李叔同自己也不知其所终。

2002年，杭州的李柏霖先生说在"雨夜楼主人"洪强家里发现其收藏有包括李叔同在内的二十多位中国近代画家的多幅画作。他在杭州浙江一师学院学报《社会科学报》（2002年第四期）上，著文《"雨夜楼"藏画扫描》中，详细介绍藏画过程，并说其中发现李叔同五幅油画、二十四幅水彩画、五张素描。上面分别钤"演音""息翁""白霜""叔同"等印章，并从画风、画材等方面考证，坚称为李叔同真迹。接着有人也写文认定"本次发现的画作其真实性无须怀疑"。还有人著文云：从李叔同绘画作品的存世件数与创作时间断代、落款和印章、纸张和镜框、绘画风格之鉴别等四个方面对"雨夜楼"藏画做出"真品"的结论。此消息让美术界大喜过望。

但同时美术界也发表理性的与其针锋相对的质疑和批驳文章。有人质疑洪强收藏这些长期旅居海外的画家的珍贵画作的可能性，有人指出钤印、画框、画布皆可能伪造，不能作为依据。有人以《大煞风景的"雨夜楼"藏画》为题，指出"这些画作只是有大师们的签名，又是用的老画框、老画布，是所谓的原装货，其实大谬不然"，"万不能看见签名就当作真迹"。

是耶非耶？热闹了一阵子后便沉寂下来。

冯梦龙在《古今小说》中说"着意寻不见，有时还自来"，到了2011年，中央美术学院在整理库房时意外发现了《半裸女像》。经由王璜生、李垚辰等专家研究鉴定，此乃李叔同画作无疑，并著文《李叔同〈半裸女像〉的重新发现与相关研究》，用专业技术检测手段，证明《半裸女像》为真迹，并认为"此画作填补了中国近代美术史研究的一个空白，为中国近代美术史的进一步研究提供了重要的材料，为研究李叔同的艺术提供了珍贵实物"（《美育学刊》2014年第四期）。

李叔同在日本创作的另一幅油画《自画像》是他的代表作。其画高六十一厘米，宽四十五厘米，画为橘黄色，右上角有李岸签名。画中人物留中分黑发，蓄黑髭，身着学生装，并不年轻，与李叔同饰演《茶花女》时的照片，判若两人。

这幅受西方现代派影响的《自画像》完成之后，在落满夕阳的客厅兼画室，他神情凝重，独自审视。不知何时，雪子已站到他身后凝视许久，她说："三郎，你有这么苍老吗？"

李叔同回过身，眼里充满忧伤，望着雪子说："雪子，你还记得前些日子我给你吟过的《帘衣》那首诗吗？

雪子当时用纸记录了这首诗，她记住了，背诵道：

帘衣一桁晚风轻，艳艳银灯到眼明。

薄倖吴儿心木石，红衫娘子唤花名。

秋于凉雨燕支瘦，春入离弦断续声。

后日相思渺何许，芙蓉开老石家城。

李叔同淡然一笑："你当时读出我的思乡恋国的满怀愁绪，我今年已三十二岁，原本已老了。"

雪子双眼含泪："三郎，你的《老少年曲》，有'一霎光阴，底是催人老，有千金，也难买韶华好'句，谁能抵得过时光如流水？况三郎没有虚度年华……"说着她扑到李叔同怀中。

窗外，下起细雨。

油画《自画像》与《半裸女像》皆是李叔同在日本东京美术学校读书时的画作，都是当时的经典画作。谁都没想到，它们竟都经历了黯然失落，又在经历了近一个世纪的沉寂之后，陆续重见天日。

就在2011年《半裸女像》意外被中央美术学院发现之后，仅过两年《自画像》由天津旅日同胞刘欣女士，在日本东京艺术学部资料馆，查阅李叔同当年学生档案时，意外发现。

这是上苍对李叔同的特别眷顾。

李叔同担任过"布景意匠主任"，对中国早期"新派剧"的舞台美术设计的贡献也具有开创性。他为《黑奴吁天录》制作的海报，是用工笔重彩绘制的。海报以大中小三种字体端正写上《黑奴吁天录》剧名，并分别写上剧本著作者、演员及饰演角色、各幕剧情、导演者、演剧启事、演出地点时间，事项丰富，分列有序，构图精妙，主意新颖，寓意深刻，特别有视觉冲击力。

当大幕拉开，可见逼真的西方风格的写实性布景呈现在观众眼前。演员的着装、化装也基本西洋化。舞台美术，使环境与演员及情节有机地结合起来，收到很好的艺术效果，受到热烈欢迎。

4

戊申年（1908）春，春柳社于桥万町八番地常槃木俱乐部演出话剧

《相声怜》。九天后，中国医药会成立周年大会，会后春柳社演出由李涛痕刚刚创作的新剧《新蝶梦》。

到了1909年，好友曾存吴（曾孝谷）回四川，李叔同准备寄明信片给他，背面画了十二个头像，各含一个"曾"字。

那时正逢盛夏。雪子弹完琴后到厨房端来一盘甜点，见李叔同正伏案在明信片上画什么，很好奇，一边给他扇风一边看，见明信片背后画了十二个曾存吴的小头像问："三郎，你玩什么游戏？"

李叔同："你好好看。"

雪子俯下身将一块甜点送到李叔同嘴里："呀，这十二个小头像都含一个曾字。亏你想得出。"

李叔同吃着甜点告诉雪子，中国诗有藏头诗，中国画也有藏字画，艺术千变万化。中国宋代诗人苏轼曾说"出新意于法度之中，寄妙理于豪放之外"，意思是凡艺术出新必须遵守艺术规律。

雪子："十二个不同的曾字，一张张相似的面容，大概对老友有太多的思念。"

李叔同："我给你讲过写《七步诗》的曹植在《怨歌行》中有'今日乐相乐，别后莫相忘'的诗句，李白被流放夜郎，他的好友杜甫，写诗《梦李白二首》，其中表达了他对朋友的思念，'故人入我梦，明我长相思'。中国的文人彼此是重友情的。"

雪子沉默一会儿："三郎，其中也表达了你对你的祖国的思念吧？最近我发现你经常凭窗远眺，有时还边弹边唱你作词的《爱》（美国作曲家威廉·B.布拉德布里作曲）。"说着她便唱起，"爱河万年永不涸，来无源头去无谷。滔滔圣贤与英雄，天地毁时无终穷。愿我爱国家，愿国家爱我。愿国家爱我，灵魂不死者我……"

两人同声唱起，李叔同抱住雪子热泪横流。

诗、美术、戏剧、音乐是无国籍的，但每个人都有自己的祖国。李叔同自从到日本留学，如鱼得水，文学、艺术在西风的吹拂浸润下，都收获满满。他在日本已有相当的声望，受到日本社会的普遍尊重。他已习惯日本的生活，结交了日本各界名流，而且孤独时，又获得雪子真挚的爱情。

李叔同是清醒的，他东渡日本，是来求学的，学成是要回国报效国家的。他的一生都与祖国血肉相连。他在辛丑年（1901）回津探亲，目睹洋兵侵我中华，涂炭百姓，有七绝一章，其中感慨殊甚，为"尽忠报国"，喊出"男儿若论收场好，不是将军也断头"的英雄气概和壮士心胸。从旅居日本，他便有无归宿的担忧。

自从东京美术学校毕业，他便考虑回国之事，有一个必须妥善解决的问题，就是雪子。他在东京留学七年，雪子作为美术专用模特儿和恋人一直伴在他的身边枕边，驱散了身在异国的孤独和寂寞，已成为实际婚姻。作为一个爱国者，他不能留赘日本，而作为一个有情有义的男儿，他也不能舍弃雪子。最妥帖的办法就是携这位日本夫人一起买舟归国。但是雪子是日本人，她同样深爱她的国家和自己的家庭。

唱罢《爱》，李叔同拥着雪子坐在沙发上。作为夫妻，他们彼此太了解。雪子说："三郎，你的沉重心事，雪子明白。毕业后，你在考虑回你的祖国，这是你的情怀和责任。"

李叔同试探地说："雪子，中国和日本同文同种，你不介意我们的跨国婚姻，如果有一天，我带你到中国生活，你怎么想？"

雪子笑了，露出洁白的牙齿："三郎，我知道你早晚会问这个问题。我们日本女性，对婚姻也很严肃，但没有彼国'嫁鸡随鸡，嫁狗随狗'的封建伦理，日本人瞧不起中国人，雪子却崇拜三郎。我有权选择自己的伴侣，我爱三郎，就嫁给了三郎，当然也有权决定自己的生活。你们

《诗经》里不是有'我心匪石，不可转也，我心匪席，不可卷也'，'信誓旦旦，不思其反'吗？"

李叔同被雪子的这番话感动了，他把她抱得更紧："'金风玉露一相逢，便胜却，人间无数'。中国有七夕节，传说七月七日，秋风乍起，天上喜鹊搭桥，让牛郎织女相会一次，那时'柔情似水，佳期如梦，忍顾鹊桥归路'，雪子，三郎不愿只在七夕才能见到雪子呀。"

雪子："《春雨物语》，是日本江沪时代的上田秋成写的优秀小说，卷九《和歌魂》有首诗：'徘徊吾松原，心挂妹身边，潮落浅沙滩，鹤鸣去复还'，说得有点像三郎此刻的心情。三郎一直在回避一个问题，那就是何时带我去中国？"

李叔同："我知道，让你去中国，不只是你自己的事，你还要征得家庭的同意，所以我不好开口。"

雪子："我早就与母亲商议了，母亲让我自己决定去留，三郎，雪子一直等待你的邀请，不来不去呀。"

其实，她与母亲商议时，母亲并不支持她远嫁中国，但又拗不过雪子，只好沉默由之。

李叔同："不来不去！雪子在打禅机呢。"

雪子："这么高深？我随便一说而已。"

李叔同："来，生也，去，死也，不生不死，便了脱生死，入无生死地，岂不是禅机？"

雪子："我们日本人相信天照大神，崇尚武士道精神，也讲禅。但它太深奥，我一直不甚了了。"

李叔同告诉雪子，禅宗是中国佛教宗派之一，以静坐默念为修行方法，相传南朝宋末年由印度和尚菩提达摩传入中国，至唐宋时极盛，后传入日本。禅宗和尚说法时，用言行或事物来暗示教义，称禅机，比如刚才你说不来不去，暗示生死，就是禅机。禅机有大智慧。没说出尘世纷扰的平和宁静。中国称之为禅趣。

雪子："三郎，世俗生活多自在，不必猜谜般说禅机。比如，瓜熟了蒂自然就落了。我们在上野相爱五年七个月，因为爱我愿意随三郎去中国，这个事儿，在法理上、在感情上，还有什么问题？当然，离开故国家乡亲人，也令雪子伤心。"

李叔同再三斟酌，他已托上海的朋友代找了房舍，决定把雪子安排在上海居住。他对雪子说："你到中国最繁华的上海去住，那里比不上东京的先进和漂亮，但毕竟是中国最好的城市，而且我的朋友会帮我们安一个舒适的家。你是知识分子，音乐人才，我的文艺界朋友会安排各种文艺活动，不会让你寂寞，而且他们巴不得尽快见到你这位日本美人呢。"

上海之于李叔同，是个重要驿站，他曾奉母携妻到这里居住，读书交友释放才华，进入文艺界，成为名人。在这里他经历了初为人父的惊喜，也遭到丧母的沉痛打击，也是在这个花花世界，他沉缅酒色，出入于青楼妓馆，在多位红尘相好的温柔乡和诗词唱和中，消耗青春岁月。李叔同把雪子安排到上海另有打算。他已有妻室儿子，按当时中国的世俗观点，娶两个夫人，不算什么出格的事情，但俞氏和雪子同在一个屋檐下，多有不便，会伤害俞氏和雪子的人格尊严。他决定把俞氏和儿子接到天津老宅，他也在天津居住，并托友人找了工作。

即将动身回国，雪子回到京都向亲人告别，李叔同望着远去的雪子，心里沉重起来。这个痴情善良的姑娘，只认定这一切都是前世注定，不会想到她将面对的生活……

李叔同到东京，是1905年8月，孙中山先生同月也到日本创同盟会，从事反清革命活动，提出"驱逐鞑虏，恢复中华，创立民国，平均地权"的革命宗旨。

在东京上野美术专门学校学习西画、兼从事戏剧活动的李叔同，是否参加过同盟会，因缺乏足够的证据而众说纷纭。

夏丏尊在《弘一大师永怀录》中，有"曾联合留东同学曾延年、李道衡、吴我尊辈，创组'春柳剧社'……同时加入'同盟会'"。

许霏《我忆法师》中说："弘一大师在家时，曾轰轰烈烈地干过革命工作，为'同盟会'的老党员，主持过《太平洋报》笔政，组'强学会'，对当时矛盾的封建社会口诛笔伐"。

容起凡在《弘一大师出家的研究》中说："他又曾经在日本留学，目睹日本政治之进步及国势之昌盛，自然遭受刺激，他的加入'同盟会'从事革命，是那时一般留学生和知识分子忧国愤时的热情的激荡和表露。"

李芳远《哭亡师》曰："孟忆菊云：'使李叔同继续俳优，中国艺术界岂让梅兰芳、尚小云辈露角耶？'而后加入同盟会，献身革命。"

此四人著文言之凿凿说李叔同加入过同盟会，但皆语焉不详，不知依何史料证据。又如许霏之说，更与事实不符，李叔同没"主持过《太平洋报》笔政"，是叶楚伦为笔政，李叔同只是一般编辑，而"强学会"也不是李叔同组建的，附会太多，不足以让人信服。

到1963年，林子青为李叔同撰写《年谱》，也未提到大师曾参加同盟会。次年，台北学者陈慧剑写《弘一大师传》、1965年台北学者刘心皇著《弘一法师新传》也失之阙如。

改革开放后，在众多有关李叔同的书里，还是有人认为李叔同参加过同盟会。但都没有确凿的史料证据。多是引用他人的"回忆"。如果细读1993年12月福建人民出版社出版的《弘一大师全集》之《书信》

部分，就会发现李叔同一千多封信，及所有文章中并无一言涉及同盟会及其相关人物。

另外，从台湾1953年"中国国民党党史会"编的《革命文献》有关同盟会（1905—1907）入盟会员及有关叙述来考证，1905年至1907年入会者九百六十多位，浙江省、直隶省（含天津）入会名单中并无李叔同（或李哀、李岸等）其人。这样看来，在没有发现直接证据之前，就断言李叔同参加过同盟会，有些不严肃了。况且，参加或未参加，都与李叔同之思想、艺术、佛学、人格的成就并无关系。

第五章

携日籍妻子归沪，
执教办报入南社

遍地关山行不得，为谁辛苦尽情啼。
——明·尤侗《闻鹧鸪》

1

佳期已定，四月春风和煦，日本的樱花开得正盛，李叔同携雪子登上英邮轮圣玛利号，从神户，经由太平洋驶向中国。

雪子第一次乘豪华邮轮出游，但却兴奋不起来。他们凭栏远眺，日本岛渐渐消失在尽头时，她落了泪，她很伤感地说："离开家园，我已成为一个漂泊者，到异国去流浪。"

李叔同揽她入怀说："中国古诗说'人生寄一世，奄忽若飙尘'，又说'人生天地间，忽如远行客'。生命短促，如同远行客，注定要漂泊。我作为客人东渡日本，虽背井离乡，但我在日本求得了学问，又收获了爱情。你到中国还会结识很多爱你的朋友，正所谓'相知无远近，万里尚为邻'。"

雪子仰起脸："三郎，你教我宋词时，我记住辛弃疾的《定风波》词中有'但使情亲千里近，须信，无情对面是山河'。雪子有些担心。"

表白海枯石烂永不变心，过于苍白，李叔同两眼直视雪子："雪子应该相信叔同。"

海上风渐渐大起来，雪子浓密的黑头发在风中飘飞。他们到大堂餐厅，靠窗隔小桌相对而坐。李叔同要了一瓶日本的白鹤清酒，一盘清蒸鳕鱼。雪子坚持点了一瓶中国茅台和一碟火腿笋丁。

李叔同笑道："中日合璧。"

雪子也笑："夫唱妇随。"

李叔同喝了两杯清酒。清酒酒精度最高才二十度，平常多是十三度、十五度，用糯米酿造，清香可口，在日本这么多年，他已习惯此酒。而雪子却偏偏喜欢上李叔同由天津运到东京的茅台酒，酱香、浓郁，她喝了多半杯，飘飘欲仙。

李叔同明白，雪子离开日本，心情复杂，为了不让恋人失望，她没有流露出太多的伤感。借酒浇愁，也是一种无奈。

他扶雪子回头等舱卧室，抱她到床上。他坐在有台灯的小书桌前，打开从日本带回的第二期《女学生》杂志，上面继去年刊发他的《艺术谈》（十），本期刊登《艺术谈》（二），主要谈美术的焦画法、炭画法。《女学生》系上海城东女学校刊，改报纸为杂志。他正在酝酿的《艺术谈》（三）主要是关于普通图教育、图画与教育之关系及其方法等，《艺术谈》是中国艺术界最早的带有个人观点的关于西方美术的评论和实践。李叔同很重视。

相当现代化的英国圣玛利号邮船很快就在上海靠了岸。李叔同的朋友已在码头迎迓。然后早已安排好的汽车把他和雪子及行李送到法租界海伦路一栋小楼里，这是李叔同与雪子的舒适住宅。朋友们把行李放在摆满全套西式家具的客厅，那里靠南窗下为雪子准备的一架西洋名贵钢琴最为显眼。

他们休息的间隙，前两天雇好的用人已用精致的茶碗为众人送来李叔同最爱喝的茉莉花茶。

稍事休息，众人就拥着李叔同和雪子来到地道的宁波菜馆"香满楼"。

从此，海伦路上的这栋小楼便常常飘出悠扬的钢琴声和婉转动人的歌声。

2

重返上海，各方文友皆来拜访，诗成有共赋，酒熟无孤斟，李叔同和雪子更是"花径不曾缘客扫，蓬门今始为君开"，这里似成一文化沙龙。沪上青楼里的那些红粉知己苦苦相邀，李叔同偶尔约会昔日相好金娃娃、谢秋云诸人。重温"走马胭脂队里"的"欢场色相"温柔之乡，"休怒骂，且游戏"。但是，别离七年，佳人们或人老珠黄已离风月场，或残花败柳羞于见旧人。这让已三十二岁的李叔同想起乙巳年（1905）所赋《为老妓高翠娥作》诗："残山剩水可怜宵，慢把琴樽慰寂寥。顿老琵琶妥娘曲，红楼暮雨梦南朝"，便有"浮生若梦，为欢几何"的无限感慨。

一天，傍晚时分李叔同微醺归来，雪子把他搀扶到沙发上，斟上茶。他走的时候，说是应朋友之邀去赴宴，不带雪子，是因为上海文人吃酒常请红粉女郎或交际花助兴，席间的打情骂俏，搂抱亲昵的放荡行为，怕她不适应。雪子笑道："是呀，当着雪子的面，你怎么与昔日的老相好亲热呀。三郎你去吧，七年离别，你教我的《古诗十九首》里有'盈盈一水间，脉脉不得语'。见见面，叙叙旧很正常啊！"

李叔同带着些微醺和愧疚回来，并未见雪子的不满，善良又解风情的雪子让他落了泪。

他匆匆离沪赴津后，这栋小楼只有那架钢琴陪伴雪子，孤独和寂寞笼罩了这里。月色溶溶夜，花阴寂寂春，雪子独自弹琴、唱歌，常常思念三郎，思念家乡，常常在细雨绵绵的长夜欲哭无泪……

北方的春天来得稍晚一些，但到了四月，伴着和煦的春风，桃花梨花相继开放，也是春光明媚。

李叔同应直隶模范工业学堂之邀，乘船抵达天津码头。走下舷梯，他惊奇地发现，码头上竟有一群欢迎他的亲友，身材瘦高笑得灿烂年逾四十的兄长文熙最为显眼，他率全家人包括手上牵着儿子，脸上浮着恩爱笑容的俞氏，及朋友在那里迎候，多年离别后的相见，亲亲而尊尊的血肉亲情，"知君命不谐，同病亦同忧"的知己友情，让李叔同很激动。

李叔同与家人及朋友分乘几辆欧式马车，回到阔别近六年的家。途中，兄弟同乘一辆车，中国人当时尚无拥抱礼节，同父异母的兄弟二人紧紧握着手，彼此都深深地感受到"会桃李之芳园，序天伦之乐事"的手足之情。

兄弟二人因性格不同、人生经历不同，对一些问题的看法难免会有一些歧异。比如洒脱又执拗的李叔同对兄长的处世哲学并不认同，他认为文熙比较功利，有攀权倚贵之嫌，便如实相告。而文熙认为李叔同只关心文艺不爱惜金钱，花天酒地，对此他心有不满，也曾委婉地告诉李叔同。人与人之间有分歧是正常现象，李氏兄弟互相坦诚相告而不阋于墙，实在难得。

李文熙执掌李家经济，管理钱庄盐业买卖，古人云"天下熙熙，皆为利来，天下攘攘，皆为利往"，"日中为市，致天下之民，聚天下之货"，原本就是功利，不谋财害命，取之有道，又何错之有？李叔同从出生到削发为僧，一直过着尊贵享乐的生活，没有为李家赚取过一分钱。所用钱财，多由哥哥慷慨提供，他反而指责兄长为人功利，攀权倚贵，似乎说不过去。文人的清高，更多只能在精神层面，没有李家财富的支撑，李叔同会变成另一个李叔同。

3

李叔同回津，被聘为直隶高等工业学堂教员，是由日本留学回津任该校语文教员的周啸麟邀请的。直隶高等工业学堂前身是废除科举后，光绪二十八年（1902）创办的近代官办实业教育北洋工艺学堂。因李叔同早就是津门名人，美术界翘楚，到学堂执教实至名归。李叔同以李哀之名在这里开启艺术教育，迈出传播现代应用美学和西洋艺术的第一步。

秋天，李叔同身着当时流行的教师服装：灰布长衫，罩黑色马褂，足蹬白色布袜黑色布鞋，走进新式学堂。由老友周啸麟带领参观校舍，学校里的建筑一律中西合璧，以长廊相连，校园草木葱茏。

在会客厅，周啸麟把李叔同介绍给学堂教师。李叔同发现执教者大多是有过海外留学经历的新型人才，以留日者为多。后来发现的1916年改校名后编印的《直隶公立工业专门学校同学录》中，有这样的记载："图绘教员，李哀，字叔同，直隶天津人。日本东京美术学校毕业。"同时担任图绘教员的还有孙凤墀和日本人原田武雄、松长三郎（皆是李叔同同学）。这份珍贵资料证明李叔同曾任教该校属实，也证明了一些研究李叔同者云"这所学府为叔同开了一科'绘画'课程"之说乃子虚乌有。

直隶高等工业学堂在河北区元纬路，距离粮店后街李宅不远，李叔同常常夹着布书包，步行往来，有时会与学生同行，众学生知道李老师是津门名流，学富五车，满腹诗书，精通音乐、美术，且俊朗儒雅，都很敬重他。忆起他第一次走进教室，会莞尔一笑。

那天，学生坐在教室，教室前黑板右侧的挂钟的指针已指向十点，一位三十出头的老师优雅地走上讲台，站在讲台桌前，向大家微微一笑，回身在黑板上写下李哀二字。那字是极有功力的隶书，台下便发出惊叹声，接着，他用极简洁精确的语言和事例，并辅以漂亮的板书，讲清绘图课对工业生产的重要性。下课铃响前，他引用《论语·述而》句"自行束脩以上，吾未尝无诲焉"作结。意为，作为教师我会全力以赴履行师责。结识你们，我感到很高兴。学生报以热烈的掌声。下课后，学生围住他，对他的演戏、诗文、油画、音乐的成就表示钦佩。

李叔同对于教师之职心存敬畏，他本着"德无常师，主善为师""学而不厌，诲人不倦"的精神，尽力做到无贵无贱，无长无幼，道之所存，师之所存。行传道授业解惑之责。

他热爱戏剧，不管生旦净末丑，只要登台，便认真投入角色，去念、唱、做、打。而作为教员，为人师表，他也要求自己走有走相，站有站相，讲有讲相。他认真备课，认真讲解辅导。不但要做经师，而且要做人师。诲尔谆谆，听我藐藐，滞者导之使然，蒙者开之使明，以其昏昏，使人昭昭。受到师生推崇。

授课余暇，李叔同就在宅内"意园"北面少年读书时的"洋书房"读书、绘画、弹琴、治印。"洋书房"也是他会客的场所，有嘉宾、高朋、密友来访，谈笑一樽酒，重与细论文，不惜沾衣泪，并话一宵中。李叔同常常到深夜才回到卧室，俞氏早让丫鬟备好夜宵。他先到孩子的房间看看已熟睡的孩子，然后才回到卧室与俞氏小酌。日子虽平淡却也有世俗之乐。

一个周日，李叔同在"洋书房"为友人治一方印，兄长文熙匆匆推门而入，尚未落座便神色慌张地说："叔同，糟了！"

李叔同忙让座："兄长莫急，糟在何处？"

李文熙跌坐在官帽椅上："咱家的盐业及义善源钱庄全完了。"

叔同一愣，听文熙说清，才知道随着天津盐业和钱庄的官价大跌，李家五十万银圆全部蚀本。掌管李家财富的李文熙欲哭无泪地说："这可是咱们祖先苦心经营攒下的血汗钱啊！"

李叔同并不惊慌地喟叹："兄与身孰亲？身与货孰多？得与亡孰病？人生变幻无常，财富得失也无常。莫说咱家的财富，那大清之命运，不也是朝不保夕吗？哥，莫急坏了身子。"

说罢，命小厮到后厨弄几样小菜、温一壶老酒，兄弟二人无言对酌至黄昏时分方散了。

又过了几日，天津经济越来越不景气，李家另一钱庄"源丰润号"也全军覆没，李家除了两处宅院外，损失了全部资产。曾经在津门显赫一时的巨富豪门"桐达李家"被时代巨浪吞没了。

桐达李家破产，对文熙打击最大。接管李家经济后，他拼尽全力苦苦支撑，李家财富才得以保全。突然的家道败落，沉重地打击了他，使他几乎绝命。好在他多年学习中医药，已挂牌行医，他的医术不俗，又宅心仁厚，生活总能继续下去，只是由巨富变为小康，苦苦煎熬，他的心情十分失落。

而对一直视黄金如粪土的李叔同来说，在精神上并未受冲击，反而使他更加专心于艺术创作，在艺术中找寻生命的不朽，为此他感到轻松快乐。家道败落后，李叔同没了花天酒地，生活更认真、教学更努力，虽衣着朴素，却活得更真实，更踏实，更有尊严。正所谓"时穷节乃现，一一垂丹青"，风檐展书读，古道照颜色。从今以后，庶几无愧一君子。

家道败落后，李叔同从衣锦缎、食美馔的公子哥，跌到为柴米油盐操心的普通人，这是李叔同生命的一次转折，也是他灵魂的一次升华。正是："人生到处知何似，应似飞鸿踏雪泥。"何当罢俗累，浩荡乘沧溟。其实，李家破产对李叔同并未有太大影响，昔日安家上海时，兄长馈赠的那笔安家巨款，是他一生都受用不完的。

好风凭借力。辛亥年（1911）十月，辛亥革命爆发，统治中国二百九十年的清政府土崩瓦解，孙中山在南京就任中华民国临时大总统。

和当时许多觉醒的中国知识分子一样，李叔同欣喜万分。中国北方兵荒马乱，百姓仍沉于苦海，又逢上海朋友朱少屏诚邀，让他到上海《太平洋报》筹办广告部，同时兼任城东女学国文教员。再加上雪子独在沪上苦等他半年，他不能让她孤守空房。于是他安顿好俞氏及孩子，决心回到比北方更开放的上海去。临行前，他衣冠整齐认真地在学堂上完最后一堂课，课堂上学子们全神贯注地听他讲课，一双双明亮的眼睛闪烁着求知若渴的光芒，为自己的离去，他心里充满了愧疚。下课前，他在黑板上用隶书写了南朝梁江淹《别赋》中的句子："黯然销魂者，唯别而已矣。"然后向学生深深鞠躬……

是年初冬，李叔同告别兄长、俞氏和孩子，登上从天津至上海的客轮。家境败落，再无半年前码头上盛大的迎送场面，只有兄长文熙和发妻俞氏及几位老友为他送行，场面清寂，弥漫着浓浓的伤感。李叔同心情复杂，此次离别，不知何时归来。"存为久离别，没为长不归"，只能"寄心海上云，千里常相见"了。

兄长已年过四十，受破产打击，显得格外苍老，俞氏两眼含泪，丈夫五年前东渡日本，刚回津半年又要离别，让她一人抚育二子，孤儿寡母，怎一个愁字了得！只能过"白云一片去悠悠，青枫浦上不胜愁"的日子了。

李叔同登上舷梯时，不敢回头，真是人间离别尽堪哭，何况不知何日归。当船慢慢离岸，初冬的冷风中，凭栏的李叔同眼睛还是模糊了。

4

客轮抵达上海黄浦江码头时，已是下午。天上飘着江南初冬淅淅沥沥的冷雨，码头笼罩在茫茫烟雨中。李叔同提着皮箱走下舷梯，忽然听到熟悉的雪子的呼唤："叔同！叔同！"声音欢快而清脆。他努力在人群中寻觅，看见裹着一袭咖啡色长大衣的雪子，同时发现她身边还站着结义兄弟幻园和日本上野的同窗孝谷，他们正向他挥手。

幻园叫了四辆黄包车，李叔同下船后，他们先到饭店为李叔同接风。法租界的饭店除西餐外以沪菜为主，大厨多是宁波人，菜做得地道，幻园做东，叫了日本清酒，雪子与郎君团聚，此物最合雪子的心意。她想起在东京上野，与李叔同对酌，清酒比起茅台五粮液，过于清淡，李叔同一杯一杯地豪饮，后劲很大的清酒让李叔同有些失态，摩挲着雪子又软又修长的手，唱起青楼里男女调笑的小曲，懂得汉语的雪子，先惊，后羞，猛地抽出手厉色道："你得自重，叔同君！"李叔同一怔，酒醒，然后起身鞠躬道歉："雪子，三郎失礼了！"……

现在，她与三郎默默相对而笑，她看到他的眼里充盈着爱和愧疚。幻园和孝谷见状，相视一笑。幻园说："二位，久别胜新婚，今后有大把时间秀恩爱，不必在我们面前'盈盈一水间，脉脉不得语'吧。"然后把话题引到时局，问叔同光复后天津的情况。

李叔同叹了口气："在北方，光复后变化不大，军阀仍在招兵买马，忙着争夺地盘，民生依旧艰苦，知识界并未觉醒。"

孝谷则兴奋地说："上海大不同，光复后多数文化人已投入革命，英雄有了用武之地呀！"

幻园接着道："文人正在大显身手，创办了《苏报》《民报》的著名报人陈英士，又要乘势再办《太平洋报》，继续为民众、为社会发声。朋友朱少屏、陈白民不是写信邀你参与办《太平洋报》吗？叔同，你的智慧和如椽大笔可以派上用场了！"

他们的话题很广，由灰飞烟灭的清王朝，到辛亥革命后的新民国，三位文人，聊得痛快淋漓。一旁的雪子被中国文人的担当和道义所感动。

他们走出饭店，又叫了四辆黄包车，穿过湿冷的细雨，来到雪子在法租界的寓所，继续畅谈，情绪高昂的李叔同，让正忙着煮茶的雪子拿来笔墨，在桌上铺好宣纸，略加思量，挥毫几无停笔便写成一阕《满江红》：

皎皎昆仑，山顶月，有人长啸，看囊底，宝刀如雪，恩仇多少？双手裂开鼷鼠胆，寸金铸出民权脑。算此生，不负是男儿，头颅好。　荆轲墓，咸阳道，聂政死，尸骸暴。尽大江东去，余情还绕。魂魄化成精卫鸟，血花溅作红心草。看从今，一担好山河，英雄造！

李叔同写，幻园、孝谷高声朗读，雪子也跟着小声吟诵。

《满江红》原注"民国肇造，填此志感"，说明孙中山领导辛亥革命成功，更激发了李叔同的爱国心，他热烈地为山河光复而歌。

上阕写高山明月，昆仑巍峨，被词人赋予了代表中华民族重新屹立世界之巅的崭新意象。也继承了他在《大中华》中，发出的"振衣昆仑之巅"的豪情壮志。"宝刀如雪，恩仇多少"，意为只有拿起武器，才能推翻清王朝的统治，一雪被奴役之仇。"寸金铸出民权脑"句，说出唤起民众民权意识，对革命的重要，典出元代元好问诗"合着黄金铸子昂"。"算此生，不负是男儿，头颅好"句，先是化汪精卫《被逮口占》之"引刀成一快，不负少年头"诗句，后句则用的是隋炀帝举镜自照，对众臣笑曰"好头颅，谁当斫之"的典故。

下阕则写荆轲刺秦王被杀、聂政刺韩相侠累，死后暴尸街头，以这些义士慷慨就义，"魂魄化成精卫鸟，血花溅作红心草"歌颂辛亥革命志士用热血和生命铸就革命功业。"红心草"出自唐代传说，相传，唐代王炎梦中侍吴王，后闻宫中鸣箫击鼓，有辇出，说是葬西施，吴王十分悲痛，主诏国中词客，为西施作挽歌。词人炎应教作《西施挽歌》，有，"满地红心草，三层碧玉阶"句。后人遂以"红心草"指代美人遗恨。李叔同于1905年所作《为沪学会撰册既竟系之以诗》中，称赞"鉴湖女侠"秋瑾为"气任侠有奇女"。诗中云："鼠子胆裂国魂号，断头台上血花紫"，"看从今，一担好山河，英雄造"，既歌颂了革命先人推翻大清王朝取得胜利，又表达了李叔同重任在肩建设好山河的雄心壮志。

初冬的细雨在窗外飘洒，屋内三位爱国文人对酒当歌，幻园将一杯贵州荣和酒坊生产的王茅酒饮干，用昆曲的唱腔高歌明朝李王《千忠禄》之《惨睹》一折：

收拾起大地山河一担袋，四大皆空，历尽了渺渺程途，漠漠平林，叠叠高山，滚滚长江……

李叔同、曾孝谷也击节而歌，硬是把靖难之役，建文帝被迫出逃的悲戚，唱得昂扬悲壮。

雪子捧着茶杯，兴奋地倾听……

5

到了二月十一日，李叔同在有"圣手书生"美名的老友朱少屏的介绍下，以"李哀公、字叔同"之名填写了《南社入社书》，成为南社成员。

南社是随着辛亥革命高潮而出现的文学团体，酝酿于光绪三十三年（1907）李叔同二十八岁时，两年后的乙酉年正式成立，创建人为陈去病、高旭和柳亚子。第一次雅集时的十七人，十四位是同盟会会员。南社的办社宗旨是提倡民族气节，应和民族民主革命，反对清王朝的种族压迫和专制。命名"南社"，意为"操南音不忘本"，即反清革命。陈去病，江苏吴江人，受康梁维新运动影响，"有江湖任侠之风"。在成立南社之前，陈去病即为活跃的革命文人，他很早就参加了同盟会等革命团体，组织过神交社（上海）、秋社（杭州）等，以开展革命活动。"图南此去舒长翮，逐北何年奏凯歌"，表现出奋发有为的革命精神。高旭，江苏金山人，曾留学日本，归国后，在上海创办健行公学，提倡革命。柳亚子，江苏吴江人，与陈去病同年，其经历与其也相近，早年参加中国教育会，到上海入爱国学社，结识章太炎、邹容等革命家，后参加同盟会。南社以诗歌为武器，抒革命襟怀，写革命壮游，表现出诗人们高歌慷慨、雄心勃勃的革命气派，如"亡国惨状不堪说，奔走海上狂呼号""宵来忽作亡秦梦，北伐声中起雄狮""一曲清歌两行泪，可能唤醒国人无""风雨飘摇同此感，可能词笔挽沧桑"等诗文，表现南社诗人的昂扬斗志。

南社于1910年出版《南社》，分文录、诗录、词录三部分。多年后又出版《南社小说集》。辛亥革命前社员有二百余人，到李叔同入该社时编号二百一十一，不久，社员增至千人。

南社的成立和发展，标志着中国现代文学与革命紧密相连，文人不向黑暗势力低头，甘心献身革命。

这里需要指出的是，我们的文学史家们，在《中国文学史》（人民文学出版社出版）中，有关南社的记述中，居然只字未提李叔同，是疏漏还是故意，不得而知，让人诟病。当然，有的李叔同传记，把1911年到上海的李叔同，说成是沪上的文魁，文坛重要的领军人物云云，则有些溢美之嫌，比起诗界陈去病、柳亚子、苏曼殊等，李叔同在文学界的影响还略逊一筹。

李叔同入南社后，自署"南社旧侣"，与柳亚子、苏曼殊共同以诗文宣传革命。诸友将李叔同的《满江红》发表在1912年六月的《南社丛刊》第五辑上。

三月，同盟会在沪上创办《太平洋报》，由李叔同与陈士英、柳亚子、朱少屏等南社成员及同盟会会员一起筹办。十三日，南社在愚园举行第六次雅集，李叔同与刚从日归沪的春柳社成员曾延年，及城南文化诸友一起赴会。诗人雅集，又逢辛亥革命胜利，出席者意气风发。会上诸友请书画皆佳的李叔同为《南社通讯录》设计图案，并题字，李叔同照做，署名李息。

三月十八日李叔同在柳亚子主编的《民生日报》上发表漫画《侍战》，几日后又发表漫画《风柳》及《落日》。

三月二十九日，日本美术团体赤翁会第十次展览会在东京三合堂开幕。展览会上有李叔同的美术作品入选。参展作品目前仍被日本珍藏。

四月一日，经过一番努力，《太平洋报》在望平街黄字七号报馆正式出版发行。上面以显著版面发表了李叔同署名"江东少年"的《太平洋报》出版《祝词》：

> 天祸我民于甲乙之间，使我国民之生命财产，以逮种种自由之权，有受非我族类之宰割。载笔之士偶鸣不平，禁锢戮首不旋踵而至……揽二百六十余年历史之陈迹，固滴滴皆吾民血也。人怨鬼怒，集于辛亥……作于太平洋之沿岸，而又鼓荡鸿蒙，东行西行，又南北行，绕五大洋一周。一时，圆其颅，方其趾，识文字，能言语之民，欣欣然如拨云雾而睹苍苍之天，如闻暮夜之鼓，破晓之钟，遽然醒其迷梦。则且人人愿卷太平洋之水，浣濯洗涤其忮忿偏狭之心胸，欢然交臂，以食共和之赐，而享其祜。则此大报所以造福于世界者，尤与海水等深而同量已！

《祝词》以诗的语言说出《太平洋报》的宗旨、使命和信心。

此日，《太平洋报》报馆里，张灯结彩，同人举杯相庆，兼管广告的李叔同，格外高兴。接着，当时名噪一时的苏曼殊之长篇小说《断鸿零雁记》在该报副刊连载，一时间，有洛阳纸贵之势。该报由李叔同力荐，文苑柳亚子、叶楚伧等名宿诗文汇集于《太平洋报》，又由李叔同牵头成立文美会，编辑这些名家的书画篆刻作品，让读者欣赏。

这时的李叔同，不再是家财万贯的公子，为了养家糊口，为了不坐吃山空，他不得不打起精神，身兼数职。办报的同时，他还在城东女校任国文、音乐两科教员。

雪子虽没从李叔同那里听到李家破产之事，但敏感的她，还是从李叔同生活的细微改变，察觉出李家败落的蛛丝马迹。从此，她主动辞去了两个用人，很少拉三郎到法国酒吧或日本餐馆去消费，而是哼歌唱曲满面笑容地系上围裙，像个地道的家庭主妇一样，收拾房间，下厨做饭。三郎外出工作时，她才坐在钢琴前弹琴唱歌。李叔同发现聘请的钢琴老师也很少来家辅导雪子，问其故，雪子调皮地一笑："当徒弟超过师父，师父还好意思再教吗？"李叔同家散尽家财，却为了雪子和天津的家人的生计，以勤勉的工作赚取稿费、书画润笔费等不菲的收入，维持他们优越的生活。

坎坷和挫折是有的。李叔同众多工作中，那份收入较高，且李叔同付出许多心血的《太平洋报》的工作，因资方缺乏经验，动作、场面过大，收益却不多，没几个月就关张倒闭了。一群文人，只好各奔东西。但李叔同在《太平洋报》留下了太多东西。《太平洋报》创刊，李叔同作《祝词》署名"江东少年"。李叔同主持的广告却破天荒使用最新式广告，为上海报界四十年所未见。其署名凡民连载的《西洋画法》，受美术界欢迎。其署名凡民连载的《广告丛谈》，报界效仿其现代广告。漫画《存吴氏之面相种种》发表，有说明曰："原画为明信片，己酉（1909）夏日，存吴氏暂归蜀中，息霜民自日本东京寄归者也。"吴氏，即前文提到的李叔同曾为之画十二个头像同留学日本的曾存吴（曾孝谷）。李叔同在该报发表《李叔同书例》，未署名发表《孟俊女士书法》书评及介绍《中国实业杂志》的文艺批评文章。六月一日起，添印画报一大张石印，随《太平洋报》附送。三天后，又发布《征求滑稽讽刺画稿》，多日后揭晓，后又发布《征求小学校、中学校、女学校学生诸君毛笔画》，后公布结果。七月，其诗《人病》署名微阳，刊于《太平洋报》，诗云："人病墨池干，南风六月寒。肺枯红叶落，身瘦白衣宽。人世几侪笑，当门景色阑。昨宵梦王母，猛忆少年欢。"从诗中读者可以读出忙碌中的李叔同，有身体的不适，也有办报的艰难，其间流露出敬业精神和一种伤感。

李叔同在《太平洋报》发表小说、诗、书、画、文艺评论，十八般武艺皆备，《太平洋报》办得十分活跃，李叔同功不可没。

壬子年（1912），李叔同发表三篇时评，值得一提。

其一，发表在上海《天铎报》（五月二十二日）"铎声"栏，署名成蹊之《诛卖国贼——不杀熊希龄，不能救吾国》。文中指出："自新政府成立以来，肉食诸公，除互争意见，计算薪俸外，第一大政见，即大声疾呼曰：大借款！大借款！袁世凯主张之，唐绍仪附和之，而自命为理财家之财政总长熊希龄，竟挺身而出，独任其艰，日与资本团磋商。其结果也，乃竟承认外人于财政上变相之监督。而犹复掩耳盗铃，粉饰天下，引为己功，而置国家于不顾。呜呼！希龄！汝具何毒心，备何辣手；而敢悍然违反我民意……"

熊希龄时任北洋军阀政府总理，曾参加湖南维新运动，维新失败，被革职，辛亥革命时，为袁世凯窃国谋划，后历任袁政府之财政总长、国务总理。其为巩固袁氏统治，主张大肆向洋人借贷，出卖国家主权，为世人所反对。李叔同由书生变为战士，斗志昂扬地以犀利的言论揭露其敛财卖国之勾当，勇敢地喊出打倒卖国贼口号，威震朝野。现在看来，他的言行虽略有偏激，但其精神可嘉。

其二，六月十七日在《天铎报》"道职"栏，署名成蹊，又发表《闻济南兵变慨言》一文。文中写道，"庄严灿烂之新民国"成立之后，竟发生"某城、某省兵变，警耗频传，日袭击于吾人耳鼓"。对此乱象，文章告诫"军界诸公，速善其后，勿再纵兵以殃吾民也！"既体恤兵变下受难的百姓，又怜悯流血的普通士兵。

其三，六月二十日，又在《天铎报》"道职"栏，署名成蹊，发表《赵尔巽如何》一文。该文告诫原清翰林院编修，时任东三省总督，曾在奉天（辽宁）成立保安会，阻挠辛亥革命之赵尔巽，勿屈服于日俄，任其肆意掠夺我东北丰富资源，"坐使货弃于地，任外人之窃割，吾今为赵督告尔，宁去一官，当据条约以死争，毋以'为阻无效'四字为卸责地步"。同时"吾又愿吾民，亟起而为之后盾也"。

面对觊觎我国疆土和丰富资源的日俄帝国，李叔同发出"以死争"的保卫我国疆土资源的怒吼，其拳拳爱国之心，可昭日月。

纵观李叔同发表的三篇雄文，涉及国家经济、民生、疆土等重大问题，表现出一贯钟情于诗文、书画、戏剧、音乐的文弱书生李叔同，已自觉地将文艺与现实政治社会联系起来，使文学艺术的研究不流于空谈。中国的知识分子自古就有"位卑未敢忘忧国""贤者不悲其身之死，而忧其国之衰"等忧国忧民的爱国思想。李叔同已具备了朴素的对黑暗丑恶现实的批判精神和爱国主义精神，已成为有风骨的知识分子。

李叔同在《太平洋报》工作期间，正逢辛亥革命胜利，中华民国临时政府成立，清王朝覆灭，人们的喜悦中滋生了一种浮躁之气。"尤以一班文人，积习不能改"。特别是最大的文学社团南社，在繁华奢靡的大上海，表现得风头最劲。《太平洋报》的创办者是以南社社员为主体的，班首柳亚子坐镇报社。《太平洋报》十九岁的校对陈无我（笔名孤芳）在《忆弘一法师》中写道：

> （报社的人）他们编辑完了时，多的是歌场酒肆征逐……不脱东林复社公子哥儿的习气。苏曼殊以一个日本和尚——也侧身其中，酒肉厮混，独弘一法师（当时李叔同）孤高自持，绝不涸入……

三十二岁的李叔同，已不同于留学日本前也曾混迹青楼歌场任性放纵的风流才子，他完全变了一个人。有了雪子，他情有所属，有了重要的工作，他全心投入。他成了有担当、有道义的文人。

初秋九月，《太平洋报》夭折后，李叔同应同在日本留学的浙江一师校长经子渊之邀与好友夏丏尊、姜丹书二人到杭州夜游西湖。经子渊闻知李叔同所就职的《太平洋报》停办，便动了要把这位名动日本东京文艺界的才子请到自己所掌管的学校的心思。如能如愿，李叔同与这里的夏丏尊、姜丹书等名人联手，可在杭州做一番大事业。

浙江一师校长兼浙江教育会会长经子渊，名亨颐，曾参与废光绪帝活动，官至中央委员，是中共元老廖承志的岳父，民国时重要教育家，是他慧眼识才，想方设法将李叔同邀到浙江一师任教。李叔同在虎跑寺出家后，1922年经子渊又在白马湖畔创办私立春晖中学，夏丏尊、丰子恺、朱自清等到校任教，并形成一个"白马湖派"散文群体，吸引了胡愈之、蔡元培、柳亚子、俞平伯、张大千等知名文人纷纷来校讲学。遂有"北南开、南春晖"之称。

西湖之夜，明月高悬，远山如黛，水天一色，秋风徐来，荡桨湖中，联想风生水起的《太平洋报》，突然灰飞烟灭，便有"落叶西风时候，人共青山都瘦"，"万事到秋来，都摇落"的伤感。考虑到生活还得继续，李叔同决定来杭州教书。一来，自己的肺有些毛病，自东京上野时就常咳，雪子劝他去医院诊治，他认为并无大碍，一直拖至现在，这里青山绿水，或可调理好咳病；二来，他担负着津沪两个家的生计，总得努力工作赚钱养家糊口。

雪子与李叔同一直都在分分聚聚，但此次李叔同去杭州，她却变得温柔缠绵难舍难分。行前的夜晚，秋风把窗帘吹起，雪子忙把窗关上，对咳了几声的李叔同说："三郎，晚走两天吧，我陪你去英国医院诊疗，不然我放心不下。"

李叔同望着她那双清澈中有些忧郁的眼睛，微微一笑："雪子，从上野咳到现在，小病而已。"

雪子取来李叔同从天津带来的中药"秋梨膏"，扛了一小勺送到李叔同的嘴里："我以为还是服西洋药更好些，不然早治愈了。"

李叔同道："这是我文熙二哥给我特配的一剂药，疗效不错呢。"

雪子笑了："还说呢，文熙二哥为治我不育配的药，可未见效呢！好在你已有儿子，不然，我不能生儿育女，可愧对你家祖宗了。"

李叔同把雪子揽在怀里，有些哽咽地说："你把如花的生命交给了三郎，又随三郎背井离乡到异乡漂泊，三郎感谢雪子，你还记得我教你的《诗经》和《古诗十九首》里的诗句吗？'我心匪石，不可转也，我心匪席，不可卷也'，'愿为双鸿鹄，奋翅起高飞'。"

雪子仰起脸："三郎，我记得，'盈盈一水间，脉脉不得语'，我很幸福，一直沐浴着你的爱。"

李叔同："此次我去杭州任教，你仍住在上海。我两个星期回沪一次，小别胜新婚，别有情味啊。"

雪子："一切由你安排，但你不要伤我的心，为了我们的这个家，你一定要保重身体。"

李叔同："其实呢，《礼记》上说'百年日期颐'，活那么长的人并不多，人生寄一世，奄忽若飙尘，浮生若梦，为欢几何……"

雪子一下捂住李叔同的嘴："不要说这等不吉利的话，雪子要与三郎白头偕老呢！"

两人相拥而卧，直到天明。

朋友将李叔同的行李搬到黄包车上。身材笔直修长的李叔同，身着灰布长衫，外罩黑毛料马褂，白皙略长的面孔，高高的额头下一双细长的眼睛，微笑着。雪子后来说：三郎那天的穿着仪态，让她认定这便是儒雅仪态，三郎就是中国儒家的标准书生，也像一个中国史书上的殉道者，让她感到陌生，更心生恐惧。在他登车去往上海北站那一刻，她发现三郎竟没有回头告别，她后悔没阻止他远行。

此后，李叔同虽每两周回沪一次，但总有不祥之感笼罩在她脆弱的心上。

第六章

浙江师范育良才，学堂乐歌唱中华

根之茂者其实遂，膏之沃者其光晔。

——唐·韩愈《答李翊书》

1

从日本归国后，李叔同已由传统士子，转化为受过现代启蒙学教育有专长的新人文主义者。他是作为艺术教育家到浙江一师任教的，其时他已三十三岁，之前的任教工作多是短暂的，此次来浙江一师执教，竟连续七年，浙江一师是他从津门出走的人生旅途中，驻足最长的驿站。这七年，也是他留下文化遗产最丰盈的七年。李叔同初到浙江一师任美术音乐教员，在当时引进的是西方教育模式。当时数学、国文、外语、史地才是重要学科，音乐和图画课并不被重视，每周各有一课时，校方、教师、学生皆视其为副科，对其十分轻慢，称其为"游戏课"。因此，初来乍到的李叔同并不受关注。师生在没有体育课时的操场，常看到这位穿长衫的瘦高的李老师优哉游哉地散步，或傍晚在校园树林默默地看远山和夕阳。他显得沉静、安详、友善而孤傲。

在深秋，浙江一师开运动会，校方送师生的纪念品是两种信笺，其一印有"锻炼"二字，篆体古雅，深受欢迎。得知由音美老师李叔同设计撰写，有些人才开始关注他。

寂寞的李叔同常在音乐教室弹钢琴，或在自己那间不大的备课室画油画。同事、文界有些声望的夏丏尊及杭州的名流姜丹书、钱均夫等常到校拜访李叔同，他们皆彬彬有礼。师生观之，已料定音乐图画先生定是不俗之辈。

癸丑年（1913）四月，杭州《教育周报》发表署名李叔同之《歌唱法大略》；六月，又在《教育周报》发表署名为李叔同的《西洋画特别教授法》（《西洋画法》《序言》各部分）。一位不起眼的音乐图画教师，竟然有如此高深的音乐美术理论造诣，为学校带来荣誉。

特别是在五月间，李叔同在教学之余，组织师生美术活动，创办了手抄石印的刊物《白阳》。他设计了封面，篆写了《诞生词》：

> 技进于道，又以立言。悟灵感物，含思倾妍。水流无影，华落如烟。掇拾群芳，商量一编。维癸丑之暮春，是为《白阳》诞生之年。

该《诞生词》未署名。其著《西湖夜游记》，发表在《白阳》诞生号上，署名息霜。这篇散文记述了壬子年（1912）七月，与好友夏丏尊、姜丹书同游西湖之事。"起视明湖，莹然一碧。远峰苍苍，若隐若现，颇涉遐想，因忆旧游"，"漏下三箭，秉烛言归"，"秋生如雨，我芳何如？目暝意倦，濡笔记之"。笔墨优雅，诗情画意。李叔同在诞生号上还发表了《欧洲文学之概观》，视角独特，观点新颖，评价公允，可见李叔同对西方文学十分熟悉，实为难得。但可惜，这篇《欧洲文学之概观》只是以英国文学为开篇，没再写续篇，我们只能以斑窥豹了。

此外，他还为《白阳》诞生号写了《西洋乐器种类概况》《石膏模型用法》及三部合唱曲《春游》等，涉及文学艺术各领域的理论文章，让师生大开眼界，也令杭州各界为杭州拥有这样博学的优秀人才而分外惊喜。历史证明，李叔同在杭州生活七年，给这座风光秀丽的历史名城打上了深深的文化烙印。

李叔同是中国现代艺术教育之开先河者，他的前半生，一直努力精研艺术，将西方现代艺术与中国传统艺术有机地结合起来，通过艺术实践形成自己个性化的艺术理论，然后别开生面地贯彻到教学中去。这在当时的艺术教育界，独树一帜。

而李叔同的艺术教育实践，则具有中国传统教育精神。

《论语·子罕》载颜渊语："夫子循循然善诱人。"

夏丏尊在《弘一法师之出家》一文中，有写李叔同在浙江一师的一段话，表现出李叔同为师的"诚敬"：

> 他比我长六岁，当时我们已是三十左右的人了。他教的是图画、音乐二科。这两种科目，在他未来以前，是学生所忽视的。自他任教以后，就忽然被重视起来，几乎把全校学生的注意力都牵过去了。一半由他的感化力大，只要提起他的名字，全校师生以及工役没有人不起敬的。他的力量，全由诚敬中发出……

韩愈《送李愿归盘古序》有"濯清泉以自洁"句。

李叔同的学生朱文叔，在《忆李叔同先生·弘一大师》一文中，以一个"清"字写出老师李叔同灵魂的高洁：

113

> 在我的学生时代，李先生是教音乐的；那时我对于先生的观感只有一个字——清。人是清癯的，身材适中，尤其当他站在讲坛上的时候，心中不期而起"仰之弥高"的感觉。有时先生在那里观赏花木，亭亭静立，也使我生起一种"清标霜洁"的感觉……
>
> 目光是清澈的，不含丝毫垢泽，更不含丝毫嗔怒之意。因为他不多说话，和他日常相见，每有极短暂的无言相对的时候，在这时，只见他双睫微醺，觉得好像怀有无量的悲悯之情，从他目光中流露出来。
>
> 至于容止气度，真是一清如水……只要你接近他……使你自惭形秽、使你的鄙吝之萌不复存于心……对着案头先生的小影，真觉得无可说。

欧阳修《答祖择之书》曰:"古之学者必严其师,师严然后道尊。"

李叔同的学生李鸿梁,在《我的老师弘一法师——李叔同》一文中,让我们看到李叔同执教,就讲究"严"字,他是一位不怒自威,使学生"敬学"的严师,他在文中说:

> 同学们对他都非常敬畏。你说严厉吧,他倒是很客气的;你说他客气吧,可是有时又不大好讲话。虽然满面慈祥,但是见了他,总是有点翼翼然。这不单是学生,就是同事中对法师也是非常敬畏。有一次我们同学拥到日本教师——本田利实先生房间里,要求他给我们每人写一幅书法屏条,可他那里文具不完备,他不肯写。我们请他到法师的写字间里去写,他连说不好。后来探知法师出去了,他才答应。不过叫我们放哨似的在走廊上……都站了人,如果法师回来,须立刻通知他。我们说:"李先生绝对不会因此发恼吧?"他说:"在李先生面前是不可以随便的。李先生道德文章固不必说,连日本话也说得那么漂亮,真了不起。"等字写好了……他就狼狈地逃到自己的房间里去了。我们不由得大笑起来。

孔颖达:"慈者爱出于心。"

学生傅彬然在他的《怀李叔同先生》一文中,写出李叔同"慈心"之美:

> 笔者直接受教于先生者,大约有二年之久……先生平时不多言笑,常衣灰布大褂,宽大而整洁,总见得到挺直的褶棱。先生的仪态,平静宁谧,慈和亲切,但望之庄严可敬。民国二十八年秋,子恺兄与笔者同客桂林。子恺兄的书斋里,悬挂着一张先生的相片,

面容清癯，有如深山古木。

唐代诗人任华《寄李白》："绿水青山知有君，白云明月偏相识。"

李叔同得意弟子丰子恺著文《怀李叔同先生》，用"真与美"概括先生，从形象、行止到灵魂的高尚：

在我们这师范学校里，音乐教师最有权威。因为他是李叔同先生的缘故……李叔同先生为什么能有这种权威呢？不仅为了他的学问好，不仅为了他的音乐好，主要还是为了他的态度认真。李先生一生最大的特点，是"认真"。他对于一件事，不做则已，要做就非做得彻底不可。他回国后……已由留学生变为"教师"，这一变，变得真彻底。漂亮的洋装（西装）不穿了，却换上灰色粗布袍子，黑布马褂，布底鞋子。金丝边眼镜也换了黑色钢丝边眼镜。他是一个修养很深的美术家，所以对仪表很讲究。虽然布衣，却很称身，常常整洁。他穿布衣，全无穷相，而另有一种朴素的美……穿了布衣依然是个美男子。"淡妆浓抹总相宜"，这诗句原是描写西子的，但拿来形容我们李先生的仪表，也很适用。

从上述学生追怀老师李叔同的文章中，我们可分别从"诚敬""清""严""敬""慈""真与美"，看到师者李叔同人格的清洁高尚。

正如他的学生曹聚仁在《李叔同》一文中总结的：

在我们教师中，李叔同先生最不会使我们忘记，他从来没有怒容。总是轻轻地像母亲一般，吩咐我们。

到浙江一师执教的时期，也是李叔同音乐制作的最活跃时期。这一时期他创作了不少脍炙人口的歌曲，音乐界称之为学堂乐歌，传唱至今。李叔同这些优秀学堂乐歌与他的传奇人生一样，极富意味，为他在中国音乐史和文化史上赢得了重要地位。

李叔同前期的乐歌，如他在1905年编创，由上海中新书局国学会出版发行的《国学唱歌集》中的《祖国歌》《我的国》等乐歌，充满了爱国激情，折射出他对国家与个体生命的新鲜认识，有现代政治伦理才具备的权责守恒的新观念。他在《国学唱歌集·序》中说：

116

> 《乐经》云亡，诗教式微……沈子心工，曾子志忞，绍介西乐于我学界，识者称道毋少衰。顾歌集甄录，佥出近人撰著，古义微言，匪所加意。余心恫焉。商量旧学，缀集兹册。上溯古毛诗，下逮昆山曲。靡不鳃理而荟萃之。或谱以新声，或仍其古调，颜曰《国学唱歌集》，区类为五……数典忘祖，可为于邑……风雅不作，齐竽竞嘈……

此序对沈心工、曾志忞所创作之歌"古义微言，匪所加意"不满。批评二人在写歌时，忽略了《诗经》《乐记》以来的乐教传统。而自己的《国学唱歌集》的二十一首歌曲中，选有《诗经》四首，《楚辞》和唐诗各二首，宋、清诗各一首，昆曲两首。如《诗经·小雅·正月》："正月繁霜，我心忧伤。"宋辛弃疾词《菩萨蛮》："郁孤台下清江水，中间多少行人泪。"洪昇昆曲《长生殿·闻铃·武陵花》："万里巡行，多少悲凉途路情"……

这些早期歌词证明李叔同提倡乐歌要"古义微言"的主张,多悒郁凄苦情绪。但是,他主张接续传统的同时完美融合西方音乐的理念,与沈、曾的文化取向则多有不同。

李叔同的歌词多忧郁悲苦,这与当时他所处的历史背景、社会环境、个人境遇有关。庚子赔款,日俄战争,中国正经历被列强瓜分,清廷腐败,经济凋敝的亡国危机。作为一个有良知的文人,他对自己的祖国前途怀忧愤之情。他在《中国语言其一说》一文中有"沉沉支那,哀哀同胞"之语,在《论学堂用经传》中有"前途茫茫,我忧孔多"之哀叹。这皆缘于亡国危机境遇有感而发,正所谓:"山河破碎风飘絮,身世浮沉雨打萍。"

另外,个人的前途也令李叔同悲观。原本在科考路上,两次名落孙山,又经南洋公学因学潮失去保荐出身的资格,接着,科举被废除,再无中举入仕之途,让他陷入极度绝望。用他自己的话说,便是:"我志未酬人亦苦,东南到处有啼痕。"

再者,慈母病逝,失去了对他来说最重要的母爱温暖,兄长文熙虽待他不薄,但毕竟二人同父异母,总隔一层。

李叔同在这样宏观(国家)时势和微观(个人家庭)遭际的背景下,他的乐歌岂能欢快?音乐如同文学,是人的情感的最直接的表达。

在音乐理念上与沈心工和曾志忞的分野,与李叔同的乐歌郁悒凄苦情绪无关。作为音乐人,李叔同与沈、曾的音乐实践,反映出一个时代的音乐全貌。

沈心工和曾志忞与李叔同被称为中国近代学堂乐歌的"三驾马车"。沈心工1904年已在上海出版《学校唱歌集》,受到梁启超的关注。曾志忞在日本东京出版《教育唱歌集》,沈、曾二人是将西方音乐作为启蒙手段运用到中国的主要音乐人。

1904年，李叔同在上海参加沈心工创办的音乐培训班时，对西方音乐产生兴趣。那时的南方新思潮十分活跃，学堂乐歌活动也非常热闹。领军人物是沈心工，李叔同的学堂乐歌只是音乐界的一朵浪花。

到了1913年前后，这朵音乐界的浪花已成为巨浪，蔚为壮观。他创作的学堂乐歌思想进步，略郁悒，艺术处理更加娴熟，已经唱遍全国学堂。李叔同也因此成为著名的音乐教育家。当然，这也是李叔同年龄和心智成熟后对艺术的回馈。其郁悒，与李叔同严重的肺病与精神衰弱症有关，他自己在《人病》诗中说："肺枯红叶落，身瘦白衣宽"，在致好友许幻园的信中，有"今日又呕血"句。但他在努力教学育人的同时热心艺术创作，以在身体和精神上自救。

艺术具有启蒙功能，李叔同看重艺术提升道德、美化心灵的作用，他说："琢磨道德，促社会之健全，陶冶性情，感精神之粹美。"比蔡元培提出的"以美育代宗教"，早了几年。

他在浙江一师的几年里，创作的学堂乐歌，表现了爱国精神和济世情怀。

《春游》发表时署名息霜，其歌曰：

春风吹面薄于纱，春人妆束淡如画。游春人在画中行，万花飞舞春人下。梨花淡白菜花黄，柳花委地芥花香。莺啼陌上人归去，花外疏钟送夕阳。

这首歌的歌词乃是一首寄情山水的诗歌，诗歌描绘出一幅怡情的春游图画，有灵动、恬淡、蕴藉之美。古典诗词常用的意象："飞花""莺啼""疏钟""夕阳"，寥寥几语便将听者带入其境。

1993年6月3日，在北京人民大会堂举行的二十世纪华人音乐经典颁奖典礼上，李叔同这首《春游》歌曲，由中华民族文化促进会提名，经艺术委员会评议，荣获经典音乐奖。

此外在浙江一师，他还写了不少闻名遐迩、至今仍被传唱的歌曲。如《送别》《早秋》《悲歌》《月夜》等。

《送别》：

> 长亭外，古道边，芳草碧连天。晚风拂柳笛声残，夕阳山外山。
>
> 天之涯，海之角，知交半零落。一壶浊酒尽余欢，今宵别梦寒。
>
> 长亭外，古道边，芳草碧连天。问君此去几时来，来时莫徘徊。
>
> 天之涯，海之角，知交半零落。人生难得是欢聚，唯有离别多。

《送别》的曲调，借用了美国十九世纪通俗歌曲作家约翰·P.奥德威（John Pond Ordway）的《梦见家和母亲》的旋律。此曲曾由日本人填词改为《旅愁》：西风起，秋见深，秋容动客心。独自惆怅叹飘零。寒光照孤影。忆故土，思故人，高堂念双亲。乡路迢迢何处寻，觉来归梦新。李叔同根据《旅愁》又填词为《送别》。对比《旅愁》，《送别》的意境何等相似。两词与原乐曲旋律相结合，简直可以说浑然天成，都是浓浓的乡愁和淡淡的相思。

对这一点，雪子有独特见解。她曾给李叔同弹唱过《旅愁》，引起李叔同的关注。这首歌词在杭州填好之后，李叔同带回上海，弹唱给雪子，雪子听罢，惊呼："三郎，《送别》歌词移入了犬童球溪的《旅愁》的意境，却有中国古典诗词的清丽和平易晓畅，别有况味。好个'知交半零落，一壶浊酒尽余欢'，好个'人生难得是欢聚，唯有离别多'！三郎你是在为咱俩聚少离多而歌呀！"

　　李叔同是个真君子，从不隐瞒自己内心的真实想法，他告诉雪子："雪子，要说借鉴犬童球溪的《旅愁》并不错，但我更多的是汲取了宋代诗人戴复古的《世事》意境，那诗说：'世事真如梦，人生不肯闲。利名双转毂，今古一凭栏。春水渡旁渡，夕阳山外山。吟边思小范，共把此诗看。'另外，我二十岁在上海读同朝龚自珍作《己亥杂诗》，有'吟到夕阳山外山，古今谁免余情绕"，也启发了我。至于雪子你说，这词里有抒我们间的相思离别之情，说得对。但写的是人的普遍情感，并不是专为咱俩的相思而作。"

　　雪子坚信《送别》是她和李叔同沪杭聚别的真实写照，平常生活中，三郎很少直率吐露对雪子的真诚热烈的爱，往往寄予诗词歌赋和绘画之中。后来李叔同决然遁入空门，从此《送别》成了雪子的思念之歌，每每抚琴弹唱，都泪流满面……

120

　　《送别》的歌词，是一首我国现代诗苑脍炙人口的小令，借助美国奥德威《梦见家和母亲》之曲，是一曲李叔同在国内外影响最为广大久远，唱遍大江南北的乐歌，至今仍广为传唱。

　　《诚》，李叔同作词，美国的威尔森·乔治·史密斯作曲。

　　　大哉一诚，圣人之本。弥纶六合炳日星；唯诚可以参天地，唯诚可以通神明。
　　　大哉一诚，执厥中；大哉一诚，圣人之本。大哉，大哉，一诚。

　　时间久远，我们很难确定《诚》创作的具体年代，但可确定的是在1915年至1918年，李叔同在浙江一师任教时所作。

　　1916年前后，南京高等师范学校（今南京大学）校长江谦为该校作校歌，特请李叔同为之作词。其校歌一开头便与当时南高师校歌"大哉一诚天下动，如鼎三足兮"如出一辙。浙江一师校长经亨颐的教育思想与南高师校长江谦相近："人格之最完成者为天，即一'诚'字。各个人不遗余力秉其至诚以形成人格，即思诚者，人之道也。"

　　李叔同出身诗书世家，自幼受儒学思想熏陶，深谙"诚"在儒学中的重要，这也是浙江一师治学的根本，因此才有唱"诚"的歌词应时而生。

　　《诚》词共五十字，六次出现"诚"，四次出现"一诚"，五次出现"大哉"，主旨十分突出，层次亦十分分明。

　　《诚》之曲，出于史密斯哪首歌，未得其详，博大、神圣、庄严的词作，或可从宗教赞美诗中探寻曲谱的踪迹。

3

　　在浙江一师，李叔同还写了《忆儿时》歌词：

　　　　春去秋来，岁月如流，游子伤漂泊。回忆儿时，家居嬉戏，光景宛如昨。茅屋三椽，老梅一树，树底迷藏捉。高枝啼鸟，小川游鱼，曾把闲情托。儿时欢乐，斯乐不可作。儿时欢乐，斯乐不可作。

　　追忆童年是一种人的基本情感，许多喜欢追忆童年的文人，都把这种感情化为一种人生的乡愁。美国作家福克纳说："我最大的财富在于我拥有一个苦难的童年。"他把童年的记忆写成《喧哗与骚动》，获诺贝尔文学奖。

李叔同的童年生活，前文已说过。《忆儿时》回忆了自己在天津那个有虎座门楼、挂进士第呈田字布局的四进院落，他在有意园、藏书房、存朴堂、游廊、花园、小川等景物的老宅里生活了十七年。认识雪子后，在她的请求下，他曾多次把童年记忆讲给她听，她瞪大眼睛惊呼："偌大的东京也找不出一座这么气派有中国风格的贵族宅院啊！有这样的家族和文化，才能孕育出才气纵横、至情至性、追求完美艺术的三郎呢。"

写《忆儿时》时，李叔同已成为经历了岁月蹉跎和家境败落之风霜的中年人，可喜的是这些经历并未消磨其人生的正气和人性的纯良，没有丢掉童年时的天真无邪禀性和对欢乐的珍重。《忆儿时》之词在云淡风轻中，表现童年单纯的出自人性天真的简单的快乐。当然也写出了游子对故乡的深深怀念，写出了对岁月易逝的淡淡忧伤。

它的原曲，是美国威廉·海斯（William Shakespeare Hays）的一首通俗歌曲《我可爱的阳光明媚的老家》。

122

李叔同自作词曲的《早秋》，也是在浙江一师任教时所创作。

十里明湖一叶舟，城南烟月水西楼。几许秋容娇欲流，隔着垂杨柳。远山明净眉间瘦，闲云飘忽罗纹绉。天末凉风送早秋，秋花点点头。

古诗写秋，多赋悲愁，如辛弃疾之《昭君怨》，有"落叶西风时候，人共青山都瘦"，柳永《八声甘州》有"渐霜风凄紧，关河冷落，残照当楼"。但李叔同写《早秋》毫无悲秋色彩。歌中将山、云、风、花人格化，宛如一幅活泼、灵动、充满人间烟火味道的早秋图。通过这些景物，便有了独处念故人、思往事的意蕴。中国诗词歌赋，一般皆非虚构，都是对现实的有感而发。寂寞、多情、念旧的李叔同，见秋思秋，在秋天里，闯进他情感世界的杨翠喜、金娃娃、谢秋云这些红颜知己翩然而至，这很自然，所谓睹物思人。正如他的好友与他同在浙江一师的同事姜丹书在一首词中直言不讳地说他："一腔牢骚忧愤，尽寄托于风情潇洒间，亦曾走马章名，厮磨金粉；与坤伶杨翠喜，歌郎金娃娃，名妓谢秋云辈以艺事相往还。"

在浙江一师，李叔同还创作了歌曲《秋夜》，又名《初夜》，其词：

> 眉月一弯夜三更，画屏深处宝鸭篆烟青。唧唧唧唧，唧唧唧唧，秋虫绕砌鸣。小簟凉多睡味清。

窗外新月如眉，屋内画屏，鸭形香炉升着袅袅如篆字的轻烟，秋虫（蟋蟀）阵阵鸣唱。睡在清凉的小竹席上，睡意渐消。不露情思，情愈深远，更显秋夜恬静清雅的情味。

《秋夜》的曲，李叔同特意用日本式五声大调，低缓和谐。我们不妨猜测这首歌是李叔同为自己的日本籍妻子雪子而作。自李叔同到日本与雪子相爱成亲，从此鸳鸯不独宿，其感情也不再放纵。自李叔同携雪子到上海，二人的感情一直很好，据其浙江一师的弟子李鸿梁在《我的老师弘一法师——李叔同》一文中说"在我们毕业那年，先生还伴同她回娘家去洗温泉浴"可证。1915年夏，李叔同曾携雪子回到日本，夫妻去海滨洗温泉浴，感情甚笃，《秋夜》写的是他们夫妇的闺情缱绻。

李叔同从杭州回到上海家中，便弹唱了这首歌给雪子听，雪子刚听到旋律，便叫道："三郎，日本曲风嘛。"

等听完整首歌，她又说："眉月一弯夜三更，我明白，'可宝鸭篆烟青'，'小簟凉多睡味清'，我不懂。"

等李叔同拉着她坐在沙发上一一解释之后，雪子猜场景就是自家，她搂住李叔同羞涩地说："啊，三郎你我共眠凉席，情话绵绵，肌肤之亲都写进歌里了，好害羞哟！"

不久，李叔同又作《悲秋》：

西风乍起黄叶飘，日夕疏林杪。花事匆匆，梦影迢迢，零落凭谁吊？镜里朱颜，愁边白发，光阴暗催人老。纵有千金，纵有千金，千金难买年少。

悲秋是自古以来诗人墨客的诗文母题，如宋玉《九辩》，就云："悲哉，秋之为气也，萧瑟兮草木摇落而变黄"，范仲淹《苏幕遮》："碧云天，黄叶地，秋色连波，波上寒烟翠。"皆为秋悲。

丰子恺说，《悲秋》是伤感的，"是现代青少年所不宜唱的"。须知伤感缘于李叔同不堪受肺病、神经衰弱折磨，但这仅是一面。君不见，李叔同的悲秋所蕴含的挣脱世俗和渴求超越的精神及美学意象，他的弟子忽略了。李叔同在上面的学堂乐歌中所表现出来的郁悒伤感情绪，是与他的人生际遇、人生困惑及其敏感的心灵相关联的。在李叔同的乐歌里，现代个体的孤零感受与乡愁融为一体，这种带着淡淡温情与淡淡哀愁的美学情感，长久地打动了中国人。

李叔同创作的上述歌曲，清雅、优美，晓畅如春水、秋云，不仅在浙江一师校园里传唱，很快又传到大江南北的学府，几成当时歌曲的主流。

李叔同创立的学堂乐歌，具有现代思想意味和爱国情怀，在中国现代音乐史上，具有不可取代的重要地位，它真实地记录了那个时代人们微妙敏感的心灵在现代化进程中不断嬗变的心路历程。他在继承中国传统诗词的基础上，汲取西方音乐的营养成分，不仅带有音乐的现代技法，而且有政治观念的先进性，蕴含丰富的思想。研究李叔同的音乐，有利于深入研究李叔同的艺术精神气息和近现代思潮之脉动。可惜，音乐史没有重视李叔同的音乐成就。

4

李叔同在浙江一师执教这几年，始终坚持既教书又育人，用自己的人格、道德、学问去感化学生。他在上美术课时，不仅传授绘画理论、技艺，还在杭州以极大胆魄，首次上人体写生课，惊动各学府。他的好友夏丏尊说："我与叔同相交十年，他的一言一行随时都给我以启诱。"还说，"李先生教图画、音乐，看得比国文、数学还重。这是有人格背景的缘故。因为他教图画、音乐，而他所懂得的不仅是图画、音乐，他的诗文比国文先生的更好，他的书法比习字先生的更好，他的英文比英文先生的更好。"他曾把李叔同比作"一尊佛像，有后光，故令人敬仰"。

1912年，李叔同刚到浙江一师不久，天降大雪，学生刘质平写了一首歌，冒雪赶到音乐老师李叔同的住处，请老师指教。李叔同忙把肩披雪花的学生让进屋，请他坐下，接过写在纸上的歌曲，认真品读后他若有所思，刘质平以为自己太唐突，太急于求成，羞愧满面。结果，李叔同说："今晚八时半，请赴音乐教室，有话讲。"

当夜，刘质平准时赶到音乐教室，却见室内漆黑，在大雪中他等了大约十分钟，突然室内灯光明亮，早就在室内的李叔同拿着手表走出音乐教室，只说："相约无误，你可回去了。"李叔同认为这位学子诚实守信，从此对他倾心辅导，两人建立了很深的师生之情。1916年夏，刘质平将要毕业之时对先生说，毕业后也想当教师教书育人，李叔同很是赞许，建议他最好先到日本留学深造，学成后报效国家。刘质平深表同意，但因家门贫寒，无力去东瀛留学。经李叔同努力，他得到公费留日的机会。但到日本仅一年，他便给李叔同来信说得不到第二年的公费，打算辍学归国。李叔同一面回信告诫他："学而无成，反致恶果"，让他坚持学业；一面奔走各方，筹措借款，在均无着落之后，李叔同从自己每月的薪酬中拿出一部分寄给刘质平，助其完成学业。刘质平学成归国，实现了自己当教师的愿望，后来，成为中国现代著名的音乐教育家和收藏李叔同书法作品近千件的大收藏家。为此他总想报答恩师，但都被李叔同拒绝了。直到李叔同出家后，为佛门计，才答应接受刘质平供养。后来师生常有书信来往，刘质平收恩师书信多达百封，寄来的墨宝也不少。到1942年弘一大师圆寂，刘质平已收藏墨宝近千件，皆交苏州装裱名家张云伯亲自装裱，在特别的十二只樟木箱中保存。虽经历灾祸兵燹，仍完整保存下来。这是刘质平对恩师最有价值的回报。

李叔同的另一位得意弟子是丰子恺。丰子恺于1914年秋入浙江一师，成为李叔同的学生。

丰子恺自幼便有美术天赋，李叔同很快就关注到他。一天晚上，丰子恺到李叔同备课室谈学习情况，准备离去时，老师对他说："你的绘画很有基础，进步也明显，作为南京杭州两校图画课的老师，我尚未见过像你这样有绘画才华的学生。"李叔同没有料到，正是这一鼓励，确定了丰子恺的美术人生，使他后来成为中国现代著名的画家和作家。李叔同的简朴、端庄、善良、正直和爱国的风骨深深影响了丰子恺。

早在1905年，李叔同作《祖国歌》，当时上小学的丰子恺就唱着"上下数千年，一脉延，文明莫与肩。纵横数万里，膏腴地，独享天然利。国是世界最古国，民是亚洲大国民……"

"和同学们掮下旗帜，排队到街上去宣传'劝用国货'"（丰子恺《李叔同的爱国精神》）。当时他并不知道《祖国歌》的作者是谁，等到考入浙江一师，才知道此歌的作者就是教图画、音乐的李叔同老师。他宣传爱国，而且自己带头施行，他脱下西装洋服，一身布衣。因松紧带是进口货，他就坚持系布带，弃用此物。

丰子恺后来回忆，老师在天津为文昌宫小学写的校歌："文昌为天，文明之光，地灵人杰，效师长，初学根本切实强、精神腾跃成文章……"；老师写的《我的国》："东海东，波涛万丈红，朝天百日，云霞文捧，亚洲唯我中央中，二十世纪谁称雄，请看赫赫神明神，我的国……"；《大中华》："赤县膏腴神明裔，地大物博，相生相养，建国五千岁，振衣昆仑巅，濯足扶桑之澥，千山灵秀所钟，人物光荣永垂……"这些歌曲，表达了李叔同热爱祖国，热爱民族，呼唤国家强盛、民族觉醒的爱国爱民热忱，众多青年学子，在这种爱国主义精神的感召下，成为爱国者，如刘质平、丰子恺。

127

乙卯年（1915），三十六岁的李叔同赴北京访友。春天，应南京高等师范校长江谦之聘，兼任该校音乐、图画教师。这样，李叔同便常常往返于杭州南京两校与沪上三地之间。

三地奔波，李叔同疲于奔命，两校布告栏经常有"音乐、图画教师李叔同请假"的牌子。即使是这样，也没有减少学子对音乐图画的特殊兴趣，他们渴望的是经常与这位社会名流晤面，听他弹琴，看他绘画，参加他组织的艺术活动。比如，他一到南京高等师范，便组织宁社，借佛寺陈列金石书画，引起学生特殊兴趣，艺术活动吸引该城各界人士，成为古城金陵的文化景观。后来，在李叔同的主持下出版了《乐石》杂志，并向日本东京美术学校赠送。至今该校尚存《乐石》第3至8集。

南京高等师范与各地学校一样，只重视国文、数学、英语等课，将音乐、图画课视为旁门左道，无关紧要，学生学习态度松松垮垮。李叔同授课前，曾多次观摩别的老师上音乐、图画课的情景。几乎是惯例，这两门课皆排在下午第一、二两节。上课铃声摇响，学子们才三三两两、无精打采地陆续进教室，教室里嬉嬉笑笑人声鼎沸，老师走进教室，常常大声呵斥多次，课堂才可稍微安静。教师在台上讲，学生在课堂或翻看别的书，或与邻桌耍贫斗嘴，或干脆伏桌打瞌睡，情况大体与他初到浙江一师相似。

李叔同上课，别开生面，让学生不曾料到。

学生们如同往常，无精打采，勾肩搭背，三三两两，哼哼唱唱，鱼贯进入教室，但走进教室后，忽见讲台上端坐一人，两眼微闭，面色庄重，如寺庙僧人参禅，身上披着由西窗射进的阳光，端若崖壁之青松，清素若九秋之菊，着实让人一惊一怔。他们虽然知道新老师是文界名流，声望甚高，但年轻人因袭旧习，不会很快改变常态，眼前这一幕超出他们的经历和想象。于是都红着脸，低着头，走到自己的座位上，默默地仰望着这位不同寻常的师长。

学生们看到，老师已揭去钢琴的布罩，讲桌上摆着点名册、讲义、粉笔，还有一块金怀表。而黑板上，已工整地写满歌词和曲谱。

老师先站起来，向学子们鞠了一躬，起身时，宽阔额头下面那双细长的眼睛闪出明亮的光彩，然后声音不高却清晰地讲出本课的要点。讲完他走向钢琴，坐下来，灵动的琴声飞进学生的耳朵和心田。

下课时，他留下一位入教室后还看闲书的学生，和蔼地说："希望下次上音乐课时，不要再看别的书了。"

学生红着脸说："先生，我记住了！"

李叔同有些好奇地问："你看的是什么书？好像很投入。"

学生不好意思地把手里攥着的那本书交给李叔同。李叔同接过一看，是癸丑年（1913）杭州出版的《教育周报》第一期，上面有署名李叔同的文章《唱歌法大略》。该生说，这是他父亲买的，知道李叔同到南京高等师范教书，就拿给他，还说，教你们音乐的老师就是这位李叔同，于是自己就开始阅读。

李叔同看罢，忙站起又向该生鞠一躬，道："上课时，还是专心听讲吧。"

5

乙卯年（1915）五月十四日，夏丏尊三十岁生日那天，李叔同作《始平公造像》字幅奉寿。始平公，其人难考，大约是北魏太武帝拓跋焘太子。《始平公造像记》，点画峻厚，雄强伟岸，刻于河南洛阳龙门山古阳洞，是魏碑代表作《龙门二十品》之一。

夏丏尊与李叔同留学日本时相识，夏丏尊小李叔同六岁，后又同在浙江一师教书，是李叔同一生好友。夏丏尊二十八岁生日刚过，李叔同便摹汉长寿钩铭以赠，为之祝寿。之前，还曾写字幅《高阳台·为歌郎金娃娃作》赠夏丏尊，可见二人相交之深。

五月十六日，深春时分，正是西湖卉木萋萋、鸧鹒喈喈、采蘩祁祁时，南社柳亚子、高吹万、冯春航等皆携眷属到杭州踏青。李叔同见到诗坛老友，殷勤陪游，他在杭州生活多年，对四季有不谢之花，长青之草的西湖八景已十分熟悉。带诸友人同游西湖，李叔同有其独有的路径，几人游中谈古说今，甚是愉悦。南社领袖及骨干到杭州，按惯例总要雅集，此次也不例外，他们假西湖西泠举行临时雅集。在此盛会，李叔同以昆曲，唱柳亚子的《论诗六绝句》之"少闻曲笔湘军志，老负虚名太史公。古色斓斑真意少，吾先无取是王公"。

李叔同十分赞赏柳亚子批评气焰高涨的拟古诗派，主张抒发革命情怀的诗风，故唱了这首绝句。他唱得声情并茂，众人赞不绝口。为纪念此次雅集，与会者集体合影留念。

游杭期间，正逢冯春航欲在西泠为长寂此处的明代才女冯小青筑墓树碣。冯小青，明代万历年间扬州人，其人早慧，很有文才，与才女们聚会，常以诗文惊四座，十六岁嫁与杭州冯氏豪公子为妾。其大妇善妒，将之移到孤山幽居。孤凄生活，冯小青抑郁成疾，请画师画像，一恸而绝，年仅十七。冯春航为冯家之后，念其祖辈未能善待冯小青，决定为其造墓碑，柳亚子遂撰《祭冯小青墓题碑》，李叔同应邀书丹。

鉴于柳亚子在南北的诗名，李叔同邀其加入他在师范组建的文艺社团乐石社，柳亚子欣然允诺。一个在全国文坛享有盛名，拥有千人社员的文化团体领袖，能以普通社员身份，加入一个学校不足百人的师生组织的小艺术团体乐石社，成文坛佳话。

此次游杭之后，高吹万作《武林新游草》，李叔同为其作封面题字，署名李息。此次文人雅集，唤起李息时代的往事，那时的李息，是个"归来宴平乐，美酒斗十千"，"少无适俗韵，性本爱丘山"的单纯文人，又是一个"黄金百璧买歌笑，一醉累月轻王侯"的富家公子。

夏天到来之时，李叔同携雪子，再次买舟东渡日本，作为快婿看望雪子家长，拜访东京美术学校，看望师友故人，还特别重访他和雪子定情的房舍。木楼依旧，只是换了一对老年房客，屋里的陈设已完全变了，变得更简单、干净也更有烟火气。

雪子向两位老人鞠躬，拉着李叔同说："这是我的中国丈夫，这间房舍曾是我们定情和成亲的地方，我们在这里留下了太多的回忆。"

男主人很亲热地说："你们走后，我们就到了这里了，你先生就是大名鼎鼎的演《茶花女》的李君啊。"然后向李叔同鞠躬说，"我和我夫人都是你的观众呢。"

李叔同忙施礼："先生过奖了，那都是很久远的事了。"

老人看着身着西装的已是中年人的李叔同，他宽额，细长眼睛，黑头发略乱，老人说道："风采依旧，风采依旧。"

在老人的盛邀下，他们被请进屋——这也是他们的心愿，在他们的生命里，这儿可是重要的驿站，旧地重游，他们渴望在这里重温旧梦。两人盘腿坐下，喝着老人泡的清茶。

从这年春天起，雪子便提出要与李叔同一起去日本看望母亲及家人。李叔同心里一直很矛盾。乙卯年（1915）初，日本驻华公使当着大总统袁世凯的面，悍然提出对华"二十一条"，赤裸裸地提出剥夺我国主权、占我领土、控制我国经济的罪恶企图，遭到国人的强烈反对，袁世凯拖延时日，以待外援，寻求国际援助。但在日强压之下，中国政府节节让步，最后日方又提出换汤不换药的修正案。

李叔同作为爱国者，一直关注此事件，因袁世凯接受日本最后通牒，承认"二十一条"，在全国爆发"五·九国耻纪念日"运动。

民众群情激愤，各爱国团体，特别是各大中学校，纷纷集会，拒不承认"二十一条"。湖南学生彭超为袁世凯承认"二十一条"愤然投湘江自杀。自杀前留下遗书："我同胞应知我国之最可惨、最可羞、最可耻的事，莫过于此次外交失败，吾有何面目以对国家也？其将何求以救国也？"

浙江一师、南京高等师范等学校师生也积极参与这一斗争，开展"抵制日货"等拒日抗日活动。全国教育联合会决定五月九日为"国耻纪念日"。

李叔同过去曾以多首诗歌讴歌祖国，他万万没想到，辛亥革命胜利之后，国家会出现如此乱象，他歌颂之国的当权者竟会这般无耻，他感到茫然。

雪子提出到日本省亲，乃正常的家务，原本与"五·九"无关，但在这样的背景下，他怎能超然物外，平静地去日本？他只能以各种借口敷衍雪子。

雪子是何等聪明之人，她不露声色地对李叔同说："三郎，你讲的湘南学生彭超，为反对袁总统承认'二十一条'而投湘江自杀，是个多么爱国家的学生。以强凌弱，夺人主权，日本的'二十一条'是强盗行为，作为中国的日本媳妇，雪子心里明镜般清楚，我应站在三郎一边。不单纯是'嫁鸡随鸡，嫁狗随狗'，我随的是真理。"

李叔同很感动，抱住雪子说："我心里有数了。"

回到日本，李叔同发现雪子似乎并不十分愉悦：从码头上她拉着迎接他们的大弟弟的手，满脸热泪；到回家给母亲鞠躬拥抱，哽咽抽泣，母亲却态度冷冰冰的，她一直后悔女儿这桩婚事；再到告别时，她在船舷上一手捂嘴恸哭，一手扬起与弟妹告别，雪子一直沉浸在深深的忧郁、悲凉之中。直觉告诉她，这或许是与故土和亲人的诀别。

只有到海滨，与李叔同在细软的海滩踏浪而行，在升腾着热气的温泉与三郎共浴，朦胧细雨中在海滩小酒馆与三郎对酌，说起绵绵的情话时，雪子才现出率真的微笑。

一次，二人在小雨中到离海滩不远处看农舍。见木屋、池塘、稻田，雪子感叹道："三郎，日本的乡景恬静，不如杭州的乡间热闹。"

李叔同："这里'黄梅时节家家雨，青草池塘处处蛙'，如你所说有恬静之美。天津郊野是'过雨荷花满院香，沉李浮瓜冰雪凉'，热闹欢快，各有佳景啊。"

雪子："三郎，这'黄梅时节家家雨，青草池塘处处蛙'是谁的诗？就是眼前景致呀！"

李叔同："这是宋代赵师秀的《约客》诗，写的是夏季梅雨时的景象，全诗是'黄梅时节家家雨，青草池塘处处蛙。有约不来过夜半，闲敲棋子落灯花'。两位诗人约好，要在雨中对弈，孰料那位仁兄过了半夜仍不到来，弄得主人一个人敲着棋子，直到油灯的灯捻燃尽，于是写出了江南梅雨时节的美景和文人的闲逸情趣。"

雪子："三郎，你教我学杜甫诗时，雪子记住了他的《北征》诗中有'雨露之所濡，甘苦齐结实'。雪子有三郎文化的雨露滋润，胸中存有不少中国诗文呢。"

李叔同："雪子天资聪慧，夏丏尊就常说你比我教的那些学生还富有诗书气呢！"

雪子望着苍茫的大海，非常平静地说："三郎，我们相识相爱结为夫妻，已经九个年头，雪子一个日本人，义无反顾、毫无条件地背井离乡陪你到上海生活，从不干涉你的家庭、你的妻室子女诸事，你富有还是破产，我都不介意，我们时聚时离，我也从无怨言，只要你心中有雪子，我就十分满足了。雪子以身相许，只求与三郎相濡以沫，白头偕老。可是三郎，从你到杭州任教，特别是这两年，我发现你回到上海常常沉默，欢愉也愈来愈少。你翻经卷的时间越来越多，与雪子倾心交谈的时间却越来越少，雪子想尽力扭转这种局面，甚至想通过共同回到日本，让你清楚雪子不惜从此永诀日本亲人，向你表明与你共度下半生的决心。可是三郎，你让雪子很失望，你一直没有向雪子吐露你的心曲，总是遮遮掩掩，言不由衷……"

在返沪的客轮上，在面海的客房里，雪子的一番话，让李叔同无言以对。

从日本回国后不久，学生吴梦非在李叔同的指导下，创作了一幅油画，送到巴拿马国际博览会展览，不料被筹备处退回。总是低调却处事认真的李叔同对此颇为不满，他非常自信地与吴梦非、丰子恺等美术学生说："我们的作品，过了百年以后，一定会有人了解的。"这些学生受到鼓舞，后来都成了国内一流的美术家、音乐家，并联手在上海创办师范学校，设美术、音乐科，也培养了一批艺术人才。

次年暑假，李叔同夜晚至孤山公祠，与吴梦非等泛舟湖上。李叔同以一张日本《朝日新闻》报纸相示，说："日本报界颇为留学日本的艺术家怀才不遇不满。"他借此勉励弟子不要因巴拿马博览会筹备处退画之事而气馁。这张《朝日新闻》是雪子弄到的。

九月二十四日，李叔同回到上海与雪子相聚，尽管身体不适，他还是坚持参加了南社在上海举行的第十五次雅集。会上与老友晤面交谈，甚是欢愉。回到家，雪子精心准备了他爱吃的日本料理和清酒，夫妻对酌，至子夜时分，他又到书桌前，为《南社重订姓氏录》提前设计两种封面。后于十一月，让雪子交柳亚子。

看上去，一切正常，但正如雪子所料，李叔同在酝酿一件大事。

第七章

绝情断义弃娇妻，
所积珍品赠友人

五岳寻仙不辞远，一生好入名山游。

——唐·李白《庐山谣寄卢侍御虚舟》

1

朋友们发现，教学之余，李叔同在杭州时常游览山水古迹，拜谒寺庙道观，与僧人吃茶说禅，并开始研究《易经》、画佛像。

一次周六，夏丏尊在监督学生晚自习下课后，走出自修室去找李叔同。见其屋门半掩，灯光泄出的同时，李叔同的低声诵经声也飞出门外。他去敲门，诵经声停止。推开门，见李叔同正伏书案画佛像：佛像身披彩衣，坐在莲花座上，黑发、挽髻、眉宇间有浓密的白毫，眼睫下垂，方口，大耳，双手合十于胸前。李叔同示意夏丏尊坐下喝茶，自己拿着笔继续勾勒。夏丏尊又发现在书案背后的墙上挂有一串深紫色念珠，赫然醒目。他诵经、画佛像、挂念珠的行为让夏丏尊心里一惊，难道他只为这就放弃两周一次回上海与雪子团聚的机会吗？

他问："读什么书？"

李叔同："《易经》《道德经》《心经》《金刚经》。"

夏丏尊："叔同，你对理、玄二学多有研究，难道你开始学佛了？"

李叔同："读理学、玄学，是知识上的浏览，而佛学属于精神的修炼。"

夏丏尊几乎惊呆了："叔同，你………"

雪子比夏丏尊更早有这种预感，她对李叔同的诘问也早于夏丏尊。

李叔同做出人生抉择后，与好友夏丏尊有过一次对话，是在李叔同不回上海后发生的。

夏丏尊质问李叔同："你这样冷酷地对待深爱你的雪子是不道德的！"

李叔同平静地道："要出家之人，必须持二百五十戒。当苦行僧，要遵守僧人戒律。我目前只是想做居士，茹素、念佛、读经。还没出家，无法对雪子说。"

夏丏尊："但即便只当居士，也有各种戒律。"

李叔同："只要学佛，便遵戒律。"

夏丏尊："你只顾自己清净，便对雪子、朋友薄情寡义。"

李叔同有些悲戚："丏尊，请尊重我的选择。"

在夏丏尊看来，人性真是复杂，突然执意要遁入空门的李叔同，就在前不久，还有兴趣介入凡俗，以妙策帮自己在学校抓学生中的窃贼。

一日晚自习时，自修室里刘质平、丰子恺等几个学生正在议论李叔同。有的学生轻慢教副科音乐、图画的李叔同，他平日寡言少语，不如国文、数学、英语老师有学问。丰子恺不苟同，说：李老师不像一些老师高调张扬，总在会上口若悬河发表雄论，自鸣得意。李老师日本留学，日语、英语俱佳，比英语老师的英语高出不少，可没在课堂说过一句日语或英语；比国学，他诗词歌赋，造诣极深，他没有在课堂上吟过一首自己的诗词；他所教的音乐、图画，从理论到创作，出类拔萃，他的学问深不可测。

他们正议论着，夏丏尊作为监舍，急匆匆来到自修室，宣布：学生宿舍里，一位学生的皮箱被人撬开，钱被偷走，实在丢人。学校让我负责彻查，找出窃贼，严惩不贷，希望大家协助破案。我在这里宣布，如果偷者找我承认错误，三天之内自首归还钱物，我可以为之保密，不再追究。三天过后，仍不自首，可要严办了。

过了两天，案子仍未破，夏丏尊有些慌乱，就找到李叔同。将此案告诉他："叔同，帮我想想办法。"

李叔同很有兴趣地听完事情经过，认真思索了一会儿，说："丏尊，你宣布若不破案，做监舍的你就以身殉道，就自杀。"

那时的李叔同，还食人间烟火，参与俗事。当他决心做出人生的重要选择后就真的与昨日的一切告别了。

研究李叔同的学者，没有一人能对李叔同的皈依佛门做出科学的、合理的、令人信服的解释。道可道，非常道，李叔同落发为僧，是个人选择，无须臧否。事实是李叔同出家后，对佛学、文化做出卓越贡献，这才是人们最感兴趣的，并为此才怀念祭奠这位大师。

2

丙辰年（1916）冬，十一月三十日晨，天气阴冷。

李叔同衣着灰布长衫，罩黑色棉马褂，戴细钢丝眼镜，正要出门，夏丏尊推门进屋。见状问："叔同，回上海与嫂夫人团聚？"

李叔同："非也，去虎跑寺断食修心。"

夏丏尊一怔："你多日不回上海见雪子了，怎么却到虎跑寺去断什么食？"

李叔同："试试无妨。"

接着李叔同告诉夏丏尊，他已向校方请了十天年假两周事假，到虎跑寺断食二十日，并说，他与校工闻玉说好，为他请二十天假一道陪着住寺。果然，闻玉已背好李叔同整好的两件行李：一包衣物，一包笔墨纸砚与书籍，笑着对他点头。

夏丏尊只好送他们出校门，望着瘦高的李叔同和壮实的闻玉渐渐远去。

夏丏尊很懊恼，去年秋天，他从一本日文杂志发现一篇关于断食疗病的文章，觉得好奇，就带着鄙夷的神色拿给博学的李叔同，并说："日本这个民族很奇怪，他们造出了'天照大神'顶礼膜拜；又弄出'武士道'精神，虎视眈眈，对外扩张；现又发明'断食医病'，更是莫名其妙。"

李叔同读过该文，说："'断食疗病'并非日本人推出，其源于印度婆罗门教。我在日本上野图书馆阅读时，曾看到过日本人翻译的这类文章。印度是古老文明之国，断食或许真能医病。"

但让人没想到的是，李叔同今天就去验证印度的疗病古法了。

到太阳西斜时，李叔同与闻玉踏进大慈山虎跑寺山门。因早已联系好，寺里僧人已为他们各准备一间僧舍。

安顿好，李叔同对闻玉说："明天就开始断食，有些事告诉你，请一定按我的要求办。"

闻玉一一记下：

断食期间，不会任何亲友、不拆任何信函、不问任何事，谢绝一切谈话。若家中有事，由闻玉处理、记录，在断食期满后告知他。

断食间他的每日功课是：练字、治印、静坐、写日记。

第一天伙食：早一碗粥，午一碗半米饭一碗菜，晚一碗饭一碟小菜。其饭量相当于过去的六成。

闻玉谨遵先生之嘱，如虔诚护法者，一一严格执行。倒是李叔同没严格按其规定执行，如十二月九日，李叔同特为陈师曾《荷花小幅》题字。陈师曾是美术家、艺术教育家。陈寅恪说，此事未记《日记》中。

《日记》丙辰年（1916）十一月三十日始至十二月十九日。事无巨细，皆录其中。

　　三十日晨，命闻玉携蚊帐、米、纸、糊、用具到虎跑。室宜清闲，无人迹，无人声，面南，日光遮北，以楼为宜。是晚食饭，拂拭大小便器、桌椅。

　　午后四时半入山，晚餐素菜六簋，极鲜美。食饭二盂，尚未餍，因明日始即预备断食，强止之。榻于客堂楼下，室面南，设榻于西隅，可以迎朝阳。闻玉设榻于后一小室，仅隔一板壁，故呼应便捷。晚燃菜油灯，作楷八十四字。自数日前病感冒，伤风微嗽，今日仍未愈。口干鼻塞，喉紧声哑，但精神如常。八时眠，夜间因楼上僧人足声时作，未能安眠。

十二月一日，晴，微风，五十度（华氏温度，下同）。断食前期第一日。疾稍愈，七时半起床。是日午十一时食粥二盂，紫苏叶二片，豆腐三小方。晚五时食粥二盂，紫苏叶二片，梅干一枚。饮冷水三杯，有时混杏仁露，食小橘五枚。午后到寺外运动。

余平日之常课，为晨起冷水擦身，日光浴。眠前热水洗足。自今日起冷水擦身暂停，日光浴时间减短，洗足之热水改为温水，因欲使精神聚定，力避冷热极端之刺激也。对于后人断食者，应注意如下：

（一）断食时，练习多饮冷开水，断食初期改饮冷开水，渐次加多。因断食时，日饮五杯冷水殊不易。且恐腹泻也。

（二）断食初期时之粥或米汤，于微温时食之，不可太热，因与冷水混合，恐致腹痛。

余每晨起后，必通大便一次。今晨如常，但十时后屡放屁不止。二时后又打嗝儿甚多，此为平日所无。是日书楷字百六十八，篆字百零八。夜观焰口，至九时始眠。夜微嗽，多噩梦，未能入眠。

二日，晴和，五十度。断食前期第二日。七时半起床，晨起无大便。是日午前十一时食粥一盂、梅一枚，紫苏叶二片。午后五时同。饮冷水三杯，食橘子三枚，因运动归来体倦故。是日舌苔白，口内黏滞，上牙里皮脱，精神如常，但过则疲□□。运动微觉疲倦，头目眩晕。自明日始即不运动。

晚侍和尚念佛，静坐一小时。写字百三十二，是日鼻塞。摹大同造像一幅。原拓本自和尚假来，尚有三幅，明后续□□。八时半眠，夜梦为升高，跳跃运动。其处为器具拍卖场，陈设箱柜几椅并玩具装饰品等。余跳跃于上，或腾空飞行于其间，足不履地，灵捷异常，获优胜之名誉。旁观有德国工程师二人，皆能操北京语。一人谓有如此之技能，可以任远东大运动会之某种运动，必获优胜，余逊谢之。一人谓练习身体，断食最有效，吾二人已二日不食。余即告：余现在虎跑断食，亦已预备二日矣。其旁又有一中国人，持一表，旁写题目，中并列长短之直红线数十条，如计算增减高低之表式，是记余跳跃高低之顺序者。是人持以示余，谓某处由低而高而低之处，最不易跳跃，赞余有超人之绝技。后余出门下土坡，屡遇西洋妇人，皆与余为礼，贺余运动之成功，余笑谢之。梦至此遂醒。余生平未尝为一次运动，亦未尝梦中运动，头脑中久无此思想，忽得此梦，至为可异，殆因胃内虚空有以致之欤？

三日，晴和，五十二度。断食前第三日。七时半起床。是晨觉饥饿，胸中扰乱，苦闷异常，口干饮冷水。勉坐起披衣，头昏心乱，发虚汗作呕，力不能支，仍和衣卧少时。饮梅茶二杯，乃起床，精神疲惫，四肢无力。九时后精神稍复元，食橘子二枚。是晨无大便，饮药油一剂，十时半软便一次，甚畅快。十一时水泻一次，精神颇佳，与平常无大异。十一时二十分食粥半盂，梅一个，紫苏一枚。摹普泰造像、天监造像二页。饮水，食物，喉痛，或因泉水性太烈，使喉内脱皮之故。午后四时，饮水后打嗝笃，食小梨一个，五时食粥半盂。是日感冒伤风已愈，但有时微嗽。是日午后及晚，侍和尚念佛静坐一小时。八时半眠。入山预断以来，即不能为长时之安眠，旋睡旋醒，辗转反侧。

四日，晴和，五十三度。断食前第四日。七时半起床。是晨气闷心跳口渴，但较昨晨则轻减多矣，饮冷水稍愈。起床后头微晕，四肢乏力。食小橘一枚，香蕉半个。八时半精神如常，上楼访弘声上人，借佛经三部。午后散步至山门，归来已觉微疲。是日打嗝儿甚多，口时作渴，一共饮冷水四大杯。摹大明造像一页。写楷字八十四，篆字五十四。无大便。四时后头昏，精神稍减，食小橘二枚。是日十一时饮米汤二盂，食米粒二十余。八时就床，就床前食香蕉半个。自预备断食，每夜三时后腿痛，手足麻木。（余前每逢严冬有此旧疾，但不甚剧。）

五日，晴和，五十三度。断食前第五日。七时半起床。是夜前半夜颇觉身体舒泰，后半夜仍腿痛，手足麻木。三时醒，口干，心微跳，较昨减轻。食香蕉半个，饮冷水稍眠。六时醒，气体甚好。起床后不似前二日之头晕乏力，精神如常，心胸愉快。到菜园采花供铁瓶。食梨半个，吐渣。自昨日起，多写字，觉左腰痛。是日腹中屡屡作响，时流鼻涕，喉中肿烂尚未愈。午后侍和尚念经静坐一小时，微觉腰痛，不如前日之稳静。二时食梨半个，吐渣。食香蕉半个。午、晚饮米汤一盂。写字百六十二。傍晚精神稍差，恶寒口渴。本定于后日起断食，改自明日起断食，奉神诏也。

断食期内，每日饮梨汁一个之分量，饮橘汁三小个之分量，饮毕漱口。又因信仰上每晨餐神供生白米（上句疑为「每晨餐，供神生白米……」）一粒，将眠，食香蕉半个。是日无大便，七时就床。是夜神经过敏甚剧，加以鼠声、人鼾声，终夜未安眠。口甚干，后半夜腿痛稍轻，微觉肩痛。

六日，晴暖，晚半阴，五十六度。断食正期第一日。八时起床，三时醒，心跳胸闷，饮冷水橘汁及梅茶一杯。八时起床，手足乏力。

头微晕，执笔作字殊乏力，精神不如昨日。八时半饮梅茶一杯。脑力渐衰，眼手不灵，写日记时有误字，多遗忘。九时半后精神稍可。十时后精神甚佳，口渴已愈。数日来喉中肿烂亦愈。今日到大殿去二次，计上下廿四级石阶四次，已觉足乏力，为以前所无。是日共饮梨汁一个，橘汁二个。傍晚精神不衰，较胜昨日，但足乏力耳。仍时流鼻涕，晚间精神尤佳。是日不觉如何饥饿。晚有便意，仅放屁数个，仍无便。定夜能安眠，前半夜尤稳安舒泰。眠前以棉花塞耳，并诵神人合一之旨。夜间腿痛已愈，但左肩微痛。七时就床，梦变为丰颜之少年，自谓系断食之效。

七日，阴复晴，夜大风，五十四度。断食正期第二日。六时半起床。四时醒，心跳微作即愈。较前二日减轻。饮冷水甚多。六时半即起床，因是日头晕已减轻，精神较昨日为佳，且天甚暖故早起床也。起床后饮橘汁一枚。晨览《释迦如来应化事迹图》。八时后精神不振，打呼欠，微寒，流鼻涕，但起立行动如常。午后身体寒益甚，拥被稍息。想出食物数种，他日试为之。炒饼、饼汤、虾仁豆腐、虾子面片、什锦丝、咸胡瓜。三时起床，冷已愈，足力比昨日稍健。是日无大便，饮冷水较多。前半夜肩稍痛，须左右屡屡互易，后半夜已愈。

八日，阴，大风，寒，午后时露日光，五十度。断食正期第三日。十时起床。五时醒，气体至佳，如前数日之心跳，头晕等皆无。因天寒大风，故起床较迟。起床后精神甚佳，手足有力，到院内散步。四时半就床，午后益寒，因早就床。是日食欲稍动，有时觉饥，并默想各种食物之种类及其滋味。是夜安眠，足关节稍痛。

九日，晴，寒，风，午后阴，四十八度。断食正期第四日。八时半起床。四时醒，气体极佳，与日常无异。起床后精神如常，手足有力。朝日照入，心目豁爽。小便后尿管微痛，因饮水太多之故。自今日始不饮梨橘汁，改饮盐梅茶二杯。午后因饮水过多，胸中苦闷。是日午前精神最佳，写字八十四，到菜园散步。午后寒，一时拥被稍息。三时起床，室内运动。是日不感饥饿。因天寒五时半就床。

十日，阴，寒，四十七度。断食正期第五日。十时半起床。四时半醒，气体精神与昨同。起床后精神至佳。是日因寒故起床较迟。今日加饮盐汤一小杯。十一时杨、刘二君来谈至欢。因寒四时就床。是日写字半页。近日神经过敏已稍愈。故夜间较能安眠。但因昨日饮水过多伤胃，胃时苦闷，今日饮水较少。

十一日，阴寒，夕晴，四十七度。断食正期第六日。九时半起床。四时半醒，气体与昨同。夜间右足微痛，又胃部终不舒畅。是日口干，因寒起床稍迟。饮盐汤半杯，饮梨汁。夕晴，心目豁爽。写字百三十八。坐檐下曝日，四时就床，因寒早就床。是晚感谢神恩，誓必皈依。致福基书。

145

十二日，晨阴，大雾，寒，午后晴，四十八度。断食正期第七日。十一时起床。四时半醒，气体与昨同，足痛已愈，胃部已舒畅。口干，因寒不敢起床。十一时福基遣人送棉衣来，乃披衣起。饮梨汁及盐汤、橘汁。午后精神甚佳，耳目聪明，头脑爽快，胜于前数日。到菜园散步。写字五十四。自昨日始，腹部有变动，微有便意，又有时稍感饥饿。是日饮水甚少。晚晴甚佳，四时半就床。

十三日，晨半晴阴，后晴和，夕风，五十四度。断食后期第一日。八时半起床。气体与昨同。晨饮淡米汤二盂，不知其味，屡有便意，口干后愈，饮梨汁橘汁。十一时饮浓米汤一盂，食梅干一个，不知其味。十一时服泻油少许，十一时半大便一次甚多。便色红，便时腹微痛，便后渐觉身体疲弱，手足无力。午后勉强到菜圃一次。是日不饮冷水。午前写字五十四。是日身体疲倦甚剧，断食正期未尝如是。胃口未开，不感饥饿，尤不愿饮米汤，是夕勉强饮一盂，不能再多饮。

十四日，晴，午前风，五十度。断食后期第二天。七时半起床。气体与昨同，夜间较能安眠。五时饮米汤一盂，口干，起床后精神较昨佳。大便轻泻一次。又饮米汤一盂，饮橘汁，食苹果半枚。是日因米汤、梅干与胃口不合，于十一时饮薄藕粉一盂，炒米糕二片，极觉美味，精神亦骤加。精神复元，是日极愉快满足。一时食薄藕粉一盂，米糕一片。写字三百八十四。腰腕稍痛，暗记诵《神乐歌序章》。四时食稀粥一盂，咸蛋半个，梅干一个，是日不感十分饥饿，如是已甚满足。五时半就床。

十五日，晴，四十九度。断食后期第三日。七时起床。夜间渐能眠，气体无异平时。拥衾饮茶一杯，食米糕三片。早食藕粉米糕，午前到佛堂、菜圃散步，写字八十四。午食粥二盂，青菜咸蛋少许。夕食芋四个，极鲜美。食梨一个，橘二个。敬抄《御神乐歌》二叶，暗记诵一、二、三下目。晚饮粥二盂，青菜咸蛋，少许梅干。晚食粥后，又食米糕饮茶，未能调和，胃不合，终夜屡打嗝儿，腹鸣。是日无大便，七时就床。

十六日，晴，四十九度。断食后期第四日。七时半起床。晨饮红茶一杯，食藕粉、芋。午食薄粥三盂，青菜芋大半碗，极美。有生以来不知菜芋之味如是也。食橘、苹果，晚食与午同。是日午后出山门散步，诵《神乐歌》，甚愉快。入山以来，此为愉快之第一日矣。敬抄《神乐歌》七叶，暗记诵四、五下目。晚食后食烟一服。七时半就床，夜眠较迟，胃甚安，是日无大便。

146

十七日，晴暖，五十二度。断食后期第五日。七时起床，夜间仍不能多眠，晨饮泻油极少量。晨餐浓汤一盂，芋五个，仍不足，再食米糕三个，藕粉一盂。九时半大便一次，极畅快。到菜圃诵《御神乐歌》。中膳，米饭一盂、粥二盂，油炸豆腐一碗。本寺例初一、十五始食豆腐，今日特因僧人某死，葬资有余，故以之购食豆腐。午前后到山门外散步二次。拟定出山门后剃须。闻玉采萝卜来，食之至甘。晚膳粥三盂，豆腐青菜一盂，极美。今日抄《御神乐歌》五枚，暗记诵六下目。作书寄普慈。是日大便后愉快，晚膳后尤愉快，坐檐下久。拟定今后更名欣，字叔同，七时半就床。

十八日，阴，微雨，四十九度。断食后期最后一日。五时半起床。夜间酣眠八小时，甚畅快，入山以来未之有也。是晨早起，因欲食寺中早粥。起床后大便一次甚畅。六时半食浓粥三盂，豆腐青菜一盂，胃甚胀。坐菜圃小屋诵《神乐歌》，今日暗记诵七下目，敬抄《神乐歌》八页。午，食饭二盂，豆腐青菜一盂，胃胀大，食烟一服。午后到山中散步，足力极健。采干花草数枝，松子数个。晚食浓粥二盂，青菜半盂，仅食此不敢再多，恐胃胀也。餐后胸中极感愉快。灯下写字五十四，辑订断食中字课，七时半就床。

十九日，阴，微雨，四时半起床。午后一时出山归校。嘱托闻玉事件：晚饭菜，橘子，做衣服附袖头，廿二，要：轿子油布，轿夫选择，新蚊帐，夜壶。自己事件：写真，付饭钱，致普慈信。

日记所提的"福基"和"普慈"是同一人，即叔同的日籍夫人雪子。

丙辰年（1916）腊月，断食十七日，李叔同身心灵化，欢乐康疆，即书"灵化"二字，送给朱稣典，署欣欣道人李欣叔同名，钤"一息尚存""不食人间烟火"二印。朱稣典为李叔同在浙江一师的弟子，早年从事音乐、国学、美术教育工作，后与叶圣陶、丰子恺、夏丏尊等为师友，同时，赠际平"金石大寿，欢乐康年"条幅，署"丙辰李欣叔同"。际平，名杜建时，直隶武清人，曾任北洋军混成第五军旅旅长等职。日本入侵中国后，不与日伪合作。

是年腊月十九（1917年1月12日）下午三时许，李叔同回到浙江一师。放好行李，让闻玉回家，自己清扫灰尘。夏丏尊来了，见叔同叫道："叔同老哥，黑了些，精神不错，看来断食有效啊！"

李叔同用鸡毛掸子掸了掸椅子，叫夏丏尊坐下："我正想简单收拾一下房间就去找你。断食属宗教活动，不了解者会大惊小怪地指责是迷信，会说我'离经叛道'，所以不宜张扬，咱校只有闻玉和你知晓。"

夏丏尊："断食有疗效，这就好！"

李叔同："在虎跑寺断食的经过，我都记在《日记》里。"说着，他拿出在虎跑寺记的一部日记和两方寿山石印。日记是用上好宣纸以小行书所写，封面上钤"李息翁章"，竟有一尺多厚。那印一为"一息尚存"，一为"不食人间烟火"。

夏丏尊惊讶地看着这厚厚一摞日记，李叔同又说："我写的这些日记，是我断食的精神开荒，你得闲时看看。看罢还给我，这两方印，将来我留给你。"

夏丏尊没说话，呆呆地坐在那里。

李叔同回校后，教学工作继续。二月教学之余，在校与经亨颐论画。经亨颐浙江上虞人，近代教育家、书画家、浙江一师校长，曾培养柔石、潘天寿等一批优秀人才。四月，南社在杭州临时雅集，李叔同参会并介绍经亨颐入南社。九月，柳亚子与朱鸳雏展开有关同光体诗问题的论争。"同光体"过去为诗坛势力最强的诗派，到王国维《人间词话》提出"写真景物、真感情"的"境界说"，对诗词创作有重要影响。但其强调主观精神和形成技巧等唯心论哲学观点。南社主张诗歌要表现时代，追怀民族英雄、悼念革命烈士，揭露社会黑暗，抒发革命的怀抱和理想，表现革命热情和意志。风格上，清新朴实。朱鸳雏与柳亚子的论战热点，是坚持王国维某些唯心论，还是表现革命精神。李叔同态度鲜明地站在柳亚子一边。并支持开除朱鸳雏出南社，支持柳亚子连任南社主任一职。

九月底，李叔同再次到虎跑寺，听法轮法师说法，深有所悟，灵魂又近佛门一步。回校即研墨铺纸，书一"永日视内典，深山多大年"联，署"婴居士息翁"答谢法师。

149

丁巳年（1917）春节，李叔同阳历年假在虎跑寺度过，没赴沪与雪子相聚，已传递了某种信号，春节依然不回上海，证明李叔同已下决心皈依佛门。此时，他正在虎跑寺度岁。

他给雪子写了一封极简单也极有分量的信函。

雪子：

　　旧历除夕，仍有大事待办，未能回沪聚首，至用歉然。

——岸·丙辰除夕

戊午年（1918）二月十八日，再次在虎跑寺度除夕的李叔同，初一清晨入大雄宝殿，拜了佛，不多久，他的好朋友江南名士也是居士的马一浮也来了。马一浮，绍兴人，1898年县试考了第一名，他的同乡周树人即后来的鲁迅，考了第三十七名。马一浮后成为中国现代思想家、诗人和书法家，与梁漱溟、熊十力合称"现代三圣"，马一浮又是中国引进马克思《资本论》德文版第一人。

李叔同在虎跑寺"断食"后，曾告诉马一浮，虎跑寺不仅环境幽雅，而且泉水极佳。马一浮今日到虎跑寺来见李叔同，还带来一位身材魁梧，方脸，浓眉大眼，满腮短髭，气宇轩昂的陌生人。马一浮介绍："这位便是名满天下的息翁君李叔同。这位呢，我的朋友彭逊之君。"

彭逊之，智敏有奇才，1907年创办《小说月报》，任主编。一人包揽两期大部分作品，可惜只办两期。但其名垂一时。

二人行拱手礼。此刻，虎跑寺比丘僧来到李叔同面前，经李叔同介绍彼此行礼，应李叔同之邀，带三人参观寺庙后，也安排二位新客住下。

寺院退居方丈了悟老僧为李叔同安排每日功课。应马一浮彭逊之之请，寺里的法轮长老，为其讲经说法。就在诵经听法中，三人度过了八天清净又充实的日子。在事先没任何征兆的情况下，彭逊之在一个清晨吃斋饭时，极平静地对两位朋友说："我要削发出家了。"马一浮一惊，李叔同也感到极大震惊。

正月初九早晨九点，上完早课，法轮和尚为彭逊之剃去头发，成为僧人。

在场的马一浮心情复杂，彭逊之从未说过皈依佛门之事，怎么八天之内就毅然落发为僧了呢？

李叔同看着眼前伟岸的彭先生落发，其庄严又超然的神态让他心情很复杂：赞叹毫无宗教气质的彭先生，突然放下世情入佛门，这需要怎样的大智大勇；反观自己，又是"断食"，又是听法，最后却一直没下决心。他还在留恋俗世什么呢？

刘向《说苑·谈从》中说："时不至，不可强生也，事不究，不可强成也。"彭逊之削发为僧的第二天，二月十八日晚间，李叔同去见了了悟老僧，顶礼膜拜之后，他诚恳、坚决地说："请师父悲悯。弟子李叔同决心已定，皈依三宝弘扬佛法，誓成佛道，请您为我接引。"

了悟和尚双手合十道："善哉。先生为世之大儒，皈依佛门，虎跑寺有荣焉。"了悟和尚遂为李叔同授三皈依，成为正式在家弟子，法名演音，号弘一。

二月二十五日，李叔同受三皈依。

江南早春，草与水同色，杂英满芳甸时，李叔同回到浙江一师，其人如旧，平易谦和，衣如旧，长衫马褂，师生并未发现什么异样，只有闻玉敏感地发觉李先生的脸上多了些笑容。回校当天，李叔同就唤了他去，说："闻玉，又要麻烦你哩，从明天起，我的饭菜，不要荤腥，请你到厨房关照一声，我要吃素了。"

闻玉："食素？在虎跑寺吃了二十多天素食，先生还没吃够？而且您一直喜欢吃的日本西米、料理、芥末，能舍弃？"

李叔同想解释，但放弃了，只说："素食，也是一种选择。"

闻玉："先生，我这就去厨房知会一声。"

李叔同："不急，你没发现我这小屋有什么变化吗？"

闻玉这才发现墙上挂了大幅佛像，一大串黑色念珠挂在佛像旁，案上多了香炉，三炷藏香飘着袅袅青烟，忙说："先生，您这里的摆设，很像虎跑寺的禅房呢！"

李叔同："闻玉呀，住禅房供佛、拜佛、诵经，怎能不吃素食呢？"

闻玉从此常见李叔同自然地吃素、供佛、读经，朝暮做功课。夏丏尊、丰子恺等人来访，见状以为先生敬佛像很多名士一样，修身养性，都没在意。

到了清明，学校放假，夏丏尊问李叔同假期是一起到西湖泛舟、寻古，还是回上海与雪子团聚。李叔同表示要去上海。夏丏尊心里很高兴，前一段时间，李叔同往虎跑寺跑的次数太多，冷落了雪子。当晚他送李叔同到火车站，乘九点夜车到上海。

火车在清明的纷纷细雨中行进，李叔同望着车窗外漆黑的夜色和偶尔闪过的星星点点的灯火，思绪有些零乱。自从他做出皈依佛门的重大决定，并以"断食"为开端、一步步进行时，最让他犯愁的就是雪子了。近十年的夫妻，除了母亲，他付出感情最多的人就是雪子，得到最深的眷恋也来自雪子。仅凭雪子为了爱情，毅然离开故土和亲人，孤身一人，远渡重洋嫁到异国，他只有用一生的钟爱才能报答。"山无棱，江水为竭，冬雷震震，夏雨雪，天地合，乃敢与君绝"。应该是"结发同枕席，黄泉共为友"。选择了佛门，无异于选择了绝情。人们说不管多么崇高的理由，都不能成为背叛爱情的借口。生命诚可贵，爱情价更高。问题是，自己是深爱雪子的，有了雪子的爱，他的人生才有了价值，有了雪子的温暖，他才能在艺术中自由驰骋。现在为了追求自己皈依佛门的理想，不得不牺牲爱情，从道义上讲，是不是一种无耻的背叛……

李叔同的灵魂原本是干净的，皈依佛门追求的是更干净、更博爱的精神。面对与雪子断绝情缘，他不能自圆其说，他痛苦万分，灵魂受到煎熬。

到上海法租界时，大约是子夜时分，抬头见自家百叶窗透出几缕灯光。他轻轻敲了敲门，不多时年轻女佣微笑着开了门。里边卧室传来雪子的声音："三郎回来啦？"

李叔同："哎，雪子还没睡？"

雪子披着睡衣走出卧室，拥抱了李叔同，然后让女佣准备夜宵，她特意吩咐，餐桌上摆一瓶清酒。

李叔同："怎么还没睡？都已深夜了。"

雪子："正读《断鸿零雁记》，放不下。"

李叔同："苏曼殊这部小说，写自己的飘零身世和爱情故事。文辞清丽自然，情节曲折生动。"

不多时女佣端着茶盘送上两杯龙井茶，李叔同呷了一小口，说："身世的感慨，悲剧的爱情，写得动人，曼殊好手笔。人世间的爱情，白头不相离的不多，倒是如白居易的《花非花》诗中所说'来如春梦几多时，去似朝云无觅处'的悲剧者多。"

这时，笃定要皈依佛门的李叔同，在曲折地表达爱情和婚姻如同苏曼殊之《断鸿零雁记》一样，总会有"山盟虽在，锦书难托"的悲剧。让雪子心理上有所准备。

雪子根本想不到有一天李叔同会与她切断俗世的爱情，在东京，二人定情时，李叔同曾吟"春蚕到死丝方尽，蜡炬成灰泪始干"，以示对二人爱情的忠贞，又用整整十年铸就了这份情感，这岂能说断就断。

雪子："比起曼殊的爱情悲剧，雪子越发为拥有三郎的这份真情而感到幸运和幸福。雪子'之死矢靡它'。"

李叔同想以对宗教的虔诚抵消自己的世俗之念，但面对双眼干净如水的雪子，他感到自己无能为力。

女佣在客厅摆好几样小菜、一瓶清酒。

二人对坐桌前，雪子在享受团聚的喜悦，因爱得太深，爱得笃定，那么敏感的人，竟然对悲剧的到来没有一点察觉，佛言"情深必堕"，这可怜的深情又善良的女人！李叔同的灵魂因在出家和爱情间苦苦缠斗而备受煎熬，他在为爱情的割裂而无限哀伤。

夜宵吃得有些沉闷，雪子见李叔同精神有些倦怠，且偶有咳嗽，只拣素菜夹了几箸，她以为他舟车劳顿，就取出枇杷止咳膏让他服用，然后二人上床睡觉。雪子很快入眠，微微的熟悉的鼾声，声声入耳。李叔同岂能睡得着？他想到天津的家，与俞氏成婚，生儿育女，相敬如宾，但并无太深的感情牵绊，况多年离多聚少，只要在经济上不亏待他们，总会好合好散。而对雪子的这份情感，岂能说断就断，爱噬咬着他的灵魂。

第二天，李叔同要会见沪上的各界朋友。他拒不赴酒席，也不设家宴，一律清谈。清晨，雪子让李叔同服过枇杷膏，问他早点想吃什么，他说："雪子，从今起我要素食。"

雪子："三郎要素食，我看行。这对你的身体调理有益。去年到虎跑寺'断食'且素食二十多天，你的状态不错。但素食的营养，难以满足身体需要。短期素食可以，但长期不好。"

李叔同发现，直到现在，雪子仍未清楚他素食意味着什么，便说："你与夏丏尊、子恺他们的意见一致，但问题不是肉食素食哪个更利于健康，而是要信佛的人必须遵守戒律呢。"

雪子还没参透李叔同的用意，笑着说："三郎，你敬佛，成为居士，雪子支持你，但居士并不一定是素食者，为了你的健康，请尊重我的意见。"

听了这话，李叔同有些心软："雪子，我在虎跑寺断食吃素，证明素食不但对身体好，而且对精神也很好，要紧的是，这有利于完成独特的我。如同你过去赞成我学佛，也赞成我成为素食者吧？"

雪子犹豫了一下，说："三郎，雪子一直诚心诚意地支持你学佛。"

李叔同望着还不足三十岁双眼皎洁晶莹、看上去还很年轻的雪子，很感激地说："如果雪子认为我信佛做得对，那就请支持到底，但你可能要付出更大的代价。"

雪子隔着小桌，凝视着脸上略带沧桑的李叔同，认为是他在向她表白"天长路远魂飞苦，梦魂不到关山难"的深情，李白的这首《长相思》，是李叔同到杭州执教临行前讲给她听的，雪子眼角溢出一串清泪。

李叔同见雪子流泪，以为她已明白他皈依佛门的决定，趁热打铁，他必须忍着内心如刀割的伤痛，说出连他自己都肝肠寸断的决定。

李叔同不敢直视雪子，而是将目光投向窗外初春的天空，声音很低却十分清楚地说："雪子，为了学佛，必须尽形寿，我不是一个坚定者，但必须倔强地成为佛教忠实的信徒，成为一个遗世的苦行僧。"

"三郎！"雪子听罢，脸色骤变，"你学佛当居士，没人阻拦你，在家学佛，不也是一种虔诚的修行吗？为什么一定要当僧人？"

李叔同为终于说出自己的决定而感到一种解脱，为了自己的决心不被雪子的深情软化，他索性"敢道人之所难言"："雪子，'成佛道，度群迷'是我之目的。但是，我出家当和尚，一定要得到你的同意，否则我决不出家。结束十年恩爱夫妻的世俗关系，没得到你的首肯，道义上我无情无义，一世都要受到良心的谴责，而且也修不到真佛，取不到真经。剃度为僧是断绝一切尘世，专心修佛，得大自在，度众生。"

已泣不成声的雪子说："三郎，事实是你出家修佛度众生之前，先毁掉了我，埋葬了我们十年的爱情。我们的爱情不是镜花水月，而是水乳交融，血肉凝成的。我们恩爱夫妻，你突然恩断义绝，离我而去，你……"

李叔同有些心慌意乱："雪子，我在从事一种精神上的艰难超越，你得帮助我。只有你才能成全我的大志向。"

雪子捂着脸痛哭，绝望地不再争辩。乘机，李叔同将后事讲给雪子："上海这个家，今后全属于你，足够你一生享用。钢琴、乐谱、书画和满屋的书籍，这些与我生命有关的东西，算是我留给你的精神寄托。看到它们，你会忆起从前的三郎。至于今后你是否再找归宿，或回日本，或留上海都由你做主。我知道，这些不足以补偿你为我做出的牺牲。孑然一身的我，就此与你作别，珍重，雪子。"

李叔同怅然离去的那一刻，雪子抬起头，往后拢了一下飘然的长发："三郎，我是个弱女子，我没勇气就这么舍弃我爱的人……"

雪子是一个美丽大方、聪慧、善解人意又很有艺术造诣的善良女人，与李叔同相爱结婚后，丈夫便是她的整个世界。特别是丈夫李叔同的那种中国文人儒雅睿智之气，还有一身的才学和艺术天赋，再加他那殷实诗书门第所孕育的轻财重友的飘逸豪爽气度，都深深吸引了她。尤其让她感动的是，他俩在一起后，他再无与名伶青楼女子间的风流韵事，而是专心艺术创作和教学，这让她感到十分安全。十年来，李叔同是她的整个世界和人生的主角。他们甘苦与共，一旦这个世界的墙坍塌，雪子真的就一无所有了。她不是圣贤，她的悲怆和绝望可想而知。

李叔同带着临别时雪子那种哀痛和绝望、凄楚的眼神回到浙江一师。

4

四月七日，清明刚过，杨白民来杭州访问。杨白民曾留学日本，回国后在上海创办城东女学，自任校长，设文艺科，请李叔同任教。来浙江一师参观时，由李叔同陪同，并带其拜访校长亨颐。

夏，友人王仁安到访，王仁安有诗记交谈甚欢喜之情状。

李叔同离校去大慈山虎跑寺，至八月十九菩萨诞日剃度之前，李叔同给天津俞氏和其兄李文熙致函两次。表示自己已决定出家，任何阻拦都不能改变他的决定。但从世俗兄弟情的角度，曾相濡以沫的兄长极力劝阻，文熙甚至以"你放着人不去做，为何单单要当和尚"的激烈言辞质问李叔同。李叔同决绝回曰："你们就当李叔同得'虎烈拉'死了。"

令李叔同没料到的是，原配妻子俞氏，居然对他的出家不置一词。

不置一词，却胜过万言。一个安分守己的明媒正娶的妻子，自从进入李家便悉心侍奉婆婆，相夫教子，唯丈夫之命是从，即使丈夫在外寻花问柳，至日本留学，归国又带回日本妻子，在上海居住，而把正房丢在天津守空房养育孩子，她都默默承受，而不提任何要求。《汉书·孔光传》说"夫妇之道，有义则合，无义则离"，但她对丈夫之"无义"无情，仍"糟糠之妻不下堂"，嫁鸡随鸡，夫唱妇随。中国的传统女性就是这样，都是百年苦乐由他人。丈夫出家，算是一桩大事，李叔同居然绝情地连当面辞别都没有。哀莫大于心死，俞氏没有哭天抢地，而是傲然以不置一词回敬，这显示了俞氏身为一位普通妇女的自尊和磊落，此刻真是无声胜有声。

出家前，李叔同将旧时名媛歌姬朱慧百、李苹香所赠的诗书画扇面精心裱装成卷轴，自题其端曰《前尘隐事》，赠予了夏丏尊。

年轻时放纵情感，在青楼柳巷，沉醉于声色犬马之乐，自古是文人墨客的雅好。风流便风流了，其与红粉知己之间，却是私事，当尊重其隐私，即使是妓女，也当尊重人家的人格，互赠的你道情我说爱的唱和诗画，可作为感情的一种特殊经历珍藏。但将之赠予别人，是否妥当？存疑。另，一个皈依佛门，了断尘世俗情的侍佛之人，尚如此珍惜这些孟浪韵事的纪念物，也让人茫然。

李叔同此刻，已经把出家前的家务事安排停当，他把更多的时间用在向朋友、师生宣布他皈依佛门的决定，在人们迷惑茫然间，向他们耐心讲佛学之神圣，修行之必要，布道中，他得到了一种快乐。

暑假即将到来时，他觉得有必要再给两眼充满迷茫、绝望、凄楚的雪子写一封告别信：

雪子：

我的决定出家为僧，目前已在事务上向有关人们交代清楚了。现在你已考虑了两个多月，如果你认为我做得对，请你告诉我！你绝望的心情，与失去一个生命关系的人所受的摧残，我并非没有想到。可是，你是不平凡的，请吞下这一杯苦酒；忍耐，忍耐，靠佛力加被你，菩萨护持你。雪子，你的光辉永驻！我想你体内住的不是一个庸俗、怯懦的灵魂。

这在我，并非寡情绝义——人同此心，心同此理，唯一的不同，我为了那更永远、更艰难的佛道历程，我不仅放下了你，雪子！我也放下世间的一切已享有的名誉、艺术的成就、遗产的继承（我可能还有三十万至五十万的遗产可继承），可见，我并非厚彼而薄此；世间的一切，都等于烟云；我们要建立的，是未来的光华无垠底世界，在佛陀的极乐国土，我们再见！

雪子！永别了，我不在家，免得你目前痛苦加深，我们那个家，还有使你维持生命的东西；我们的钢琴、贵重的衣物、金钱，悉数由你支配，作为我们的纪念。但望你看破这一点，人生几十年，有一天我们总会离别——现在，我们把它提前几个刹那而已！大限总要到来。

在佛前，我祈祷佛光照耀你，永远如是；请你珍重，念佛的
洪名。

——叔同戊午年七月一日

写罢这封重过千钧让他肝肠寸断的信，他站在窗前，远处山峦正有
一轮即将落下的通红的太阳。很少落泪的他，已是满脸清泪。湿热的夏
风中，他感到冷，是彻骨的冷。雪子那迷茫、绝望、凄楚的眼神，让他
灵魂怎能安宁，好像大限已经到来。

三天之后，一个多雨的下午，闻玉撑着油布雨伞，匆匆来到李叔同
的房间，从怀中取出一封信："李师，是上海夫人的信。"然后放下一小
竹篮刚熟的杨梅走了。

李叔同没留意闻玉的离去，只顾剪开信封，取出信，坐在书桌前读
起来：

159

叔同：

我知道万事不必勉强，对你我最爱的人，亦复如此；请放下一
切，修行佛道吧！我想过了，世间竟是黄粱一梦，梦醒时，什么都
是一场空。将来我能否去看你一次？我希望如此，至于今后，我的
行踪还无法确定，在贵国，除你，我没有第二个可以聊解愁苦的
人——目前，我要试着念经，念佛；这一切都是宿世前缘？

为了那种圣与凡之间一层蝉翼似的隔膜，我同你一起走，去追
求那个远似银河星宿般遥远的佛道，望你珍重。

——雪子

李叔同读信时，已经落下了泪，读到最后，竟放声痛哭起来，哭声

与窗外雨打芭蕉声融在一起。他没看错，雪子是个不平凡的女人，她的温柔多情如轻风明月，她有善解人意的睿智和大度，她有不染一尘的灵魂。特别是她笃信李叔同，明大是大非。一旦她想清楚，就大义凛然地放弃世俗的情感，义无反顾地"吞下这杯苦酒"，不仅同意李叔同出家，且要与李叔同一起追求遥远如星宿般的佛道。他不能不感谢这位不平凡的雪子。李叔同心里最难释怀的事，意外地瞬间解决，让他喜极而泣。正是"喜心翻倒极，呜咽泪沾巾"（杜甫《喜达行在所三首》）。

李叔同这一哭，是与尘世做最后的作别。

六月底，放暑假前一天早晨，按事先约定，老友夏丏尊及弟子丰子恺、刘质平、黄济慈等悉数来到李叔同的房间，不久闻讯又来了学生吴梦非、王平陵等。

李叔同一袭灰色麻质长衫，光脚蹬一双青色布履，微笑着迎候众人，他示意大家找地方坐下。闻玉为大家斟了虎跑寺的明前龙井茶，然后垂手立于门口。

李叔同依然微笑："今天，请大家来，是想把我的一些东西奉送各位。你们知道我即将皈依佛门，我的这些身外之物，权当纪念品收藏起来吧。"

然后，他将多年收藏的书法作品，以及以往写的折扇，还有一块金表交给夏丏尊，并说："我这许多年来治的印，在半个月前封在'西泠印社'的'印冢'里，我所有的油画也邮到北京国立美术专门学校（1918年4月，在蔡元培积极倡导下成立的美术教育学府，徐悲鸿等为校长），这些也请丏尊保管。"

夏丏尊黯然神伤道："先生这么珍贵的文物，就放弃了？"

李叔同依然微笑："这些东西对我已毫无意义，留给你，会有用处。"

然后他指着一摞画谱、一些画作及发表其美术理论的书刊，对丰子恺说："这些全留给你。"

刘质平得到的馈赠是李叔同所有的乐理、曲谱、音乐作品及音乐名著。留给王平陵的是收藏的所有世界名剧剧本、南社文集和一些物品。

他又把闻玉叫过来，指着床上和皮箱里的被褥衣物，对他说："闻玉，这些东西就留给你了。"

闻玉吓了一跳："先生，这么贵重的衣物，闻玉不敢当。"

李叔同拍拍闻玉宽宽的肩："我总不能穿着轻裘锦衣去出家当和尚。"还有些笔、墨、砚、笔筒、镇尺、笔洗、瓷瓶等就分别送给来告别的人。馈赠的仪式很简短，之后，是受馈赠者长久的悲痛和沉默。

李叔同虽然一直微笑，大家从他的眼神里，还是寻到对友朋告别的忧伤。真正的告别，是吃过午饭后，闻玉挑着一卷简单的行李随李叔同去虎跑寺。

出校门的时刻。

李叔同告别学校，到虎跑寺出家，尽管一直暗暗进行，但消息还是在学校传开。

夏丏尊及一群弟子簇拥相送时，假期尚留在学校的师生黑压压一大群人站在校门口将李叔同围住，其中有校长经子渊。挽留的、感谢的、祝福的、依依惜别的声音，又让所有的人动容。

李叔同微笑着双手合十，鞠了一躬，然后对着两眼泪汪汪的夏丏尊："丏尊，有劳你，让大家就此止步。这样惊动大家，叔同不敢当啊。"

人们眼含热泪，望着烈日下那个衣着灰麻布长衫，脚穿黑布鞋，戴着草帽的瘦高羸弱的身影，渐渐远去，消失在树林中……

就这样，20世纪初星光闪烁的艺术家，中国现代艺术启蒙的先驱者，即将迎来三十九岁生日的李叔同，于五四运动的前夕，割断世情尘缘，毅然皈依佛门，从此青鞋布衲，由风华才子成为云水高僧。

第二卷

云水高僧

李叔同的后半生

第八章

放教鞭皈依佛门，
日籍伴侣悲离别

鬓底青春留不住，功名薄似风前絮。

——北宋·毛滂《渔家傲》

1

李叔同离开浙江一师，告别了簇拥在校门口送行的师生，到西湖时，已是夕阳西照、南屏晚钟敲响之时，湖光山色迷人眼，微风阵阵扑面，李叔同沿湖畔柳堤踽踽而行，挑着行李的闻玉跟在他身后，路上他们不断与年轻的情侣相遇，时而有阵阵歌声从湖中扁舟传来，李叔同面带微笑，虽走了两个时辰，但脚步却很轻松。

傍晚，他们到达大慈山的虎跑寺。山门前早有一位小僧在那里等候，他是退居老僧了悟派来迎接他们的。小僧引领着李叔同和闻玉穿过大殿，来到一个十分幽静的小院落。了悟正在门口微笑合掌而立，在他的引领下他们又穿过两进院落，越过一个用汉白玉砌成的月亮门，把他们让进自己诵经的小禅房。这座花木扶疏的小院落，是虎跑寺为退居的方丈准备修行养老的。

了悟坐定，李叔同倒身便拜："师父，受弟子一拜。"

老僧站起，合掌："我们有缘啊，有你这样知名的大家出家，是佛门的荣耀。"

李叔同谦恭地站在一边："感谢师父将叔同引进佛门。"

小僧见天色已暗，忙点上油灯，退出。

老僧告诉李叔同，寺院为他准备了一间僻静的禅房，在剃度前，先了解一下僧人的生活，择吉日剃度。

李叔同住的禅房，离了悟老僧的禅房不远，是个十分幽静的一明一暗的小套间，外间"供佛"，内间"挂单"（居住）。闻玉帮着李叔同把简单的行李放进屋里，行李很简单：一床薄被褥，几件换洗的单衣及洗漱用品，只有文房四宝及一些书籍较为显眼。

其实，这里是李叔同很熟悉、以泉水闻名的寺庙，一年前他断食二十天，就是在这里进行的，并留下了日记。当时尚有闻玉陪伴侍候，现在闻玉帮他安顿妥当，乘着月色向他告别："先生，晚辈这就别过了。"

李叔同有些不舍，希望他明天一早下山。闻玉说，回去还有些事要办。李叔同："在学校多亏有你帮忙，诸事顺遂，特别是出家之事，你的功德不小。"

闻玉忙躬身施礼："先生，话太重了，是先生一直帮助闻玉。上次陪先生断食，受到先生鼓励，我成了居士，先生一直影响着我。"

李叔同也弯腰合掌："你为人温良，有人缘和佛缘。"

闻玉再次深深鞠了一躬："先生，闻玉这就走了，何时需要我只管写信。"

李叔同一直送到寺门，弯腰合十："阿弥陀佛！"

等到不断挥手的闻玉渐渐消失在夜色里，他又站了许久方回寺庙，见大殿灯火通明，他知道"晚香"开始了，记得去年来寺断食医病，初见"晚香"场面，他心灵受到感召，仿佛身处灵境，更坚定了自己的选择，今晚又临"晚香"，虽尚未剃度，他却感觉自己已是这里的一名僧人了。

晚饭他和了悟老僧一起吃，一天走了那么多路，肚子有些饿了，斋饭让他感到格外有滋味。他埋头吃饭时，了悟老僧微笑了。

这夜月色如水，透过窗棂泻在小床头。躺在床上，他思绪万千，彻夜难眠。

在剃度前，他无法关闭波涛汹涌的世俗情感。最先想起的是在上海法租界里的雪子，临别时，她那张灵秀的脸上悲恸欲绝的神情及如杜鹃啼血般喊出的"三郎……"的哀号，让他泪如泉涌。雪子是他一生最珍视的女人，他在上海十里洋场，沉醉于烟花柳巷，醉月流觞地流连在李苹香、杨翠喜中间，不能说只有床笫之欢，那些诗词唱和中，也流露出真情实感，但他自从在日本接触了这位日本姑娘，便被她的美丽、善良、纯洁、灵秀所倾倒。她不像俞氏贤良却无趣，也不像风月场中的女人们逢场作戏。雪子纯净如水、甘甜如饴、浓似佳酿的爱情，让他对上海那段荒唐的行为无地自容。特别是，雪子一个异国女子，为了爱情远渡重洋，陪他到完全陌生的上海生活，这种抉择，需要多大的勇气，做出多大的牺牲？

还有雪子尊重自己心爱的丈夫决绝地遁入佛门的选择，宁愿牺牲后半生的幸福也不阻拦挽留……啊，雪子，你拯救了我轻浮的人生啊！

雪子，你又支持我的精神世界寻求人格的圆满和升华……

农历七月十三日是大势至菩萨生日。了悟法师建议李叔同在这个吉祥的日子剃度，正式皈依佛门。

剃度前，了悟法师唤李叔同来到自己的禅房。

了悟法师对李叔同说："你是大根的人。这次我为你披剃，你将是我最后一个弟子。"

李叔同激动得满眼热泪："弟子永世不忘师父的恩德。"

了悟又问："你能直下承当佛陀的正法吗？"

李叔同："我能，师父。"

那日，西子湖山水，一派浓浓的秋色。温暖的秋阳，将金色的阳光投向大慈山坞的虎跑寺。

快九点时，李叔同身披海青，足蹬芒鞋，仪态安详地来到大雄宝殿前。彼时，那里已挤满了观礼的僧人，一位社会知名度极高的贤达剃度，让众人感到新奇。李叔同抬头看了一眼大殿内，佛龛前，红烛放光，炉香高燃，高高的金身佛像前，换上新鲜的供品，肃穆中平添几许喜气。

167

剃度仪式开始时，李叔同走进大殿，静穆地向金佛顶礼三拜。然后，回转身，再向观礼众僧顶礼一拜。

须臾，"当"的一声大磬长鸣，引出钟声齐响，响声在寺庙里回荡。

了悟法师庄严踱出，他身披红金袈裟，面带慈祥笑容，至大殿佛龛前闭目敛神。

等大磬再鸣，大殿内静默无声，各就各位。

大磬三鸣，众僧在引礼僧的带领下，向金佛三拜后唱起梵音佛曲，《大悲咒》等佛经响亮悠扬地飞出殿宇，飘向苍绿的山野。

李叔同与了悟法师相对，了悟法师就李叔同出家的因缘说法，念"金刀剃下娘生发，除却尘劳不净身……"偈文。念罢，便有一僧端来一把剃刀，一个盛帖子的承托盘。了悟法师取出剃刀，在李叔同事先已剃光的头上比画，三称："誓断一切恶心；誓除一切苦厄；誓度一切众生。"然后为被剃度者说三皈依："皈依佛、皈依法、皈依僧。"接着上供。李叔同向披剃师了悟顶礼三拜，再向众僧顶礼一拜。

剃度礼完成后，李叔同从托盘里取出帖子，展开后，见了悟法师为他起了法名，正名演音，法号弘一。

从此刻起，李叔同正式成为佛祖释迦牟尼传法的沙弥，开始真正的僧侣修行。

也从今天开始、本书不再称他李叔同，而称弘一和尚了。

2

李叔同在虎跑寺削发为僧成为弘一和尚的消息很快飞出大慈山，让虽早有思想准备的天津、上海家人，还是遭到天崩地裂般的打击，他们悲恸欲绝。二哥文熙，呆呆地在曾教文涛读书的太师椅上，整整坐了一天，这一天他拒绝行医、见客，滴水未进，粒米不食；俞氏抱着儿子号啕痛哭，让用人不知所措，她病在床上，半月不起；雪子一直坐在钢琴前弹贝多芬的《月光奏鸣曲》，她与三郎定情时，窗外月光似水，三郎即兴弹奏了《月光奏鸣曲》，她双手温柔地抚着他的双肩，把脸颊贴在他的脸上……如今，窗外秋雨绵绵，秋风寒深，屋内琴声悠扬，泪水流淌。

消息传到文艺、教育界，人们错愕震惊。大凡知道这位当时最负盛名的现代艺术家、教育家者，都在惊愕的同时，提出他为什么放着现代艺术和现代艺术教育的工作不做，非要去当和尚的疑问。

是的，他的人生跌宕起伏、丰富多彩、充满传奇色彩，突出之处在于他在功成名就的鼎盛时期削发为僧，这成为一个难解的谜团，值得后人认真探究。

这是个问题，是个很重要的问题。但可惜，众说纷纭，迄今没有谁能解答这个问题。

他的得意弟子丰子恺，在他圆寂六年之后，著文《我与弘一法师》说："我以为人的生活，可以分作三层：一是物质生活，二是精神生活，三是灵魂生活。物质生活就是衣食，精神生活就是学术文艺，灵魂生活就是宗教……艺术的最高点与宗教相接近，二层楼的扶梯的最后顶点就是三层楼。所以弘一法师由艺术升华到宗教，是必然的事。"

此论可称"艺术升华为宗教"论。如果我们以丰子恺为例，反问一下，你也是具有很高的艺术造诣的大师，却未去剃度当和尚，只做了居士，这是为什么呢？

陈星赞同丰子恺的"三层楼说"，在他写的《说不尽的李叔同》一文中，对此说又做了进一步理解："'三层楼'说也可以叫作'人格圆满说'……之所以说丰子恺的论断是比较符合性格发展的趋势……以这样的观点来审视弘一大师这个个体较为贴近实际……李叔同从没有把佛门看作人生幻灭的标志，他的行为仍是一种超越世俗价值观的悲壮的追求人生价值的表现。"

此可谓"人格圆满"论。如果说出家就是人格圆满，难道那些为真理、为民族、为家国做出极大贡献的仁人志士的人格就不圆满了吗？

李鸿梁也是李叔同的高徒，他在《我的老师弘一法师——李叔同》一文中说："先生为什么出家……先生以为造成这样悲惨罪恶的社会，完全是由于人们无穷的物质欲望和狭隘的自我执着所致。若欲根除此害，就非唤起人们的觉醒，把狭隘的小我扩大起来，博爱群生，普及物类不可。但在他的阶级局限下，寻找来，寻找去，最后寻找到的途径与方法，却是自己甘愿吃大苦，以苦行僧的意志和行动作现身说法，以达到移风易俗的目的，以救度群众出于这个恶浊世界。"

此可谓"济世"论。从弘一前半生的社会活动和艺术诗文看，他并无济世的思想、言论和行为。李鸿梁过高地评价了他老师的济世愿望，而更多的是自我约束，自我灵魂的缠斗和救赎。

邓经武在弘一法师圆寂四十六年后的1988年，著文《一代奇人李叔同》，在"中国士大夫的必然悲剧"一节中他说："他将上述不同性质的各种现象，都看作是社会发展的必然规律所致。他因此陷入了极度苦闷之中，在'生本无乐''四大皆空'的诵经声中……拜倒在杭州虎跑大慈寺的佛祖足下，成了'演音和尚''弘一法师'……在他看来，半生阅历亦是'眼界大千皆泪海'。李叔同在这种文化氛围中生长，而后又经历过国家与家庭的多种不幸，其间还几涉域外成一种无物可致、无术可学的空虚，其拜倒在青灯古佛下，也就自然了。"

此可称"厌世"论。仅"几涉域外成一种无物可致、无术可学的空虚"句，就站不住脚，弘一在日本求学，成为中国现代戏剧、美术、音乐的先驱，一笔抹掉，在虚构的论据下之论，岂能正确？这对风华才子颇为不恭。

田涛在2009年出版的《弘一大师的前世今生》一书中，也谈到弘一大师的出家问题，对于另外一些传统知识分子来说，面对传统文化的荡然无存，他们痛心于社会的混乱、道德的沦丧，对现实不无苦闷和无奈之感，"出家前的李叔同实际上就沉浸在这样一种精神状态中……他以人格修养为工具，挽回道德颓风，重建新的社会理想和人伦秩序，正是李叔同作为文化贵族的社会责任意识……他以出家这种极端方式，忠诚地践履了自己的意愿。"

此可称"社会责任意识"论。社会责任，精神上的自我救赎，并非只有出家才能践履。

1990年，钱仁康曾作《李叔同出家缘由》，力求解开其出家之谜。该文先列举弘一法师早年与佛教的结缘，接着说："叔同发愿弘法利生，不自出家始。他在俗时创作的许多诗词歌曲，都吐露了弘扬佛法，利益一切众生的愿望……这些诗词和歌曲中透露的'誓度众生成佛果'的想法，是1918年披剃出家的思想基础……少年时期所受到的家庭教育的影响和青年时期所受的梁启超等人的影响，是李叔同出家为僧的根本原因。"

此说谓"因缘"说，长期受佛学思想沐化积淀者，如马一孚、赵朴初皆是，但他们并没有披剃出家。故此说也难以服众。

除上述之"艺术升华为宗教""人格圆满""济世""厌世""社会责任意识"与"因缘"诸论外，关于李叔同为何出家的推论，还有不少，但都是从上面几种论述推演出来的，也无新意。

本书想从弘一法师的人生经历说起，给读者一个清晰的脉络。

先说童年。

1930年的深秋，弘一法师曾到浙江慈溪金仙寺说法，告众僧自己幼年的生活状况。胡宇梵正好在场聆听，在其《论弘一大师的童年》一文中，记述了弘一大师的讲话内容：

> 筱楼公精阳明学，旁及禅宗……公年至七十二，因患痢疾，自知不起，临终前病忽愈，乃属人延请高僧，于卧室朗诵《金刚经》，静聆其音，不许一人入内，以扰其心。……公临殁，毫无痛苦，安详而逝，如入禅定。每日延僧一班或三班，诵经不绝。时师见僧之举动，……以后即屡偕其侄辈，效焰口施食之戏，而自处上座，为大和尚焉。

朱经畲在《弘一法师年谱》中，1881年条，提及：

172

> 天津有王孝廉其人，曾到普陀山出家，返京后，居无量庵，因为叔同大侄媳早寡，从王学《大悲咒》《往生咒》，常旁听，亦能成诵……其后对世事更多理解，至十五岁时，有句云："人生犹似西山月，富贵终如瓦上霜。"

该年谱1913年条，记该年初冬，弘一法师由杭州到绍兴主持说法，将行之日，蔡冠洛与徐悲鸿来为其画像，并想为大师写年谱，大师听罢云：

> 平生无过人行，甚惭愧，有所记忆，他日当为仁等言之。至二十岁时，陈元芳居士已得其略。年七八岁时，即有无常、苦、空之感，乳母每教诫之，以为非童年所宜。

二十岁到出家前。

弘一法师于1897年十八岁时，与俞氏结婚，次年应天津县学科考，不中。八月奉母命南下上海。参加城南文社，结交沪上文友，以文名申城，沉于醇酒美人间。1905年二十六岁赴日本留学。

夏丏尊在《弘一大师永怀录》中收有丰子恺《法味》一文，其中有：

他（弘一法师）关于母亲，曾一皱眉，摇着头说："我的母亲——生母很苦！"

他非常爱他的母亲……他自己说："我从（1899）二十岁至二十六岁间的五六年，是平生最幸福的时候。此后就不断地悲哀与忧愁，一直到出家。"

173

要么是丰子恺记述有误，要么是弘一大师言不由衷。二十六岁之后赴日本留学，至三十二岁归国，这六年间，他成为中国现代戏剧、现代美术、现代音乐的先驱而名满东瀛，为他的丰富多彩的人生最为光彩的一段，而且收获了美满的爱情，与日本女子雪子喜结良缘，从此忠于爱情。即使李家破产，但以他当时的财富，此生无憾。请看朱经畬之《弘一法师年谱》1911年条：

是年李家遭变，百万资产，一倒于"义善源票号"，损失五十余万元……从而家道中落，叔同对此不甚在意。

在日本这六年，何"悲哀与忧愁"之有？

但从 1912 年，经历了慈母逝世、日本留学，家道中落的三十三岁的弘一法师到浙江一师任教之后，才渐渐对佛法因缘有了兴趣和认同的端倪。

在该校，因弘一法师的名气和慈善——他天生有悲悯的人性，很快在他身边聚集了一群朋友和崇拜他的师生，再加上杭州多寺庙，有浓厚的宗教氛围，这些都有利于他近佛。

1915 年，他资助品学兼优的爱徒刘质平留学日本。这一年他备感精神苦闷，于是盛夏的八月十九日致信刘质平，其中有：

> 宜信仰宗教，求精神上的安乐。据余一人所见，确系如此，未知君以为如何？

1916 年弘一法师又曾致函弟子杨白民：

> 前寄来琴书预约卷、《理学小传》等皆收到。因入山故，未能答复。

此函所提《理学小传》，乃理学，即宋明时的一种哲学思想，也称道学。书中认为主观意识是派生世界万物的本原。当时弘一法师正专注研究理学、佛学。

夏丏尊在《弘一法师之出家》一文中说，1916 年弘一法师：

> 这时他只看些宋、元人的理学书和道家的书类，佛学尚未谈到。

此论差矣，从童年至中年，弘一法师一直接触、阅读、研究佛学，没有佛学的支撑，他皈依佛门就是虚妄和莽撞。

如若读朱经畬《弘一法师年谱》1916年条：

> 九月（阳历十月八日）叔同将入山坐禅……题陈师曾画荷花小幅，有《序》述其经过："时余将入山坐禅（这一年夏天暑假已断过食），'慧业'云云，以美荷花，亦足以自劭。词云：'一花一叶，孤芳致洁，昏波不染，成就慧业。'"

倘无高深的佛学修养，怎能写出充满佛性、佛理的诗文。佛学，即佛教及其研究的学问。从童年即接触佛经、佛典、佛法、佛事，有深厚的国学功底的弘一法师不学佛学，几成笑话。须知，此年弘一法师弃俗活动已经开始。

1917年，弘一法师致函刘质平：

> 心倘不定，可以行静坐法，入手虽难，然行之有恒，自可入门（君有崇信之宗教，信仰之尤善。佛、伊、耶，皆可）。

1918年二月，彭逊之在虎跑寺出家，在场的弘一法师颇有触动，遂再致函刘质平：

> 不佞近耽空寂，厌弃人事，早在今夏，迟在明年，将入山剃度为沙弥。

之所以有"早在今夏，迟在明年"出家之语，是因为他那时正积极却艰难地处理出家前后的家庭纠纷。俞氏老派妇人，只求生计、子女有妥善安排，没有奢求，这对弘一法师省却不少纠缠。而日本夫人雪子却是弘一法师出家路上的重要一关。相爱的夫妇，难舍的幸福生活，彼此突然断绝一切，成为陌路，谈何容易？雪子的深明大义、牺牲家庭、婚姻，割断世俗却真挚的爱情，道义上支持丈夫的选择，真乃不让须眉的奇女子。弘一法师背叛了爱情，虽遂了心愿，但在法理上、在道义上、在人格上，的确输给了雪子。

这场悲剧中，有价值的毁灭、意义的失落，诚如后来弘一法师在南普陀所说：

> "我的性情是很特别的。我只希望我的事情失败，因为事情失败，不完满，这才使我常发大惭愧……一个人如果事情做完满了，那么这个人就会心满意足，洋洋得意，反而增加他贡高我慢的念头，生出种种过失来，所以还是不去希望完满的好。"（弘一《南国十年之梦影》）

176

他圆寂之前，却主张"华枝春满，天心月圆"。这体现出弘一法师云水行止中的矛盾。倘若我们把弘一法师说成了什么菩提、般若，他肯定不赞同，会说："错了，我不完满。"

综上所述，弘一法师弃俗入佛，是在漫长生活实践中寻出的适合他自己人生的理想之路。用他自己的偈语表达："君子之交，其淡如水；执象而求，咫尺千里。问余何适，廓尔忘言；华枝春满，天心月圆。"

3

成为弘一和尚的第二天，下午"坐香"之后，他走出大殿，抬头遮眼，望了望天上的炎炎烈日。大暑时节，即使是幽深的大山里也酷热难耐，但他的心情却平静如深潭之水。下得石阶，忽见夏丏尊呆呆地凝望着自己。剃度前，弟子丰子恺、刘质平曾来看望他几次，唯丏尊未曾露面。

弘一法师微笑着对怔在那里的丏尊叫道："丏尊，你来了。"

老朋友夏丏尊只顾凝视剃光了头，身披飘然粗布袈裟，手持一串念珠，俨然一副僧相的弘一法师，脸上泛着手足间特有的微笑，脱口叫道："哎呀！叔同，你真的出家了？"

夏丏尊一向知道他的这位兄长，喜理佛谈禅，有中国传统士人的一贯修养，但他怎么也不敢相信，这位受过西方文化影响的风华才子，真的会投身宗教，他仿佛看到了一个义无反顾将生命奉献给佛祖释迦牟尼的殉道者，又被他对信仰的至诚所感动。

已成沙弥的老友告诉他："昨天，大势至菩萨生日落发的。可惜你没到现场。"说罢，引着他穿过几个院落，来到自己的僧舍。

夏丏尊见僧舍虽简陋却十分整洁，外屋一桌一椅，桌上有文房四宝、经卷，地下几个蒲团，里屋一小木床，床上一被褥、一枕，眼里便涌出了泪。他后悔，后悔不该将那劳什子的关于断食的文章转送给这位老朋友，正是因为那篇文章，他才到虎跑寺断食二十二天，才有了今天的落发为僧！

弘一清楚丏尊的自责，于是他宽慰道："丏尊，我的出家，感谢佛的呼唤。"然后坐在蒲团上，拍拍另一个蒲团让他落座，"一个月，很想念你。"

夏丏尊坐下，伤感地说："昨天，想来，但家父病了，不轻，耽误了。"

弘一："令尊大人有疴，贫僧不便去探看，望你谅解，我会祈佛，让老人家早些痊愈。"说罢，他起身回内屋取出一卷轴，是他写的一幅字，交给丏尊："这幅字，作为我出家的纪念送给你。"

夏丏尊忙站起，接过字，他的心情很复杂，他在老友决定抛弃漂泊异国的雪子和他的艺术生涯出家时，苦劝无果，便愤然道："学佛，学个什么佛呢！抛妻弃子，拒绝社会，做居士不彻底，索性做和尚，岂不干脆！"

当下，不幸被他言中，他不知道是该祝贺呢，还是继续劝勉。

弘一将那幅三尺长、一尺宽的条幅展开说："丏尊，这幅字是我出家的当夜写的，也是第一次以字赠人。此中文字极为重要，是我要在后半生中竭诚奉行的。此乃《楞严经》中的第一节。不仅作为观念，且倘若你也成为居士也望你奉行终生。"

说罢，弘一用他特有的纯正而清亮的国语念道：

大势至法王子，与其同伦五十二菩萨，即从座起，顶礼佛足，而白佛言："我忆往昔者恒河沙劫，有佛出世，名无量光，十二如来相继一劫，其最后佛，名超日月光，彼佛教我念佛三昧。譬如有人，一人专为忆，一人专忘，如是二人，若逢不逢，或见非见；二人相忆，二忆念深。如是乃至从生至生，同于形影，不相乖异；十方如来，怜念众生，如母忆子，若子逃逝，难忆何为！子若忆母，如母忆时，母子历生不相违远；若众生心，忆佛念佛，现前当来，必定见佛，去佛不远，不假方便，自得心开；如染香人，身有香气，此则名曰：'香光庄严'。我本因地，以念佛心，入无生忍，今于此界，摄念佛归于净土。佛问圆道，我无选择——都摄六根，净念相继，得三摩地，斯为第一。"

读罢，弘一二目生光，面容沉静。

那夏丏尊，听得字字入心，虽对"念佛三昧""香光庄严"等这些深奥之义茫然不知，但《楞严经》简洁扼要，叙理精妙，他十分惊讶、欣赏，并对其产生了一种敬畏之心。

夏丏尊注意到，弘一在条幅文末留有题款：

> 愿与丏尊，他年同生安养，共圆种智。

见丏尊对此不甚了然，弘一解释，此款讲的是大势至菩萨得证佛果的小故事，大势至，用的是"念佛方法"，证得了"佛性"，它的方法则是"都摄六根（眼、耳、鼻、舌、身、意）净念相继"，便可得"三摩地"了。

弘一解释之后，发现丏尊仍一脸茫然，笑道："佛学，你不去实行，总是弄不懂的。"

夏丏尊一听，泪便流出："兄长，你入佛门，怕今后交流也要隔着一层了！"

弘一忙鞠躬："今后，望你能从世俗的观念护持我，我以佛心护持你。"

说到护持，夏丏尊想到已经成了孤家寡人的雪子，便问了几句。

弘一平静得如谈与己不相干的人一样，告诉夏丏尊：雪子还在上海法租界的那栋洋房里，有他留给她的钱物，此生至终老都会体体面面、衣食无忧的。然后说："我做了和尚，那个俗家便不能与我相干了。"

这话让夏丏尊心里一凉，再看弘一，脸上毫无悲戚和留恋，又有些气愤，相濡以沫多年的恩爱妻子，遭如此无情地遗弃，连一点怜惜都没有，弘一和尚的"慈悲之心"到哪儿去了！他愤愤告别："好吧，这就别过了。"

转身之后，他没有回头，心里充满了悲愤和惘然：这个和尚，变得如此不可理喻。然而他不知道的是，弘一一直站在寺庙山门前，看着他的背影消失在崎岖的山路，两眼汪着晶亮的热泪……

4

上海法租界，雪子家楼前马路便道上的大叶梧桐，撑起一把把大伞，伞下是一团团阴凉。雪子坐在一家临街的咖啡厅，无精打采地望着窗外。这家法国人开的小店，装潢是法国风格的，精致典雅而不奢华。咖啡厅客人不多，但都体面优雅，曾经是她和三郎经常休闲会友的地方。

今天她到这里小坐，因为她刚刚去医院检查，医生微笑着对她说："恭喜夫人，您已怀孕了！"她要了杯咖啡。品完，竟不知是喜是忧。

她记得那是一个秋雨绵绵的星期天，三郎从浙江一师回上海休假，他们午休之后来到这里，三郎给她讲学校里的故事。忽然咖啡厅里进来一个西装革履的男子，还手拉着一个风情万种的淑女，雪子认得那个男子是三郎的好友许幻园。三郎见到老友很高兴，四人找了个雅静的长桌坐在一起。许幻园介绍两个女人认识。那女子正是曾与三郎很要好的名妓李苹香。在日本时三郎讲起过，李苹香是风月场中的交际花，虽青春不再，却仍光彩照人。她见三郎并不避讳雪子，惊喜地扑到三郎身上，啊，听说你从日本回到上海，怎么忘了老朋友，不来打招呼。

三郎倒不尴尬，拍拍李苹香的肩，用下颌示意："这是我的妻子雪子。"

李苹香看着雪子说："啊，怪不得，有这样年轻漂亮的美人，怎么还会想到我们。"

三郎与许幻园有很多话要说，两个女人交流起来也很高兴。夜幕降临时，许幻园叫了四辆车，到城隍庙一家饭店吃酒。吃完酒雪子拉着三郎的手说："怪不得你们相好，连我都喜欢，中国的女人真是又美又优雅。"

三郎告诉她："这些风尘女子，其实都很苦，她们为了生存只能卖笑，但她们的善良本性从未泯灭。"

雪子深情款款地看着三郎："为了我，三郎割舍了旧爱，再未沾惹她们，让我很感动。"

咖啡厅窗外的雨渐渐变大，她的两眼也迷蒙起来，她给家里的用人阿香打了电话，让阿香打把大伞来接她。在回家的路上，有个蒙着油布的报童在叫卖小报，雪子给了他五角钱，买了一份不知名的小报，孩子追着她找零钱，她拍拍孩子的头："去吃碗阳春面吧。"

回到家，墙上的钟已指向七点，用人早已把晚饭做好。在饭桌上，她拿起不起眼的小报，随意翻翻——买它只为可怜那个报童。浏览中她发现有条新闻："风华才子李叔同剃度虎跑寺"，她的心头一颤：两个月没音信的三郎，竟然真的削发为僧了，她担心会到来的灾难，终于结结实实降临了。

巧得很，没过两天，许幻园携其夫人登门，将这一消息告知雪子，并说："他既然从此与石磬青灯为伴，你何必孤身一人在上海苦撑，不如回日本与家人团聚吧。"

客人走后，雪子的心更沉重。回日本？难道是三郎托许先生传达的意思吗？这与下逐客令又有何异？她不禁为三郎的恩断义绝而悲痛，但当她冷静下来，她熟悉的三郎或许怕她孤身一人，在上海多有艰难，让他牵挂，回到日本，她不会寂寞。细想起来，爱情破灭，三郎遁入空门，除了回日本，难道还有更好的选择吗？

雪子来到大慈山虎跑寺山门时已将近中午。阳光下，她眺望着周围的莽莽山峦，不知是喜是悲。三郎已经剃度成僧，一心向佛，让他重回俗世是不可能的，她只是想见他最后一面，从此彼此天各一方，自己身怀六甲，有了爱的结晶，但她已没了父亲，有何可喜？悲，已悲得彻骨，眼泪早已流干。她在离开中国之前，并不想告诉他自己已有子嗣，来牵绊他，让他回心转意。只想再见他一面，算是正式诀别。即使是一场春梦，也会有醒时。在以后漫长凄苦的岁月里，她想让爱人的音容笑貌，永远清晰、真切。

在雪子下定决心回日本时，她要堂堂正正向三郎告个别，了结这段情缘。今天，她将法租界家里的一切料理完毕，清晨她雇了一辆车到上海北站，买了去杭州的特等车票。在豪华的特等车厢，她靠车窗坐下，思绪翻飞，回忆着三郎到浙江一师任教时，她曾多次要求三郎带她到西子湖畔一游，他总是找各种理由拒绝。比如，学校是清一色的男性，忽然有年轻美丽的女子花枝招展地出现在校园，在当时尚未很开放的杭州，将成为各种小报的花边新闻，弄得满城风雨，这会影响他的声誉，等等。三郎的劝阻使她一直未能成行。一次，夏丏尊到上海家里做客，与三郎商量柳亚子、高吹万、姚石子等名流携眷属到杭州雅聚的事。她听罢一笑，便向夏丏尊求证三郎所说，若她去学校，会弄得满城风雨，是否属实。夏丏尊先一愣，又看看三郎，便说："柳亚子等家眷都不如雪子年轻漂亮，况且都是华夏人，自然不会引起小报记者的兴趣。"丙辰年（1916），三郎到虎跑寺进行断食试验，一个月未回上海，她曾与用人阿香一起乘火车到虎跑寺，结果遭僧人拒之门外，苦求不遂，她愤然返沪……

有过那次在西湖边峰峦青翠的山间小路之行，此行她不再贪恋湖光山色，一个人步履急促地来到虎跑寺山门。

雪子在山门停留片刻，便走进寂静空阔的寺院。这座寺庙，比日本式佛寺要宏大得多，它以大殿为中心，向前后左右延伸，院落幽深，彼此相连，古松老柏苍翠繁茂，殿宇也极为精致。雪子轻轻过了前殿，穿过院落，见一铁铸的巨大香炉，这里香客不多，香炉里只有几炷香在袅袅升着青烟。往前登上大殿的石级，只见殿宇高大，金佛、香叶，殿内空无一人，她的心猛然一震，心头闪过三郎并未出家的想法，这让她几乎叫出来。

她痴痴地望着金佛，不由自主地跪下来，合掌参拜，请菩萨把三郎还给自己，那久已干涸的泪泉，又突然涌出热泪，滴在被磨光的黑灰的砖上。

就在这时，有声音飘过耳畔："施主，贫僧可否帮你？"

雪子抬头站立起来，回过头，见一着过膝罗汉衣，手持黑色念珠的僧人，合掌微笑。

"师父，请问寺里有位刚剃度的弘一吗？"

"施主，这位刚刚剃度的弘一是你什么人？"

"师父，我是他上海家里的人。"

僧人打量一下雪子："施主，请在此处稍候。"

僧人从大殿的侧门走向了里院。

那个高个儿僧人叫彭逊之，原来是个居士，后剃度出家，他去见弘一时，将他的所见告知弘一。

弘一："阿弥陀佛，惭愧。"

僧人："依情，难道不应见见吗？"

弘一："我出家不久，恐业力牵绊，断失佛心，如再存夫妻之情，岂不佛心不纯。"

僧人欲言又止，转身走了，但就在回身一霎，他从弘一的眼神里捕捉到一丝辛酸。

要出门时，弘一又叫住僧人，背诵《地藏菩萨本愿经》：

"愿一切有情，共生安养，同圆种智，佛陀的光辉，照耀这苦难的世间。"

高个儿僧人："师弟，我明白了。"

雪子在殿前焦急地等候，她想见的三郎难道也是光头、穿黑罗汉袍、露孔鞋、手持念珠、瘦高清癯的？这还是那个在日本饰演《茶花女》的潇洒男人吗？

等了许久，已经十二点了，好不容易，那位高个儿僧人从月亮门里走出来，面色沉重地走向雪子："施主，你要找的那个人贫僧见到了。但是他说他刚落发，不见俗家人。"

雪子仿佛挨了一闷棍，急忙道："我是他的妻子呀！"

高个儿僧人无可奈何地说："贫僧看出了你们的关系，也劝他与你相见，但他仍拒绝见一切亲属。"

雪子的心一下子乱了："他不能不见我一面……"

高个儿僧人："贫僧说了很多劝他的话，实在无能为力，现在正是斋饭时间，我带施主吃过斋饭，就请回上海吧！"

184

绝望的雪子向高个儿僧人道了谢，婉言谢绝了斋饭后，高个儿僧合掌充满歉意地去了。

雪子靠在一棵老松上，失魂落魄，欲哭无泪。正在这时，大殿后的鱼板敲响了，其声洪亮悠扬，僧众的斋饭时间到了。

顶着太阳，雪子痴痴地走出山门，又痴痴地回头望了一眼，然后头也不回地向山坞走去。她伴着幽咽的哭声，沿着西湖的堤岸小路，深一脚浅一脚地走到天黑。

雪子登上由杭州艮山门开出的九点夜车，走进特等车厢，她满面灰尘，雅致的月白色衣裙已被汗水和泪水弄得脏污不堪，以致她走进特等车厢时，乘务员怀疑她上错车了。

痴呆呆地在上海家里过了两天，她便买舟东渡，逃离了梦碎魂断的异邦，回到了自己的祖国，永远埋名故乡……

5

黯然销魂者，唯别而已矣。

雪子肝肠寸断地离开上海位于海宁路的旧居，那座留下太多浪漫温馨记忆的楼房。

提着装有一块丈夫的怀表、一缕胡须、几封书信、歌曲《送别》的手稿及几幅油画的皮箱，她买舟回到东京的老家。

年迈的母亲原本就对雪子嫁给李叔同心存不满，后她又随李叔同到他们很瞧不起的中国定居，邻居的冷言冷语，已让他们吃尽了苦头，突然又见雪子神色黯然地回到老屋，积郁胸中的愤懑让老人做出让雪子猝不及防的决定：这个家不欢迎你。

古往今来皆涕泪，断肠分手各风烟。雪子向老母深深鞠了一躬，留下一个装满美元的信封，然后躬身而退，身后那沉闷的关门声让雪子悲从中来，掩面而泣。

雪子默默地走着，竟然如梦似幻地想起杭州西湖那个薄雾的傍晚，已身怀六甲的她，请求叔同不要抛弃一直相爱的人出家当和尚。她之所以没告诉他自己有身孕，是不想以此为条件逼他回心转意。李叔同神色平静地对她双手合十："我已剃度出家，请叫我弘一。"面前这个人，在她哀求不要以出家背叛彼此的爱情时，曾说："出家，就是慈悲，就是博爱。"她追问："你慈悲世人，为何独伤我们的爱情？"接下来是长久的沉默。

湖上的雾越来越浓，雪子绝望地站在船头，哭得凄切，"悲茄哀角不堪听"，岸上的李叔同，一直双手合十，不动声色……

雪子在东京旅馆住了两天，重游了她与李叔同邂逅和定情的房舍，然后搭乘一艘豪华邮船，去往日本最南端的冲绳岛。

雪子决定在冲绳隐姓埋名住下，但久居总要有个自己的居所，受李叔同的影响，她对天津李家那座老宅大宅院十分感兴趣。在丈夫的描述中，那是座承载着他童年回忆的乐园。于是雪子看中了有中国四合院风貌的院落：不高的围墙和栅栏围着几间砖石砌成的房舍，院子宽敞有松树和樱花树。

雪子从皮箱中取出丈夫多幅油画中的一幅，鉴于李叔同在日本的声望，此画被人收购，不仅可抵购买这个小院的费用，连家具都可置办齐全。

一切安排妥当，腹中的胎儿诞生了，取名春山油子，油子与游子谐音，意为是个离开父亲浪迹天涯的游子。

雪子热爱中国文化，她来冲绳，不只是为逃避母亲的鄙视，而是她对冲绳有所研究，此岛由诸多小岛连接而成，处于日本与中国台湾之间，属亚热带气候，气温常年在二十三摄氏度左右，岛屿四季树木青翠，有鲜花、流泉，风景宜人，是旅游者的圣地。另，这里交通方便，那霸机场，飞机时起时落。更让雪子钟爱的，是离那霸机场不远的一座山岗上有座十分壮观的城堡，那里曾是往昔琉球君主的官邸。该城堡建于中国唐代时期，因当时中日文化交流密切，该城堡是石木结构，气势巍峨，飞檐斗拱，牌坊、城门涂以朱色，具有浓郁的中国唐代建筑风格。对中国媳妇、深谙中国文化的雪子来说，这种中国文化气息与她对李叔同的思念融为一体，这里是最理想的居住地，正所谓"遍地关山行不得，为谁辛苦为谁啼"。

雪子把这座四合院的房舍改造成中国北方平房建筑风格，房舍间筑了雕梁画栋的木制走廊，她亲自画了山水花卉，还特在北面开了个小门，围了一个小巧精致的后院，按照李叔同多次给她描绘的天津故居的模样筑一小木亭，置以山石，又挖了小池塘，成为微缩的故居景观。

最让雪子得意的，是把三间正房布置成客厅兼卧室，把李叔同挂在上海他们同住房舍墙上的宋、明、清的字画，及他以她为模特儿画的几十幅裸体油画全都挂在四壁墙上。雪子还请上海的朋友把李叔同那架钢琴及金丝楠木床榻托运到冲绳，摆在这里。

用了大半年的时光，这个充满李叔同气息的院落安顿得妥妥帖帖。

雪子自己为家的落成搞了个独特仪式：在饭厅的中国式的八仙桌上，摆上李叔同爱吃的以海鲜、蔬菜、牛肉为主的日本料理，准备三套餐具和一瓶清酒、两个酒杯，雪子特意穿上一袭中国上海流行的白色绣花旗袍，给一岁的油子穿上中式对襟红色小褂。

雪子斟上两杯清酒，自己一杯，在空位一套餐具前放了一个杯子，她对女儿说道："来，为咱们的新家，庆祝一下。"

又对空位那杯盛满酒的杯子说："三郎，我和女儿有了自己的新家，请放心。"然后一饮而尽，眼里的泪水涌了出来。

雪子是热爱生活的女人，李叔同留给她丰厚的家产，足以供她和油子一生锦衣玉食受用不完。但她厌倦不劳而获的富足生活，便选择到当地一家小诊所工作。有时她还到当地一所小学义务教音乐。有时，她又与渔家下海捕鱼，补贴家用。

雪子，在当地被视为特立独行的女人，她出门工作，上街购物，穿一身得体的和服，优雅大方，一脸微笑。回到家里，立刻换上典雅的中国旗袍，婀娜多姿。

在家里，雪子会弹弹琴，唱唱歌，读读中文及其他语言的书籍。但她更多的精力皆用在教育、辅导油子的学习上。她从上海带回的南宋刘克庄选本《千家诗》、清人选本《唐诗三百首》，都派上了用场。昔日李叔同就是用这些读本教她深入了解中国文化的。每当她拿起这些李叔同读过的书，往事就一幕幕地萦绕在眼前……

第九章

灵隐寺隆重剃度，
法名演音号弘一

游人不管春将老，来往亭前踏落花。

——北宋·欧阳修《丰乐亭游春·其三》

1

农历八月十九，刚刚过完中秋节，灵隐寺开坛传戒，为期三十天。这是为众僧接受佛家生活而办。传戒，即传播佛家"戒律"。

"戒律"，是制心守身的规范。追求佛道最重要的前提便是"戒"。它使每个出家僧人从衣食住行上，严格要求自己，由形式的戒文，轨正那颗瞬息万变的心。没有严持戒律的佛教僧人，谈到高深的定力与大智大慧，只是一派谎言，佛言："佛灭度后，以戒为师。"这是千古不移的真理。

佛教的戒文每条都有严格规定，不可曲解，如："宁可牺牲生命，誓不杀一虫一蚁……宁可牺牲生命，誓不妄取一草一木……"等。戒律律定了出家人的行为。

佛教戒律不同于儒家的"仁爱孝悌忠信"等抽象的伦理观念那样没有实践准则，戒律是具体的准则。从"披衣""持具""托钵""请师""长跪朗诵戒文"，至一切僧人的日常生活琐事，都有严格的规范。

灵隐寺开坛传戒，是刚剃度的弘一的重要一课，他决定到灵隐寺受戒。

西湖众多的佛寺，大大小小的庙庵拱卫着这翡翠般的湖水，构成西湖独特的幽雅庄严的景观和文化特质。虎跑寺、玉佛寺、灵隐寺、白云庵就点缀在西湖的碧水青山间，晨钟暮鼓、梵音磬响，在苏堤、雷峰塔、三潭映月、湖心亭缭绕，如天籁之声让风景如画的西湖平添几分仙气。

濒临西湖的灵隐寺不仅规模宏伟阔大，其在西湖千年的历史上也举足轻重，无疑是西湖的灵魂，赋予这片山水独特的精神。

弘一辞别了了悟法师和寺中同参，背上衣物，拜别大殿的金佛，出山门，向灵隐寺走去。

这条靠西的滨湖小路，弘一在浙江一师执教时，曾带领夏丏尊、丰子恺、刘质平经过这里去湖上泛舟。那时他醉情于湖光山色，此次却是超然物外地去受戒，心里涌动着庄严之情。眼中的云高水碧，栖鸦聒噪也似乎很庄严。

到灵隐寺山门前，他走上铺着石头的平坦甬道，此时已有不少来寺求戒的僧人，与他一样背着行囊，踽踽独行。临近山门，僧人更多了。青石上的山门矗立了几百年，依然傲立。旁边古松参天，筛下一地金色秋阳。幽深的石径通向大殿，远处是飞来峰下白绫般的飞瀑。弘一心里暗自高兴：这里是受戒的最佳所在。

办好求戒手续，他被分配到大殿后一幢楼的二层中的一间独立的房舍。

在充满诗意的环境里，来自各地的二百多位戒子，虽操南蛮北侉的方言，却和谐地在一起受戒。

来这里作戒子得戒、说戒、羯摩、教授与尊证的诸师，皆是云水高僧，虎跑寺方丈法轮长老就是尊证师之一。

其实，受戒并不是什么神秘巫术，佛家受戒的过程，更重视生活教育的磨炼，使僧人在生活上养成遵守佛教教制的习惯，成为真正的传教者、修道者。其余时间，便是在戒坛上，熟悉戒文，接受"教授师"的教导，遵守戒文上的规定。然后燃顶香，以表虔诚，终生奉行。最后得戒僧人郑重庄严地把一个正式比丘所必需的袈裟、戒牒、钵、锡杖颁给来此受戒者。从此，受戒者成为一个遵守二百五十戒的比丘。

2

在戒期中，老友马一浮至戒坛访弘一，马一浮先弘一学佛多年，却一直未落发为僧。得弘一受戒之音信，即赶到灵隐寺会晤老友，并赠他两本关于戒律的书：一本是明代蕅益大师之《灵峰毗尼事义集要》，另一本是清初见月律师的《宝华传戒正范》。

马一浮："弘公，为表达我对老友的虔心和敬意，送两本戒律著作供养您。"

弘一忙双手接过，"谢谢，谢谢"，然后将书置于佛案，顶礼三拜。

送马一浮出山门，看老友远去，弘一心中喟叹，他感动于友人的深情厚谊。

丰子恺曾在《陋巷》中谈过弘一与马一浮，他们既是"佛侣"又是"法侣"，是灵山会上的有缘人。丰子恺十七岁时在浙江一师读书，弘一从虎跑寺断食返校。文中有：

> 他带了我们到这陋巷里访问M（马一浮）先生。我跟着李（叔同）先生，走进这陋巷中的一间老屋，就看见一位身材矮胖，而满面须髯的中年男子（时三十六岁）从里面走出来接应我们……我其实全然不懂他们的话，只是片断地听到什么"楞严""圆觉"等名词，又有一个英语 philosophy 出现在他们的谈话中——听到时怪有兴味……他们的话越谈越长，马先生的笑声越笑越响……

这些文字写弘一与马一浮在谈高深的佛学，也可见弘一的佛学修养和后来的出家都受到了马一浮的影响。

受戒之余，弘一专心凝神研读马一浮所赠珍贵之书。发现其中不少地方表述完备。再看眼下，在佛学界，佛陀崇高的救世救人的教义已遭破坏，佛门德行败坏，充满江湖气，被知识界讥为"三教九流"，看到这里他不禁悲从中来，泪流满面。

他感到重建佛门戒律，必须立行。

他感到作为僧人，肩上担着重任。

不久，夏丏尊也到灵隐寺看望弘一。见其脸上阴郁，还没等丏尊开口，弘一便问："莫非有不如意事发生？"

夏丏尊："早就想来看你，不料家父上月中逝世了。"

弘一一惊合掌道："阿弥陀佛，你要节哀。等受戒结束，我要为尊大人诵《地藏经》，祈尊大人早生安养。"

之后，是长久的沉默，直到夏丏尊凄楚地告别。

弘一："满戒之后，写一经文给你，望你恭诵，为尊大人消业减罪。"

夏丏尊留下一声叹息，头也不回地走了。

弘一受戒期满，回到虎跑寺，诵了一天《地藏经》，为夏丏尊父亲祈祷。当夜又恭书该经一节，最后是：

复次地藏，未来世中，若天若人，随业报应，落在恶趣，临堕趣中，或至门首，是诸众生，若能念得一佛名，一菩萨名，一句一偈，大乘经典，是请众生，汝以神力，方便救拔；于是人所，现无边身，为碎地狱，遣令生天，受胜妙乐！

仔细念了一遍，觉得此经文对夏丏尊很合适，就请寺里同参转交夏丏尊。

3

接着，弘一又到精严寺阅经。此行是应嘉兴佛学会范古农居士之邀。弘一出家前，还在浙江一师执教时，一次春假回上海与雪子团聚，火车经过嘉兴时，他下车拜访过这位佛学大家范古农居士，二人相谈甚欢，越是谈到佛学兴致就越浓。弘一告之，自己很快就要皈依佛门，二人相约，弘一出家后到这里阅经。

农历十月，已是初冬，江南已到霜冻季节，弘一到嘉兴佛学会挂单，赴范古农居士之约。

弘一到精严寺已是下午四点多，山门前聚了一大群人，在那里迎接这位原来的风华才子，如今的弘一和尚。佛学会会长范古农率寺里的常住和尚、城里的一众有头有脸的居士微笑着恭候，弘一忙合掌回敬："太客气，不敢不敢。"

在众人引导下，弘一进寺，到大殿上香、拜佛。天色将晚时他进入藏经阁。

眼前浩繁的线装佛典，散发着浓浓的沉香气味。见此，作为有志读经卷者，弘一恭然兴奋。弘一钻进藏经阁，埋头读经，从阳光照进南窗，到夕阳从西窗沉落，他分函夹注签号后，静心恭读。

一天，有位中年人听说大名鼎鼎的弘一法师来嘉兴精严寺读经了，便想方设法见到了弘一，他非常景仰弘一法师的才学，想求一幅字，留作纪念。弘一法师请范公定夺，范公笑了："此乃植净因之举，以墨实接引众生，功德无量。本地学会道友，也早有求墨宝之请，请师慈悲。"

弘一："悉皆如愿。"

当场，小僧搬来书案，铺纸，研墨。弘一以楷书写下"应无所住，而生其心"，下款落"大慈一音"，赠予求字者。求字者千恩万谢之后，欣喜而去。

接着，他又写一联：

佛即是心，心即佛

人能宏道，道宏人

将此联供养给精严寺常住。其字之功力，其联之绝妙，僧人莫不叹服。从此众僧口口相传，香客也人人争诵。弘一见墨宝可结缘，潜移默化间，可唤起人们佛性的觉醒。在精严寺的两个月中，弘一法师研读佛经的余暇，常为上门求字的有缘人写字，其间赠出几百件墨宝，多是：

无住生心

是心作佛

老实念佛

无上清凉

慈悲喜舍

以戒为师

阿弥陀佛

······

在嘉兴期间，弘一去听过马一浮讲《大乘起信论》，并曾请马一浮润色自己写的一篇赞词。同时，在指导王心湛研究《华严》时，他极力推崇马一浮，可见弘一对马一浮的恭敬尊崇。

弘一是在精严寺读经两个多月后的严冬离开的，原因是他接到马一浮的来信，说海潮寺法一禅师主持禅七，约他"同往打七"。

作为一个严行戒律的云水僧，浮云白日，四方漂泊，广结善缘，皆是学佛。于是弘一就乘火车回到杭州虎跑寺，休整一日后，次日一早便与马一浮同去海潮寺。

禅学，佛教禅宗的教义。禅学使中国思想从泥古不化的禁锢中解放出来，又深刻地影响了中国文学，使之获得无限生机，诗、词、歌、赋、曲，因"禅思""禅意"的介入，平添了豪迈、奇崛、悠远、哲思等色彩。有学识的弘一对"禅"有特殊的体会。七天坐禅，旨在心灵专一，澄清坚定。

七天坐禅结束，他告别了马一浮居士。因朋友程中和之故，他又到西湖玉泉寺挂单，与其相聚。

到玉泉寺时，已是深冬岁尾，一场纷纷扬扬的大雪，封盖了西子和玉泉寺。弘一在冰冷的禅房，加深修持。他注意到现有比丘的戒书，文字表达过于抽象、含混、烦琐，甚至不适用，戒子们不易读懂。佛门需要一本经过一番分析、整理、注释补遗后，以翔实、准确、晓畅的文字表述的戒书，才能发挥实际作用。现有的《四分律》已不适用了。

弘一对佛学的最大贡献便是整理出《四分律比丘戒相表记》，这本书改变了中国比丘"戒相"的模式。

这是1918年年底，弘一三十九岁，出家四个月。正如丰子恺所说：

> 弘一法师由翩翩公子一变而为留学生，再变而为教师，三变而为道人，四变而为和尚。每做一种人，都做得十分像样；好比全能的优伶，起青衣像青衣，起老生像个老生，都是"认真"的缘故。

第十章

四十不惑苦修行，
云水渐东血写经

松排山面千重翠，月点波心一颗珠。

——唐·白居易《春题湖上》

1

戊午残冬，漫天大雪中，己未年（1919）即将降临，弘一法师也将年满四十岁，到了不惑之年。弘一说："古人以除夕当死期，一岁末了，如一生的尽头。往昔，黄檗和尚说：'你事先不准备一番，等腊月三十来到，恁你手忙脚乱，也嫌晚了！'人生是一场梦，那堪往往苒苒，悠悠忽忽，谁知道哪一天死神来临！因此，生命无常，不要把美好的岁月蹉跎。"

这些话，是除夕前南洋公学时的老友杨白民带着素食、素果到杭州来访弘一时，弘一为了答谢老友的盛情，提笔写的格言式的文字。他在宣纸上又写了附记："余与白民是二十年的知交，今岁，余弃俗出家，白民依旧埋首浊世，岁在暮尾，白民来杭州玉泉寺相聚，写上幅古人语，余愿与白民共勉之！"署名"戊午除夕·雪窗·大慈演音"。

过了除夕，新的一年开始，弘一在玉泉寺专心研究《南山律学》和《四分律》，寺里的长老印心、宝善为了弘一精研佛学，维持他严净的戒行，把午斋提前到上午十一点，以便他斋后小憩。他们发现，这位曾经的风华才子、艺术家，果然天资过人，夙慧深，善根厚，钻研佛乘，融会贯通，成果丰盛，无僧可及。

一日，弘一正在仅可放三五个蒲团的小佛堂长跪念经，几个小时过去，他唱了一首偈子，慢慢起身，向佛像顶礼三拜，然后脱下栗色袈裟，折成平整方形，放在小床上，转过身来，这才发现已站在他身后多时未敢打扰他的老友袁希濂。

弘一很高兴："哎，是希濂！"然后沉默。

袁希濂也很兴奋："叔同！我们已有四年未谋面了。那年见面还是民国三年（1914）秋，你到浙师不久。如今你在这里落发为弘一法师了。"

弘一出家后，见了旧友，常常沉默，他的学生朱文叔在一篇《忆李叔同先生，弘一法师》的文章中说：

> 因为他"不多说话"，和他日常相见，每有极短暂的"相对无言"的时候，在这时候，只见他双目微垂，觉得好像有无量悲悯之情。

袁希濂是弘一戊戌年（1898）十八岁初到上海，加入城南文社后结识的老朋友，他与许幻园、蔡小春、张小楼、弘一还有金兰之交呢。留学后，因所学不同，他们很少往来；回国后，他们曾在天津相逢，弘一教书，袁入仕做官。甲寅年即民国三年（1914）他们又在杭州相会。人生何处不相逢，老朋友有四次相会，也算缘分。

198

1918年，袁希濂在杭州，身为法官的他似无佛缘，再加上工作繁忙，一年也无机会见弘一。这年三月，袁希濂奉调离杭州，想起老友弘一便来到玉泉寺会晤。

到玉泉寺山门，已是午后三时，袁希濂询问了僧人，便往寺里走，松竹间的小径幽深，来到一排僧舍，被僧人指引，走进一间小佛堂，见一僧人长跪蒲团之上。从瘦削的后背，他认出是兄弟李叔同，见其专注诵经文，就没打扰他。

二人见面，弘一推开佛龛一侧的小门，将老友引进内室，只见内室中有一木床板，上有灰色被褥；床旁置一小方桌，很古旧；一个小书架，装着线装经卷；墙上有一挂钩，挂一半旧面巾，室内显得极简陋，却很整洁，比起他在上海与母亲、俞氏所住的"法国小洋楼"里的客厅、书房中清一色的红木家具，厚厚的进口毛地毯，及那架名贵的钢琴和元明字画，这里简直是另一个世界。

沉默很久的弘一凝视着袁希濂突然说："兄长，你前生也是和尚。"

袁希濂一惊："我也曾是和尚？"

弘一一笑："望你多珍重，闲时念佛，便有归处。佛书有《安士全书》，当专心一读。那是一部为居士开辟思想栈道的著作。"

袁希濂很感动地说："记住了，你是一盏引我前行的灯。"

弘一从床上取下袈裟，穿在身上，说自己的下一课时间到了，袁希濂陪他走了一程，记住了他的话："人身难得，是万古一瞬的因缘；佛法难闻，是历劫不遇的际会；错过了，没有人能承担得起这份过失，阿弥陀佛，珍重！"

袁希濂目送弘一走向大殿，那时已是夕阳西下，弘一消失在暮色苍茫中。

光阴荏苒，五年后，袁希濂在江苏丹阳任职时，不意得到一部《安士全书》，他认真研读，次年真的皈依了著名的净宗印光大师，如弘一样成了佛子。半年后，再度皈依西藏持松金刚上师学密。密，指密宗，是佛教派别之一，其把大乘佛教的烦琐理论，运用在简化通俗的诵咒祈祷方面，认为口诵真言（语密）、手结契印（身密）、心作观想（意密）三密同时相应，可以即身成佛。但大乘佛教、密宗的差异在何处，难以断言。

弘一在玉泉寺所行的，是律、净并入的功夫，他以持律的功夫，作为专治时代病的清凉剂。他在那间小屋里，除了研律，就是写经，诵经。

不久，清明节到了。弘一的日课改为诵《地藏菩萨本愿经》，并持"地藏王菩萨"圣名。地藏，是那位以"我不入地狱，谁入地狱"的誓愿，常驻地狱、骑怪兽、宏佛法于九幽地府的神仙。

清明时节，细雨霏霏，在寂寥的寺庙小屋里，弘一正焚香，伏地膜拜，口中诵念《地藏菩萨本愿经》，为亡父母加被。这已不是俗世的祭悼，而是佛的慈悲。

顶着江南细密的春雨，嘉兴范古农会长一行人来到玉泉寺。范古农与玉泉寺的印心、宝善两位老僧很熟，进得山门，他径直去其僧舍，又一道去大殿理佛，理佛毕，他们沿被雨水洗净的青石板小径走到弘一的小屋。

弘一已作完功课，站在窗前，看到淅淅沥沥的春雨中范会长一行人进来，忙开了门，合掌敬礼："啊，范老、各位居士好！"

范会长也合掌施礼："法师，我们请法师开示念佛法门来了。"

一众居士也顶礼一拜。弘一忙请客人入屋环座而坐。

弘一笑道："惭愧，念佛法门是一非常深奥的法门，我初读经，范老乃功德中人，还是请范老开示吧。"

范会长忙道："法师言重了，我这一知半解的痴汉，岂敢放肆。"

弘一沉默良久，然后说："弘一更不敢放肆。我这里有部《华严普贤行愿品疏钞》，请范老带回。念佛一门，唯佛与佛，才知究竟。"

范会长欢喜地接过书，与同行者归去。弘一目送范会长一行人消失在雨幕中，方转身回屋。

2

端午节前，虎跑寺了悟上人集众僧结夏安居，弘一便离开玉泉寺，回虎跑寺结夏。回到虎跑寺时已是阴历四月十六。

何谓结夏？因酷暑的三个月，雨多瘟多，出家人不宜出门托钵，要闭门集众僧潜心修佛，故曰"结夏"。

出家人在结夏时，静坐、听经、念佛，过一种佛制的生活，安谧而宁静，淡泊而清凉。结夏快二十天时，夏丏尊来了。

夏丏尊在弘一修佛行为的感召下，对佛学有了兴趣，并开始食素、读经、念佛。但是，作为传统中国的知识分子，他很难放弃世俗的功名。诚如他在《弘一法师之出家》中所说："我只好佩服他（弘一），不能学他。"

夏丏尊每会弘一，往往并没很多要紧的事，只是弘一出家后，他失去一个可以交心的好朋友和兄长，他感到孤独和索然无味，怀念二人在一起的那些岁月的温暖和有味。他想向弘一倾吐胸中的思念和俗世间的郁闷，但是相见之后，看到弘一已进入另一个精神世界，似阴阳两隔，又不知从何说起。

这一次和往常一样，二人把要紧的事简要说完，便枯坐无语。

弘一笑了一下，说："给你写一段《大佛顶首楞严经》。"

1918年，弘一曾赠书法作品给夏丏尊，就是摘《楞严经》中的一节。此次又摘其中另一段，弘一写，夏丏尊边看边小声念。

佛言："善哉阿难，汝等当知，一切众生，从无始来，生死相续，皆由不知常住真心，性静明体，用诸妄想，此想不真，故有轮转。汝今欲研无上菩提，真发明性，应当真心，酬我所问！十方如来，同一道故，出离生死皆以真心……"

"文殊！吾今问汝，如汝文殊，更有文殊，是文殊者，为无文殊？"

"如是，世尊！我真文殊，无是文殊，何以故？若有是者，则二文殊，然我今日，非无文殊，于中实无是非二相！"佛言："此见妙明，与诸空尘，亦复如是……"

"富楼那！想爱同结，爱不能离，则诸事间，父母子孙，相生不断，是等则以欲贪为本。贪爱同滋，贪不能让，则诸事间，卵、化、湿、胎，随力强弱，递相吞食，是等则以杀贪为本。以人食羊，羊死为人，人死为羊，如是乃至性之类，死死生生，互来相啖，恶业俱生，穷未来济，是等则以盗贪为本。汝负我命，我还汝债，以是因缘，经千百结，常在生死，汝爱我心，我怜汝声，以是因缘，经千百劫，常在缠缚。唯杀、盗、淫，三为根本，是以因缘因果相续……"

"若我灭后，其有比丘，发心决定，修三摩地，能与如来形象之前，身燃一灯，烧一指节，及于身上，燃一香炉，我说是人，无始宿债，一时酬毕……"

晚霞在西山渐渐暗去，群鸟归林，丏尊慢慢站起，向弘一合掌，转身要离去时，他看到弘一的眼神里充满了温暖。

路上，他还记得弘一送他《楞严经》时说的那些话，《楞严经》是佛法中一部富有戏剧性却结构严谨的经，是佛教修行大全，全名为《大佛顶如来密因修证了义诸菩萨万行首楞严经》。为唐天竺沙门般剌密帝译"。由一位和尚口述后被记录下来。其思想源于印度，在印度也是口口相传的。

夏丏尊回忆起弘一为他书写和讲解《楞严经》的情景，很是感动。那书法作品由一个瘦癯的、曾经风华绝代的才子，而今又成为佛门虔诚信徒所书写。这真是一个奇迹。

结夏结束，已是初秋，弘一回到秋景如画的灵隐寺。他不断地在各寺庙流连，作为僧人的弘一，遍访西湖四周的庙宇，寻找佛门的悠远的历史遗风，遍参各寺的高僧，向他们学习精深的佛学，这是拈花一笑的境界。

弘一移单各寺的同时，不少朋友也在寻找他的行踪。原上海《太平洋报》报社的同人胡朴安得知法师移单灵隐寺，便来拜访他。

胡朴安，南社诗人，著名训诂学家，曾就职于上海大学、持志大学，著有《中国文字史》，与陈独秀相熟，思想进步。与柳亚子、弘一法师等创办过"文美会"、《太平洋报》等。他回忆：与李叔同在《太平洋报》共事时，"朝夕相处，情谊日笃，后李叔同出家并寄居杭州玉泉""每到杭州，必前去看他，深敬这位高僧持律之精严，道行之高尚，音乐、书画、艺术之精湛"。后他又写《灵隐寺寻弘一和尚》赠给弘一法师。

老友相逢，两人不胜感慨。

胡朴安："法师，朴安甚是想念你呀！"

弘一："阿弥陀佛，多谢。"

胡朴安："没什么相赠，献首拙诗，表达崇敬之意。"

他念道：

我从湖上来，

入山意更适。

日澹云峰白，

霜青枫林赤。

殿角出树杉，

钟声云外寂。

清溪穿小桥，

枯藤走绝壁。

奇峰天上来，

幽洞窈百尺。

中有不死僧，

端坐破愁寂！

层楼耸青冥，

列窗挹朝夕。

古佛金为身，

老树柯成石。

云气藏栋梁，

风声动松柏。

弘一精佛理，

禅房欣良规。

谁知菩提身，

本是文章伯。

静中忽然悟，

逃世入幽僻。

为我说禅宗，

天花落几席。

坐久松风寒，

楼外山沉碧。

上面抄写的诗名为《灵隐寺寻弘一和尚》，五言、二十八句，写的是他访弘一法师的所见、所思。尽管好话说得有些多，但真情实感，还是可以帮助读者了解弘一的。其实诗意幽雅，读来令人赏心悦目。

弘一见诗，遂挥笔写下"慈悲喜舍"四字，送给胡朴安，他说："诗作过誉了，不敢当。弘一不是禅宗和尚，不敢妄说谈禅斗机。"

胡朴安坐了多时，谈了俗世，特别是学界的情况，弘一陪他吃过午斋，二人合掌惜别。

十二月八日是释迦牟尼佛成道日。回到玉泉寺苦修的弘一，在自己的佛堂内，穿好袈裟，与程中和共结佛七。在佛前，依照《楞严经》经文，燃十二炷臂香，然后跪下，诵"南无本师释迦牟尼佛……"

那清晰悲怆的诵经声飞出小佛堂，回荡在深冬草木萧疏的寺院……

大凡入佛门之僧，皆依其修证理想，在佛前发大誓愿。弘一依西藏诗人天亲菩萨的《菩提心论》内容，发十大誓愿：接引众生入佛门，以自己的血肉之躯作牺牲，奉行佛道，直到归天，如地藏王菩萨所云："众生不度尽，誓不成佛道，众生无尽，我愿无穷。"

3

庚申年（1920）乍暖还寒时节，弘一已四十一岁。

在弘一的影响下，程中和也皈依了佛门，成了弘伞法师，与弘一同在玉泉寺，埋首于浩如烟海的佛典中。

205

出家之后，弘伞发现弘一更加让他感动：春寒料峭，冷风刺骨，瘦削羸弱的弘一袈裟单薄，坐在冰凉的青石板上的蒲团之上诵经念佛，身边有一小盆火，似燃似灭地冒着白烟，弘一的诵经声清脆，时急时缓。

有时，他到小佛堂去看弘一，发现弘一正在抄写经卷，蝇头小楷，字字方正端庄，现出佛法的庄严。他写完一本经卷后便精心装帧，不臻完美便不收手。

在弘伞法师眼中，弘一在用生命修佛，特别是当他听到弘一不时地咳嗽时，更被弘一奉行佛道的血诚感动得落泪。

每当弘一读起"戒律"，就更加严格要求自己。他知道，佛陀真义就是创造一种"完美"，一种干净的灵魂，而不仅仅是为"戒"而戒，学佛就要远离丑陋的灵魂。

农历二月初五，是弘一亡母的忌辰。

这天清晨，月亮尚在头顶的时候，弘一就起身洗漱，到佛前拜佛。他在佛前诵《无常经》，为母亲回向。很少有资料证明弘一曾为亡父祭悼，其父李世珍，富甲一方，为人谦逊、仁慈，行善积德，信奉佛教，对李叔同疼爱有加，而弘一却不祭父亲，不知何故。按佛家说，万物皆有因果，所有的"果"背后都有对应的"因"。他不祭父亲的"因"为何？存疑。

弘一对其母之孝，发自内心。晚课结束之后天色已暗，他回到小经房，点起油灯，铺纸研墨，在小桌上恭抄《无常经》。

《无常经》，最早译在《大唐三藏法师义净》中，也收在藏经中。佛典的律部有讽诵《无常经》的相关记载，本传非修行专著，此处略了。

后来，弘一在两千字的叙文中说，此经流传世间，有如下三种益处：

一、经中说老、病、死法，不可爱，不光泽，不可念，不称意。诵经人痛念无常精进向道；

二、此经正文只三百字，偈颂八十句，讽诵方便；

三、佛许比丘，唯诵此经，作吟咏声，妙法稀有，佛曲优美，闻者喜乐。

弘一写毕，默坐许久。整整一天他不言语，无笑容，只痴痴诵《无常经》，慈母之容，现于目前，"老、病、死"也如清风从心中吹过。慈母如寿长，今夕正是六十岁，想到此处，他悲从中来，泪如雨下。

六月初，弘一来到富春江畔新登县的贝山掩关，请弘伞法师做护关使者。一是酷夏可在此山中避暑读经，二是免去慕名而来的老友名流打扰。

临行前，念旧的弘一以浓墨恭写"南无阿弥陀佛"六个大字，并摘抄蕅益大师名言一节，及三皈依、五学处。后又补写"珍重"二字，留在玉泉寺，请人转交夏丏尊。

两位法师到了贝山深研唐代律学大师道宣和尚的遗著。

其间，弘一给夏丏尊写了一封信。其中有：

> 丏尊，人世是一盆炉火，瞬息便化为灰烬，此身蹉跎，来生也无望，快努力吧……

他继续勉励夏丏尊修佛成僧。

贝山，寺院房舍尚未动工，弘一与弘伞借居而住，等待寺院房舍修建的同时，弘一抄写完成了两千多字的《佛说无常经》，还为弘伞法师亡母写了《梵网经菩萨心地品》。

中秋过后，弘一又到衢州，参访城北莲花古寺，并挂单。

弘一每到一寺，都会帮助寺庙整理经卷，为读经者提供方便，在莲花寺也不例外。整理经卷之后就是研修，他恭写几十卷《阿含经》，再将之装订起来。此外，他还在寒冷的残冬完成了《印光大师文钞》的序言和题词，将之寄给印光。不久，他就收到了印光的回信：

弘一大师：

> 昨接手书，并新旧颂本，无讹勿念。信中所说用心过度的境况，光早已料及，故有止写一本经之说。但因你太过细，每有不须认真，而不肯不认真处，所以受到损伤。观汝色力，似宜息心专一念佛，其他教典与现实所传布之书，一概不看，免得分心，有损无益……书此
> 顺颂 禅安

> 莲友印光 九年（1920）七月二十六日

印光是弘一颇为尊崇的大师，他在信中，对弘一虚弱的身体表示关切，并提出建议。这让弘一十分感动。于是他遵从印光大师的指引，暂时放下笔，调理虚弱的身体。

回到杭州已是辛酉年（1921）初春，弘一挂单凤生寺。

在凤生寺，弘一为一切生命忏悔，为众生回向，决定"刺血写经"，即以自己身上的血恭写经书。如此，他以牺牲个人的生命，去实践律宗，弘扬律宗。

弘一检阅《四分律》期间，在一个残雪尚未融化的寒冷傍晚，寺里来了个二十出头体形略胖的年轻人，他是弘一的学生丰子恺，已从浙江一师毕业。当年弘一把自己掌握的绘画艺术几乎全部传授给了他，因为他有美术天赋，还把自己在日本留学时买的原文《莎士比亚全集》赠给了他。

丰子恺以弘一为人生楷模和个人偶像，以至连弘一灰布长衫粗布鞋的穿着，粗茶淡饭的饮食都一一效仿，他在借钱去日本游历前来看望老师。

进了寺庙，空寂无声。一个小僧把他引至云水堂，来到弘一的僧舍里。

推开门，是一间很简陋的小屋，昏暗的油灯下弘一正在伏案写字。

"法师！"丰子恺叫了一声，然后走进几无陈设的小屋。

"哎，子恺！"弘一抬头，站了起来，忙让他坐。

"老师，我前几天得知您在这里驻锡，来看看您。不久，我就要去日本了。到那里游览，看看艺术馆和画廊……"

"到那里可以看到许多国内没有的东西。"

弘一看着丰子恺，只见他微胖的身上穿一件灰布棉长袍，手里攥着毡帽，一脸的兴奋。当听说他是借钱到日本观摩美术时，弘一告诉他，年轻人走出去游历有时比读书还重要，看看别人的艺术作品能吸收不少新东西。比如，日本有许多中国没有的西洋艺术。但，学别人万万不要丢掉自己。

丰子恺注意到，弘一老师的面容比过去更加消瘦，肩膀更加单薄，但精神矍铄，二目明亮，有一种超然物外的飘逸和睿智。

然后，师生便沉默，丰子恺见夜色已深，便站起身告辞。弘一送至寺院的小路，说："珍惜岁月。"

丰子恺深深鞠了一躬，走了。

弘一虽是僧侣中的新人，但他在俗时，在艺术界有极高的声望。他入佛门的消息不胫而走，成为各界关注的热点，令亲朋为之震惊，也让追逐名利的俗人庸夫捕风捉影，编撰花边新闻。因此，在寺庙中潜心修佛的弘一常常受来访者打扰。后来弘一挂单庆福寺，这是一座俗称"城下寮"的古寺，其清规谨严，以专修念佛法门闻名。挂单庆福寺后，弘一决心禁足，编著《四分律比丘戒相表记》，他告知同道：

弘一出家时短，修持浅薄，急于摈除外缘，先悉心办自己愿办、要办的事，因此，请诸位慈悲护持我三章规约：

一、如有旧友新知来访，暂缓接见。

二、如有来索书法序文，不能动笔。

三、如有要事嘱咐，暂时不能承当。

弘一在庆福寺住了一个多月，专心著述。但初夏因到上海为弟子讲佛道，便将自定的三章规约破了。上海的杨白民邀请弘一到上海住几天，他放下笔乘船走水路来到申城，下榻在十年前执过教的城东女校。

弘一刚住下，受过弘一教导的女弟子朱宝英就到校拜见师长。二人见面，望着对方被岁月磨蚀的面孔，都有些吃惊。

女弟子："老师瘦了，弟子想问学佛应从哪里入手？您的出家感动了许多人呢。"

听到朱宝英要学佛，弘一笑道："如果有此意志，高深的佛学，可从渐修。专心'持名念佛'，作为稳妥之路，下决心念下去，便可证'念佛三昧'。我是专心持名念佛的。"

女弟子："何为持名念佛？"

弘一："仅用口念、耳听、心唯，念的方法随你的选择。念到忘记一切纷乱的妄念，念到佛声掌握了你的心灵世界，朗朗清清。念到口不出声而心自念，随着呼吸出入流转。"他看弟子聚精会神地听，又说，"不懈怠，最后到了一心不乱的境界，时间久了，又从一心不乱，再渐断无明，念佛的三昧立现，五蕴皆空被亲证。"

女弟子："我懂了老师，那最后的境界，便是'菩提'。"

之后，师生沉默。

210

第二天，弘一未接见任何亲友，而是返回了庆福寺。

五月二十八日，又是弘一母亲六十岁冥诞。弘一写经三部。此后，又投入《戒相表记》的编撰。一个月后完成"戒相"的初步整理工作。接下来，又要做一番苦功夫对此鉴定、修润、删节、缮写等。

弘一在写经、静坐、念佛中，又到了年底，丰尊又有信来：

音公法师：

我自发心素食以来，在心理上，觉得信佛还只是信了一半，信得不够虔诚，每次看到你那种赤诚、牺牲的宗教家风，献身于佛道的不休息精神，再回想你往日在艺术上的成就，以青年时代的生活，前后对照，如挥鞭断流，便使我汗颜无已。因此，我现在开始实践佛家的修持生活，每天早晚持"阿弥陀佛"经号，愿师在光中加被。

我今天在佛道上刚刚起步哩。

仍要枇杷膏否？如用宣纸，以及其他杂物文墨，请示下，以便供养。

敬颂　道安

丏尊　民国十年（1921）除夕寄

读罢来信，弘一十分欢喜，当晚研墨挥笔，书蕅益大师名言一幅，勉励夏丏尊早证菩提。

弘一让小僧去投递信函后走出僧舍，头顶上闪烁着晶亮的寒星，隐约可以听到乡间传来的鞭炮声，想到生命无常，一年消逝，他合起掌，念了一声："阿弥陀佛"……

壬戌年正月初一，是1922年的1月28日。这一天庆福寺香火极旺。

弘一想到了上海老友杨白民，便提笔写了一幅"辞世词"赠他。出家后的弘一，早已忘记世俗的禁忌。此偈，是庆福寺的首座法常和尚圆寂前的留言：

211

此事楞严尝露布，梅花雪月交光处；一笑寥寥空万古，风鸥语，迥然银汉横天宇。

蝶梦南华方栩栩，斑斑谁跨丰干虎；而今忘却来时路，江山暮，天涯目送飞鸿去！

弘一喜欢这篇偈语，赞赏前辈法常和尚偈语之精深、大解脱之高妙，写下赠杨白民，亦为新年的警语。他认定庆福寺佛道浩博，是潜修佛道的好地方，便继续在这里禁足闭关，埋头写经、著述。

寺里的住持寂山老僧，一直在点点滴滴的日常琐事中关注着弘一的戒律生活。他觉得这位天津的巨富公子，年少成名，东渡日本，在艺术上有辉煌的成就，为中国现代艺术教育开了先河，出家之后，择律宗为他尽形寿的归命处，生活严谨，不惜神悴形销地苦修，又对寺里众僧恭敬虔诚，心里便对他增了几分好感。

后弘一来到寂山方丈室，向寂山谈到整理寺里经卷，一一贴上标签的打算，寂山方丈欣然允诺，认为此举对读经卷者开了方便之门。此刻弘一从袈裟袖中，抽出一张红纸，呈给方丈。

弘一："师父!"刚出口，只见寂山方丈已起身。

"啊，弘师，可不要这么称我，会折寿我的……"他警觉地看着这张红纸，阅后吃了一惊，原来是一张登报的启事，是弘一礼拜寂山方丈为依止师父的启请文字。

"哎呀!"老人又吃了一惊，愣了半晌方说，"不敢，不敢，老僧有何德望敢做仁者的师父! 你能在这里驻锡已使常住感到福缘不浅了。"

弘一尽力说服方丈答应拜师："弟子决心不改，望蒙师父不弃，明天即行拜师之礼"。说罢便行弟子礼，退出方丈室。

弘一告辞，回到关房，心想，如寂山方丈坚决不允，他就写信给这里的护法——"净密双修"的吴璧华、周孟冉，请他们出面，促成此事。

第二天，是正月十二日，上午九点，冬阳暖照，弘一已穿好袈裟，携带毯子径直来到方丈室，铺好毯子，请寂山师父就位，弘一便顶礼三拜，老人不敢就位受拜，在座旁合掌回礼，为弘一的虔诚，他允诺了。

从此，弘一便尊寂山方丈为师。

正月中旬，弘一接到天津兄长文熙的信，告之俞氏正月初三病故，让弘一回天津为发妻办丧事。

弘一见信，悲伤愧疚噬咬着他的心，他奉母命与俞氏成亲，但并没有爱过她，他先是在上海沉醉于灯红酒绿的温柔乡，后又到日本又与雪子相爱，归国将她遗弃于天津，可谓无情无义，而俞氏却牺牲一切，侍奉婆母，养育子女，毫无怨言。除了默默奉献，她从不讲任何条件，一直到默默辞世。为了这种愧歉，他决定回去，"亡羊补牢"，为俞氏超度，为她种一点佛缘。但当时北方军阀混战，正值"直奉之战"，战火硝烟，极不太平，他不能冒险，此事只得作罢。为此弘一特给寂山师父写了信，并将写好的字帖让送饭人转交寂山师父，信中说：

恩师慈座：

　　前时命弟子写的字帖，已写好奉上，请检收。前数日，得天津俗家兄长来信说：弟子在家的妻室，已于本月初三病故，嘱弟子回津一次。但目前北方变乱不宁，弟子拟向缓待数月，再定计划。

　　再者，吴璧华居士不久便由北京返温，弟子拟请吴居士授神咒一种，或往生咒……便申请师与吴居士道及。弟子目前虽在禁语，但为传授佛法，及方便与吴居士晤谈一次，俾面受咒文。

　　顺叩　慈安

弟子演音顶礼　正月二十七日

弘一决定不回天津的事，寂山师父没有回复。20世纪20年代，军阀混战，南北交通并未中断，南来北往的政要、名人照常忙于行旅。比如，信中说"吴璧华居士不久便由北京返温"便是一例。弘一最终没有北上，最合理的解释还是因与俞氏没感情。

刚接到兄长来信，得知为自己牺牲一切的俞氏已殁，弘一还是有自责的，他从俞氏身上看到中国女性的命运，自然想到汉代民歌《有所思》中那个被丈夫遗弃的妇人，她代表了无数中国善良的为家庭奉献的女子，她们遭丈夫遗弃的悲剧足以让无情郎自惭，诗云：

> 有所思，
>
> 乃在大海南。
>
> 何用问遗君，
>
> 双珠玳瑁簪。
>
> 用玉绍缭之。
>
> 闻君有他心，
>
> 拉杂摧烧之，
>
> 摧烧之，
>
> 当风扬其灰！
>
> 从今以往，
>
> 勿复相思，
>
> 相思与君绝！
>
> 鸡鸣犬吠，
>
> 兄嫂当知之。
>
> 妃呼豨！
>
> 秋风瑟瑟晨风飔，
>
> 东方须臾高知之。

214

弘一不可能不自责，不能去天津俞氏的灵柩前忏悔，他就在寺里为其超度。

正月在阴冷的雨雪中过去，朋友吴璧华来寺里。弘一便向其学密的护法授《往生经》。而后为亡妻俞氏设灵，在关中虔诚庄严地念诵《地藏菩萨本愿经》，为她超度。

事有凑巧，这方为俞氏亡魂超度，在上海的女弟子朱宝英也于1931年岁尾病故。其昔日同窗故旧，在二月里，为纪念她，便收集其生前书画，影印成册，请老师弘一作序。

当时弘一在关中写经、念佛，整理《戒律表记》，闲暇时又为夏丏尊刻阴文印五方，镌自己的法号：大慈、弘裔、为胤、大心丹夫、僧胤。还特意写了小跋给丏尊：

> 十数年来，久疏雕技，今老矣，离俗披剃，勤修梵行，宁复多暇耽玩于斯？假立臣名及以别字，手制数印，为志庆喜。后之学者，览兹残砾，将毋笑其结习未忘耶！于时岁阳玄默吠舍月白分八日。余与丏尊相交久，未尝示其雕技，今斋以供山房清尝。
>
> ——弘裔·沙门僧胤并记

初夏，弘一将蕅益大师的名言警语收集起来，编成《寒笳集》。传印之后，为学佛者喜闻乐见，如干旱之见云霓。

同年夏，酷暑难耐，一天弘一突感腹痛，连泻不止，起初他并未在意，继续诵经写经。后来他发现自己患上了赤痢，一病不起，躺在床上，苦撑三天。

弘一患病，寂山师父得知，忙来看望，只见他蜷缩在木板床上，瘦骨嶙峋，脸消瘦得脱了形，颧骨突显，面色如土。

寂山师父见状，心里一痛，即要请医生诊治。

弘一："师父，我念经，驱病魔。倘若临终，请让人把门窗锁上，请法师帮弟子念佛号，断气六个时辰，可把尸身裹好，送入江中……"

寂山老僧听罢，老泪纵横，执起弟子冰凉的手腕："你要珍重。"

老方丈回去立即派人速请名医，为命悬一线的弘一诊治。

说来甚奇，待医生来诊病，尚未诊出何病之时，只见病者脸色已有活气，双目也颇活泛，医生有些吃惊，只留下几服草药，走前对寂山老人说：病人患的是赤痢，身体又过于虚弱，能否保命就看造化了。

弘一强撑病体念佛、拜佛，七天左右竟渐渐痊愈了。寂山老人称奇，众僧也称奇。寺里的厨司陈阿林闻之去看弘一，为他做了一碗斋面，见他正面浮微笑，双目有光，刺血写经，回来后说：弘一法师有佛相，病魔都奈何不了他。

不想老实、勤劳的陈阿林后来竟然病逝了，冬天时，弘一特为阿林写了一篇小传，纪念这位老实人：

陈阿林，法名修量，是瑞安县下林乡人。幼年时烧窑过活，后来，在城下寮厨房做斋菜。民国十年（1921）三月，我来温州时才认识这个平凡的人。

这个人苍黄的一副面孔，瘦削的颧骨，下巴无肉，是一副贫穷而短命的模样。可是，每逢我们进斋时，他便合掌敬礼，等吃饭后撤碗筷时，他总是呆呆地看我许久，像一个痴骏的小孩儿。

他见我吃得稍少一点，便现出一脸愁容，必定问我："呀，法师！怎么吃得这么少哇？您的身体不舒服吗……"这么追根到底地问。

谁知这个人哪，原是有哮喘病的，逢到春天便大肆暴发，咳嗽起来。但是，他依然一样勤苦地工作。

每天晚餐后，他弄清厨房的事，便随着大众念"阿弥陀佛"，持佛名号，声调凄凄切切，比任何人都来得虔诚。

当今年正月，他忽然辞职了。过了两天，他来寺把衣物捡到一起，恋恋不舍地看看这，问问那，刚巧，这里又碰着佛事，要人帮忙，他又留下来了。

一连许多天，他都没有一句话，到十六日中午，他捧着盛面的托盘，到我关房来，身穿新做的棉袄，瓜皮帽子，新黑鞋，居然一副清秀相。我们相互看着，都高兴地笑了。他说："法师，我不再走了！"

想不到，后来我听人说，阿林在那天晚上，还是回家了，老病复发。到二月初七的早晨，告诉他的家人，烧一盆沐浴用水，自己起来洗了浴，便回到床上念佛，苍苍凉凉地在念佛中去世。

陈阿林死时，不过三十二岁啊！

——（摘抄陈慧剑《弘一大师传》）

癸亥年（1923），弘一四十四岁。

春天，弘一身体康复后，做了一次长途云游。他由温州出发，先去杭州，当时一众好友已由浙江一师转到上虞白马湖畔春晖中学执教。白马湖畔聚集了叶圣陶、朱自清等一批文坛青年才俊。然后，他又去了绍兴。那里他的弟子李鸿梁、蔡冠洛等人在码头迎候他。离开绍兴之前弘一留下一幅"南无阿弥陀佛"横额，在这篆书的佛号背后，写有蝇头小楷，是蕅益灵峰大师的法语：

佛为初入门的人，首先谈理论，企图以理融事，而不滞于事。但为深信菩萨，必广说事相，企求以事摄事，而不滞于理。不滞于事相，则一事通达一切理，事理无碍，不滞于理，则一事通达一切事，事事无碍。

四月，弘一至上海，至太平寺谒见印光大师。

在弘一屡次请益之后，印光大师复信劝告弘一专修念佛三昧：

座下勇猛精进，为人所不能；又将刺血写经，可谓重法轻身，以遂大愿。然而，光愿座下先专志修念佛三昧，待有所得，然后行此法事。倘最初便有此行，或恐血亏神弱，难为进益。

入道多门，唯人志趣，了无一定之法，其一定者，曰诚、曰恭敬。此二事虽尽未来际，请佛出世，皆不能易也……

又：写经不同于写字屏，仅取神笔，不必工整；若写经，宜如进士写策，一笔不容苟简，其体必须依正式体，若座下以书札体格，断不可用……

鉴于弘一身体羸弱，印光大师对他刺血写经之动机并不赞同。

印光大师在另一封信中，对弘一在庆福寺闭关誓证念经三昧，也不苟同：

接手书，知发大菩提心。誓证念佛三昧，刬期掩关，以期遂此大愿。闻之，不胜欢喜，所谓"最后训言"，光何敢当……

光谓座下此心，实属不可思议；然于关中用功，不二为主，心果得一；自有不可思议感通，于未一之前，切不可以妄躁心，先求感通。一心之后，定有感通；感通则心更精一。

所谓明镜当台，遇影斯映。纷纷自彼，与我何涉？心为一而切求感通，即此求感通之心，便是修道第一大障，况以躁妄格外的希望，或能更起魔事，破坏净心，敢为座下陈之。

——印光

弘一修道过于急进，不惜以生命遂大愿，然而欲速则不达。印光大师的劝勉，浇熄了弘一的"妄躁心"。

印光大师与弘一为修道而往来信函，切磋佛理，在印光大师指点迷津后，弘一渐谙"念经三昧"。

到这年"阿弥陀佛"的圣诞日，弘一冷水沐浴、上香。长跪念经毕，合掌发愿："礼请当代印光大师为师，列弟子门墙，祈佛慈悲照我，满我微末的意愿"。

祈毕，恭写"请列弟子门墙"一函，寄往普陀山的印光大师，信曰：

印公师父慈鉴：

　　弟子自蒙受圣德熏陶，益感师恩无涯。久思请列弟子门墙，师均以缘未备而谦却，因此，弟子益形感觉福薄慧浅。师如慈悯弟子，谨以粪土之墙，朽木之器，跽待摄受。弟子于今晨已在佛前请求加被，想佛陀必当垂悯。谨候慈旨。

　　　　　　　　　　　　　　　　　　弟子弘一顶礼

此信寄出，印光大师再度谢绝。弘一甚至动了"刺血上书"求师应允的念头。最后印光默认其为弟子。从此，弘一念佛更加精进。

5

甲子年（1924）弘一四十五岁。

弘一在庆福寺闭关，专心佛道，温州专员林鹍翔及后任张宗祥几次拜访他皆拒绝不见。寂山老僧担心这会得罪地方官吏，况且他们是慕弘一大名而来，应酬一下也是应当的，于是就踱步到弘一的关房，表达了自己的想法。

弘一闻听寂山大师的劝告，立刻因劳烦老人为此事跑一趟而歉疚，并表示，他弃俗出家，专心念佛，妻子殁了都弃之不顾，更何况应酬这等俗事？只好抱病，概不见客。

老僧听罢，点点头，他知道，凡是家人来信，弘一总是在信封上批"本人他去，原信退回"八字，不予拆阅。

六月，得到印光大师的认可，弘一出关枰海，到普陀山法雨寺，拜见印光大师。法雨寺为他设了一个云水床位，他每天清晨四时到印光师父房中亲侍左右，体察大师的生活。

侍师七天，弘一发现，印光大师平稳笃行的日子里"过午不食"，每天早、午两餐饭一大碗，晨无菜，午"罗汉菜"。印光大师每日从早到晚念佛不辍。印光师父的床设在佛龛下面，一旧桌，一张凳，一旧被，极为简朴。弘一看到大师的真正的戒行，庄严的戒相，其生活空灵明净。

弘一回到温州城下寮关中，至八月，他苦心孤诣，历经四年撰写的《比丘戒律表记》原稿精缮完毕。这部一百四十页的原稿，体现了弘一的伟大庄严的精神，及精诚、细密的心思。

《比丘戒相表记》是由《南山行事钞》疏解为《表》，用的是灵芝大师、见月大师的注解，原是弘一的《案语》，弘一以恭虔一丝不苟的楷书抄录，从头到尾"持问"是分开的。可谓独步当代的律学创作，故被收入《普慧版大藏经》。这部经被上海的穆藕初发现后，出资全部影印，由上海中华书局缩印一千册，但印制完成数年后才出书，此书足可成为中国佛教界传世之作矣。《普慧版大藏经》印出后分赠国内大丛林及日本佛学界，弘一原稿也由穆藕初收藏。

弘一在《比丘戒相表记》付梓时，为其留下郑重遗言：

衲身后不必建塔、做功德；只要此书得以流传，我愿已得……

这一年弘一仍住在城下寮。

乙丑年（1925）春，弘一出关拜访寂山法师，后又到浙江行脚。是年秋，弘一曾致函夏丏尊表示想去南京走走，再朝圣九华山，参地藏王菩萨圣地，后可在宁波与夏丏尊见见面。

初秋，弘一背一小行李，登上一只小船，在江上漂泊了多时，到宁波下船时天色已黑，一人踽踽独行于寂静街巷的灯下，好容易到了土塔寺，不巧云水堂客铺满员，只得再寻他处。夜色里他摸索到几座小庙，庙门都紧闭，他只好寻了一个小客栈住下。

一个十多岁的小茶房，借助煤气灯，看到一个瘦弱的和尚，告之，客房只有一间，不过湿一些。弘一便让小茶房带路。黑暗里二人在院中转了弯，来到没灯没火的客房。推开门，点上墙上的油灯，小茶房说了声："用水，厨房有。"便走了。

小屋里弥漫着刺鼻的霉味，屋里有一张小木床，上有又黑又脏又潮湿的薄被和竹席，没有蚊帐，只有半张小木桌。

弘一打开行李，准备洗脚歇息，那小茶房又趄了回来，问："和尚师父，可用夜宵？"弘一告之：免了。随后跟着他去厨房，洗了脚。

这一夜，弘一在嗡嗡的蚊子叮咬中睡着了，行旅的劳顿使他倦了。

在小客栈住了两日，听说土塔寺有了空房，他便匆匆赶去。到了土塔寺他被分到云水堂上，与四五十位游方的和尚挤在一起，同他们打坐，听他们打鼾。

弘一法师作为曾享誉艺术界，入佛门后也颇有名声的高僧，住在土塔寺，却能与众同道一起读经念佛，一起打扫寺庙卫生，不分尊卑，高高兴兴地修佛。

一天，在云水堂外，弘一忽见夏丏尊来了，他穿一身灰色长衫，正向他拱手微笑。弘一拉他在走廊坐下。

夏丏尊到土塔寺来找弘一是想请他到自己执教的上虞白马湖春晖中学住几天。

"弘公，走吧。"夏丏尊遂到大铺取弘一的行李。

夏丏尊来到大通铺，只见一小灰布包里面只有一床薄被窄褥，就问弘一行李在何处？

"出家人，行囊越少越方便。"弘一拎起小灰布包，告知寺里住持自己要外出，又到佛堂拜了佛，便随丏尊出了寺，在河边码头上了小船。小船慢悠悠划了一天，他们来到白马湖时已是第二天傍晚。夏丏尊将弘一安顿在离自家很近的春社里。

春社的客房整洁，弘一打开灰布包，将被褥铺好后，拿起面巾，到湖边洗脸，那白马湖被绿树包围着，清澈见底，他将面巾在水里洗了洗，不由自主地叫道："好美的白马湖！"

夏丏尊见那面巾已十分破旧，就说："弘公，你这面巾太破旧了，我这就去为你买一条。"

弘一拦住："不必，不必，还能用呢！"

夏丏尊又道："旅途劳顿，晚饭得吃吧？"

弘一笑了："你应该知道，我是过午不食的。"

两人见面，或偶尔沉默，或娓娓而谈。他们沿着湖畔，边走边聊，话题滔滔不绝。

第二天十点，夏丏尊提着饭篮到弘一客房，取出一碗米饭，四样素菜。

弘一见状说："一碗饭，一样菜，足矣。"

弘一吃饭是津津有味的，他吃着，欣赏着，仿佛那不是俗世人间烟火而是天上的琼浆玉液似的。

第三天，逢春晖中学校长，即弘一在浙江第一师范任教时的校长经子渊老友供养了。经子渊在桌上摆了白菜、豆腐、慈姑、芦笋，四样素菜。夏丏尊执筷每样都尝了尝，夹到慈姑时，叫道："啊，这菜太咸了，难以入口。"

弘一也用筷子夹了一片放在嘴里："咸也有咸的滋味。"

弘一每顿饭只吃一种菜，这顿就是欢欢喜喜地吃咸慈姑。

饭后下起了小雨，弘一看看天说："诸位，明天你们上你们的课，不要劳师动众地为我准备饭菜了。"

夏丏尊说："天下雨，还是我准备吧。"

弘一："雨，我有木屐，乞食，出家人在行哩！况且，我每天走三千步，强身健体。"他又看了看在座的老友，"从民国元年起，我到浙江第一师范教书，到今天，刚好十四个年头，十四年在刹那间就消逝了。《金刚经》上偈子有'一切有为法，如梦幻泡影，如露亦如电，应作是如是观'。"

223

在座者，发现原来那位一贯衣衫整洁讲究、饮食精美、举止文雅的儒生，如今已成了着僧装、食斋饭的云水高僧，更对他多了几分敬意。

弘一在白马湖畔为夏丏尊、经子渊及春晖中学师生们写了不少佛经上的偈子。

一天下午，弘一乘舟而去，夏丏尊目送弘一乘坐的小舟消失在满湖的夕阳里，他的思绪也飞扬起来，回忆起他们在第一师范相处的日日夜夜，一晃人事全非……弘一离开白马湖，原想去九华山，因路断未能成行，便在浙东云游了三个月。他想起杜牧《江南春绝句》"南朝四百八十寺，多少楼台烟雨中"，可惜，已是晚秋时节，春天烟雨中的寺庙景致不在了。

回到温州城下寮关中，就到了残冬。

第十一章

婉言微语批灭佛，
晚晴山房白马湖

事有切而未能忘，情有深而未能遣。

——唐·王勃《秋夜于绵州群官席别薛升华序》

1

丙寅年（1926），弘一四十七岁。

过完春节，弘一从温州乘小船来到杭州西湖招贤寺，在那里与同参老友弘伞会合。二月中旬，他们同到玉泉寺，着手整理前人注疏过的、充满丰富佛学知识的《华严疏钞》。他重新整理《华严疏钞》是因为它太复杂，缺乏条理，显得繁乱。再加上前人著述既不分段落，也无标点，让读者常堕入五里雾中，不得要领。

弘一是从《华严疏钞》诞生后，千百年来第一个对其整理修润的和尚，使它重现被杂芜埋没的佛学精神。

值得一提的是，弘一此时的身体经过调养恢复得十分健康，精力也格外充沛。整理《华严疏钞》颇为顺利，闲暇时尚能给老友和弟子们写信。

夏丏尊与六年没见到恩师的丰子恺接到弘一的信后，到上海会合，然后结伴乘火车到杭州，下榻旅舍。

第二天一早他们乘黄包车到玉泉寺，在山门处，正巧遇到他俩熟识的、身材高大魁伟的弘伞法师。相互施礼后，弘伞法师告诉他们："弘师一般白天闭门念经、写经，只有送饭的人才能出入他的房间，见客要在下午五点后……"

夏、丰二位告别弘伞，又乘车到杭州城里，吃饭后，各访朋友。

下午五点，当丰子恺带着一个朋友来到玉泉寺时，弘一正与夏丏尊坐在山门前的石凳上等他呢。弘一十分欢喜，站起身带他们到客房里坐。

沉默片刻，夏丏尊向弘一介绍前来拜访的朋友，其中一位杨姓青年，自我介绍说："我家世代信佛，我从小便随祖母念菩萨名号，后来也在堂上焚香理佛。但是读了洋书，学了一些新知识，便觉得以前念佛很可笑。近来，因一些原因，又开始对佛学产生兴趣，可对念佛仍有疑问。如，佛道与儒学是否对立？另外，佛教给人蒙上一层迷雾，让人弄不清它的面目；经文、语言、行为与世俗人的现实生活、知识又有距离。请弘师开示。"

弘一听得神色安宁，不时扫视屋里的人。见丰子恺正注视着自己的草鞋赤足，心里一笑。然后，他对杨姓青年说，对佛学，首先，你有最初的概念，后来你接受了新的教育，使你的童年信仰变质，这乃是'知识上的障碍'，不足奇，人人都是如此。等你再从头研究，便会回到童年状态。其次，"念佛"是学习佛学的一种方法，没什么可怀疑的。"念佛"是"至善"之念的专一。意念专一，才能亲证智慧之境。

杨姓青年点头，忽又有人问："阿弥陀佛？"

弘一答曰："阿弥陀佛便是阿弥陀佛。正如释迦牟尼便是释迦牟尼一样。阿弥陀佛，那个阿弥陀是无量光明、无限寿命的意思，佛是充分的觉悟，这是从梵文中译出的。阿弥陀佛是西方世界那位佛陀的尊号。"

又有人问："弘师，念'阿弥陀佛'，能成仙否？"

弘一："念佛的目的不是成仙，是成'佛'。"

丰子恺突然来了兴致："如何学佛？"

弘一看着丰子恺这个得意门生，他学佛远没有夏丏尊积极，听他这么问，很高兴，便说，初学佛道，一般是每日念佛的名字，不求多，也不求长，但要专心。可以五句为一单位，念满五句可拨一颗念珠，如此心无旁骛，便可专心念佛了。对初学者来说这步功夫最要紧，念佛时，不妨省去"南无"二字，念"阿弥陀佛"，可依钟的嘀嗒，人的呼吸的强弱，回声而念。一个节奏的四拍合"阿弥陀佛"四字，这样念下去，效果与五句单位念法相同。念到你耳朵里听着，好像你在听别人在你耳朵里念的一样，爽朗分明，缠互不绝，便见了初步功夫。

弘一与众人谈了一些学佛知识，天色已暗，细雨蒙蒙。

夏、丰二人当夜乘火车回到上海。没几天，弘一的信便到了。夏丏尊收到弘一写的一幅长卷"南无阿弥陀佛"，下款注了题记。而丰子恺接到的信，是这样写的：

> 音出月将去江西庐山参与"金光明会道场"，顺手写经文三百页，分送施主。经文须用朱书，旧有朱色，不敷应用，愿仁者集道侣数人，合赠英国水彩颜料Vermilion数瓶。——欲数人合赠者，俾多人得布施之福德也。

丰子恺谨遵师嘱，集夏丏尊等八人，合送八瓶英国颜料，又附十张宣纸，当天即寄杭州。

去江西庐山，是弘一计划之中的。

是年七月，夏丏尊曾应周建人之邀，在上海参加宴请鲁迅的活动。那晚，宴会分两桌，他与郑振铎、沈雁冰、胡愈之等人一桌。鲁迅与叶圣陶等在另一桌。席间，两桌友人纷纷敬酒"他们谈得很起劲"。(朱自清《鲁迅先生会见记》)。夏丏尊见到弘一，将此事告之。

弘一听罢，点点头，却沉默不语。夏丏尊知道，鲁迅对弘一很崇敬，笔者在鲁迅1931年3月1日这一天的日记中见到有这样的记载："午后往内山书店赠内山夫人油浸曹白一合，从内山君乞得弘一上人书一纸"，一个"乞"字对高傲的鲁迅，是罕见的。却不知为什么，弘一却对鲁迅无一字评价。

丁卯年（1927），弘一四十八岁。

三月，弘一闭关于杭州城内吴山常寂光寺。社会传政府欲"灭佛逐僧"，此传言实无根据，乃捕风捉影。查历史资料，1926年年底，"国民党江西省党部致函江西省政务委员会，指控世居贵溪的道教第六十三代天师张思溥邪术惑众，阻碍文化，请求下令取消其天师名号，并罚没其财产，悉归农民协会。张思溥被迫只身逃往上海"（《二十世纪中国全纪录》）。

三月，中共发动上海工人第三次武装起义，列强炮轰南京，增兵上海，如此时局，政府哪里有工夫讨论灭佛逐僧？此时，只是蔡元培等社会名流来杭州，宣传以教育建设国家，有人在演讲会上对佛教僧人之不妥行为表示不满，结果在佛教界引起轩然大波，传为"灭佛逐僧"。

弘一闻灭佛消息，即在寺内召请地方政要，以短简示之，席间婉言表示反对灭佛之态度。来者读短简，即表示支持弘一反对灭佛。但短简内容，至今成谜。

三月十一日，弘一又致函蔡元培、经子渊等好友及社会名流：

子民吾师、子渊、夷初、少卿诸居士道席：

昨有朋友来敝处，所闻仁者已到杭州，从教育方面建设中国，至为感佩。又闻子师在青年会发表演说，对出家人的行径，有不能满意处（是个人印象上的不满意）。

但仁者诸君对出家人情形，恐怕还不明白，将来整顿之时，或可能有欠考虑，而铸成大错。因此，敝人想请各位号请僧众二人为整理委员，专责改革佛教，凡一切计划、办法、方案，皆与诸位商酌而行，比较妥帖。

我提出的这两位整理委员人选，愿推荐当代名僧太虚、弘伞二位法师担任，这二人都是英年有为，有见识、有思想，而且他们还出国到日本考察过，久有改革僧制的理想，因此这两人任委员，也最为适当。

关于将来实施步骤，统通请诸位与他俩协商。

对服务社会的一派僧侣（指创办各种社会事业机构者：如学校、医院、孤独院，等等），应该如何提倡、鼓励？对山林修道的一派，应怎样保护（这一派指专事修持的僧众而言）？对既不服务社会，又不能办道修持的僧众，应如何处理？对于"应酬的一派"（赶经忏的和尚），又该如何处理？对于受戒的资格，应如何严格限制？这很多问题，都请诸位详为商酌，妥帖办理，以企佛门兴盛，佛法昌明，则功不唐捐了。这一办法由浙江一省开始实施，然后遍及全国，谨陈愚者一得之见，请惠赐接纳……

弘一 三月十一日

弘一此信，对当局倡教育兴国及整顿佛教育的原则提出了原则性的倡议。出家几年的弘一，对佛教现状及将来的发展有深入研究，其倡议富有建设性，特别是其将佛教与社会紧密联系起来的创意对佛教建设有重要贡献。

2

到了这一年的秋天，弘一欲到上海，向印光大师请益，一并告知夏丏尊和丰子恺。很快他赴沪的消息在沪文坛传开。

弘一与弘伞在上海火车站下车，丰子恺接站，然后到他江湾的家中下榻。

第二日，便有夏丏尊带哲学家李石岑，作家叶绍钧、周予同，日本朋友内山完造一众友人访弘一。

叶绍钧比弘一小十四岁，曾在1921年至1922年于浙江第一师范任教，1923年到上海商务印书馆国文部当编辑，与茅盾同室、同组工作。两年后出版第三本小说集《线下》，已是上海文坛名流。丰子恺告诉了他弘一到上海的时间。

他看过夏丏尊为丰子恺的画集所作的序，方知大名鼎鼎的弘一法师竟是他认识的李叔同。他对丰子恺说："子恺，叔同来了，有缘我要见见他！"

叶绍钧曾在弘一给丰子恺的信中看到弘一称自己为"叶居士"，这真让他兴奋。这天，按约定的时间到"功德林"聚会。他走到离"功德林"不远时，只见驶来几辆黄包车，最前面一辆车里坐着一位高大魁伟的和尚；第二辆内是丰子恺；第三辆里坐着另一位和尚，瘦削，有仙风道骨，"莫非，"他心想，"这便是李叔同吗？"

叶绍钧走进"功德林"包间，圆桌旁的藤椅上已坐满了人。夏丏尊见叶绍钧进包间，忙站起引其走到那位仙风道骨的和尚面前："弘师，这位就是叶绍钧先生。"

叶绍钧很激动，但见弘一和尚只是手数念珠，目不转睛地端详着自己，并未开口。夏丏尊让他坐在和尚身边，到这时弘一突然脸上绽出极灿烂的微笑。整个屋里，只有弘一手中念珠的响声。此刻，一切言语，都是多余的。

秋天的温暖的阳光照射到房间里，又有几位朋友相继来到，整个上海的文坛名流都静坐在屋里。

总得有人先开口，一位弘一的熟人说："弘师何时到上海的？"

弘一微笑："昨天。"声音低而清晰。

又一位友人问："弘师一向可好？"

"好……"回答简洁却充满情感。

夏丏尊站起来："诸位，弘师过了十二点就不吃饭了，现在十一点，斋宴就开始吧。"

叶绍钧注意到，弘一那双曾绘出高超油画、熟练弹奏过贝多芬的名曲、执笔写下过典雅书法的长长纤手，挑起笋丝，满心欢喜地送入口中，然后问："这碟里可是酱油？"

一位说："是的。"就把小碟移到弘一面前。

弘一忙又送到日本朋友内山完造面前。

内山完造道了谢，把小碟拉近。

哲学家李石岑向弘一请教了一个问题："关于人类生命探讨的问题，弘师能发表一点意见吗？"

弘一很恭敬地回答："惭愧，没有研究。"

李石岑笑了："弘师一心持戒，一心念佛，一意学佛，怕无时间搞'知识的形而上学'呢。"

叶绍钧觉得弘一说"没有研究"是真诚的，并非一味客气，更非在损人，李石岑的态度也是真诚的。作为小说家，他在观察眼前这位高僧，弘一的胡子稀疏，眼角有细密的皱纹，嘴唇润泽，神态安详，在他的眼里，弘一像一座青碧的远山，很近，很清晰，又很远，可望而不可即。

过了十二时，弘一对诸位友人说：我要去看印光大师，愿意去者，与我同往。在说到印光大师时，他的双眼闪着光亮。印光大师闻名遐迩，有此良机，从者甚多，叶绍钧便在其中。

弘一出了"功德林"径直朝前走，叶绍钧看到，瘦高的弘一赤脚穿僧鞋走起路来步履轻盈，叶绍钧与一群人在他身后快步跟随。叶绍钧听夏丏尊讲过，弘一是因佛门戒律委地而学律的，所以他的戒律生活极其严肃。在叶绍钧看来，弘一的严格持戒，使他像天空的行云、湖山的画影，悠然自得，飘然如仙。

弘一带大家到新开路的太平寺，正逢寺里做法事，佛乐齐鸣，弘一从小包里取出海青和袈裟，换好后，一脸庄严地来到寮房，有一位身材高大背略微佝偻的和尚在那里，这便是印光大师。印光大师头部硕大光亮，面如红枣，浓眉下二目锐利光亮。

弘一见到印光大师伏地便拜。一个高大魁伟，一个清瘦单薄。一个如石松，一个如修竹。

落座后，弘一向印光大师介绍来宾。席间，印光大师讲：做佛之前，先要做人，人做不周全，便休想做佛。大家静坐恭听。

最后，弘一让来者请几部经书回去看看。叶绍钧获《阿弥陀经白话注解》《般若波罗蜜多心经述义》及《印光法师嘉言录》三部。

临别，弘一再拜，一群人走出寮房，弘一脱下宽大的袈裟和黑藏布海青，仔细平整地叠好，放在小包里，挎在肩上，与诸位道别。

232

叶绍钧与弘一相见便有一种特殊的感情。在佛教史里，这两位如同神龙与白象，各自都有璀璨的光环。

丁丑年（1937）十一月七日，新加坡《星岛日报》刊登了一篇叶绍钧写弘一的文章，题为《弘一法师的书法》，文中说：

艺术的事情，大都始于模仿，终于独创。不模仿打不了基础，模仿一辈子就没有自我。只好永久跟随人家的脚后跟。

弘一法师近几年来的书法，有一说近于晋人，但是模仿哪一家呢？实在指不出……我只能直觉地回答，因为蕴藉有味，就全幅看许多字是互相亲和的，好比一堂谦恭温良的君子人，不亢不卑，和颜悦色，在那里从容论道……总括以上这些，就是所谓的蕴藉，毫不矜才使气，意境含蓄在笔墨之外，所以越看越有味。

关于弘一法师的书法，叶绍钧在1980年还写了《全面调和》一文：

> 全面调和，盖法师始终信守之美术观点。试观其"无住斋"草书小额三字即落之每一字每一笔，皆适居其位，似乎丝毫移动不得。更观其小印五方一轴，五印之位置，下方之题识，融为一体，呼吸相通，而每一小印，其布局，其刀趣，亦复如是。至谓于某碑某帖决不揣摩，则是自道其后期之造诣。观其丙辰断食虎跑寺时之所临摹，则前期之揣摩固极端严格认真者也。

观文学家叶绍钧对弘一法师书法篆刻之评价，其"蕴藉有味""全面调和"之论，实在语多剀切。

弘一回到丰子恺家，丰子恺告知老师，他编的《中文名曲》一书里要选弘一法师的一些歌曲：《朝阳》《忆儿时》《月》《送别》《落花》《幽居》《天风》《早秋》《春游》《西湖》《梦》《悲秋》《晚钟》等约三十首。与弘一法师商定后，由上海开明书店付梓印行。其时已到年底。

弘一在丰子恺家常住，如同在寺庙里一样。丰子恺长期耳濡目染，从弘一身上学了许多做派，如声调低缓，经常无言念佛，一坐半日无语，衣着也是布长袍、黑布鞋，吃素食，以至上海朋友都说："丰子恺太像弘公了！"其实形神像弘一的，还有夏丏尊、刘质平等人。

九月二十日系弘一四十九岁生日，丰子恺说得清清楚楚，弘一法师生日后再过六天是自己的三十一岁生日，他感到，这之间，有一种灵性，有一种启示，有德行之光的普照。

弘一告诉丰子恺，出家人是不过生日的，你既然已准备了，那就在这里诵诵经"为生者消愆与死者加被，也就心安理得了"。

丰子恺问："弘师，再过六天是弟子生日，多年来受恩师的慈光、熏沐，我想也该做一个正式的佛弟子，您能为我授皈依吗？"

"很好，子恺，我也等待很久了。"弘一面上充满欣喜。

在生日那天上午，丰子恺将备好的香花果品在楼下钢琴旁的一张方桌上摆好，然后弘一说："我们讽诵《地藏菩萨本愿经》吧。"

丰子恺点燃香，插进香炉，香气缭绕之际，弘一拿出《地藏菩萨本愿经》，丰子恺也从书架上取下一本，二人合掌长跪，由弘一引领，唱起柔美悠扬的佛曲："炉香乍爇，法界蒙熏……"

讽诵《地藏菩萨本愿经》完毕，已到十一时，弘一说："子恺，我们举行皈依式吧。"说着，让丰子恺上香，二人再合掌长跪。弘一将早已备好的"说皈依文"展开，面向丰子恺念曰："今有中华民国浙江省崇德县信士丰仁子恺，于中华民国十七年九月二十六日正午，发菩提心，尽形寿，皈依三宝，永归佛道，并由沙门演音弘一，代表本师释迦牟尼佛，授予皈依，取法名'婴行'，而今而后，永志不渝——祈请诸佛菩萨慈悯纳受。"

弘一念完，依法授毕三皈依，又向子恺说："子恺，从今天起，你正式皈依佛门了。"接着有几则规矩，要居士谨记。

丰子恺虽皈依佛门，但未剃度，仍是居士，世俗生活不变。

弘一在丰子恺家为之办完皈依式之后，又在丰家住了两个多月。其间，丰子恺一直为《护生画集》积极设计绘制。大约至十一月，画集基本完成，夏丏尊着手接洽出版事宜。

弘一听说无锡的尤雪行又到上海，便在一个下午去看望。尤住在世界居士林三楼的一间小客房里，弘一进得客房后见南社老友尤雪行，尤雪行忙伏地顶礼，礼毕将弘一带进里屋。谢仁斋见弘一，也忙顶礼。弘一发现屋里摆着整理好的行李，似有远行之意。果然，二人准备到暹罗（泰国）弘法，船票已买好，明日出发。

弘一听到他们将去海外弘法，忙说："太好了，功德无量哉！"并表示也想与他们同去暹罗。

两位居士听罢，万分高兴，尤雪行道："法师慈悲，那就请回去准备一下吧。"

弘一回到丰子恺家，将准备去暹罗弘法之事告诉丰子恺，丰子恺认为恩师原本是一片浮云，弘法是其天职，表示支持，并打电话招来夏丏尊、刘质平，高高兴兴地为老师准备南下所需。

行前，弘一交代《护生画集》的出版发行事宜。

第二天清晨，丰子恺与夏丏尊、刘质平将老师送到黄浦码头，目送弘一法师、尤雪行、谢仁斋三位登海轮。

3

汽笛鸣响，海轮启动，弘一站在船舷处，合掌微笑……

海轮在海上乘风破浪两天后停泊在厦门，卸货、装货，旅客下船，小憩两天后再登船远行。

弘一到厦门大学创办人陈敬贤家中探望，他们曾在杭州有过一面之缘，陈敬贤起先学禅，后归净土，他听说弘一要去暹罗，忙说："那里是南传佛教国家，而闽南众生，迫切盼望弘公播一些佛粮。"

弘一沉默良久，说："我要与同去暹罗的二位居士商量，不然会令他们扫兴。"

尤、谢二人听弘一暂时不赴暹罗，请他们先行，有些失望，不过弘一留下对闽南佛教的发展也是一种推动，便不阻拦，然后二人乘船启航。

多年后尤雪行驻锡马来西亚，为法务演本法师；谢仁斋归国后，为寂云禅师。

弘一留在厦门，由陈敬贤介绍到颇负盛名的南普陀寺，因此有机会与太虚大师门下的芝峰法师相识。芝峰法师与大醒法师受太虚大师之命，主持闽南佛学院的教务。

弘一住在佛学院的小楼上，其间他参访了当地的佛寺，由几位相契的道友挽留，暂住厦门，不再考虑暹罗之旅。

己巳年（1929）弘一五十岁。

弘一首次到闽南，依然禁足、写经、念佛，整理佛学院的古本藏经，编目校正。如此，三个月便过去了。

弘一在闽南时，经子渊、夏丏尊、丰子恺、刘质平、穆藉初等人考虑弘一法师云水萍踪行无定所，身体时好时坏，又忘我念佛、诵经，还要在灭佛的风潮中参与保护佛教的活动，经商议并征得弘一的同意后他们决定在夏丏尊的家乡白马湖畔，觅地结庐三椽，作为弘一法师的念佛之所。弘一根据李商隐《晚晴》"天意怜幽草，人间重晚晴"，之"晚晴"，题该房为"晚晴山房"。

四月，弘一买舟回浙江，途经神州，与同路的佛教界名人苏慧纯居士下船游鼓山崖佛刹涌泉寺。该寺是著名佛刹，其藏书楼不乏古代珍本、手抄本。弘一整日流连其间，发现最古老精致的《华严疏论纂要》《尘华、楞严、永嘉大师集》，及《疏论纂要》《憨山大师梦游集》等近代珍本，大喜过望。在儒家因果律上说，这自然是功德无量的。

带着这些收获，弘一回到温州，又到白马湖畔"晚晴山房"小住，再到上海，请苏慧纯发心印《华严疏论纂要》二十五部。其中送中国学术界、佛教界十三部，另十二部送日本人保存。

日本出版家内山完造后来在所撰《上海霖雨》一书中，有这样的文字：

夏（丏尊）先生向我介绍这位和尚，我才知道他是弘一法师，他清瘦如鹤，语音如银铃……据说，他是中国戏剧革命先驱"春柳剧社"骨干，在东京演过《茶花女遗事》……直到今天为止，他油画的造诣，竟无人可及。留学回国后，他在浙江师范教音乐与绘画，后来以种种因缘出家为僧，多年来行云流水，居无定所……

当时我用日本话谈话，看他的神情，似乎一一都懂得，但他自己却像全把日本话忘了似的。

夏先生拿出一本律师所著的善本书《四分律比丘戒相表记》来，要我将此书三千册分赠希求者……这时律师说：还有一种《华严疏论纂要》的书，正在印制中，这书只印二十五部，想把十二部送给日本方面，将来出书以后，"也送到尊处，拜托你！"

他这样说，我也只好答应照办，我虽门外汉，听到印数只有二十五部，就知道是相当巨大的书，二十五部之中有半数送给日本。"那么送哪一个机构呢？"我问他。他说："一切托你！"在继续谈话之中，他说，"在中国恐怕不能长久保存，不如送到日本去。"据说，法师曾在福建鼓山发现这古刻的版本，这版本在现存的经典中，是很古的。日本《大正藏》里也没有，由此可见这部经书的珍贵了。

我谈到傍晚才回去，次日，弘一法师和夏丏尊先生及另外两三个朋友同到我的书店来，内人也见到他，当他去后内人曾说："听到那位比丘的话声，见到那样峥嵘的额角，便知道是一位高僧。"

数日以后，夏先生那里送来了《四分律比丘戒相表记》，我便分别寄赠东、西京两大学，以及大谷、龙谷、大正、东洋、高野山等大学图书馆。西京大学图书馆里有一位比丘籍书记，写信来说，这部表记是一部贵重的文献，希望能得一部，于是我又寄一部去，以后我一共送去了一百七十几部。

············

我因此奇缘，就将快出版的《华严疏论纂要》十二部，决定了赠送范围。

此后，我与弘一法师一直没有相会的机会，只替他代向日本购请过几次经典，可是第二次事变起（八·一三）连这点都不可能了。

不知他近来住在何处，一定正在苦修吧。每一想起，他的面容仿佛在我眼前，但愿他平安无恙，但愿久别重逢的日子快些到来。

我草此文的桌前，挂着弘一法师写给我的直幅，直幅上这样写着："一切有为法，如梦幻泡影，如露亦如电，应作如是观——《金刚般若波罗蜜经偈》。容完造居士供养。沙门一音。"

我对这幅字注视着，窗外但闻瑟瑟的雨声。

十月秋末，弘一再次到厦门南普陀寺，住在功德楼上。他为闽南佛学院在学的比丘提出"悲、智"，作为他修学的理想。悲者，是来修学的比丘，对世间生命的一种普通却深切的同情与怜爱；智者，是要求比丘性灵上明彻的烛照力，洞悉人间一切凡情，切断人我界线。弘一将这"悲、智"二字的精义，做成四字格言四十颂，写成条幅，供比丘学习。

是年年底，佛教改革者太虚大师来到闽南，为他创办的闽南佛学院的教务进行一番考察。弘一便与太虚大师、芝峰法师、苏慧纯居士一同去南安名刹"小雪峰"度岁。

太虚大师有诗记此行：

寒郊卅里去城东，

才过青溪便不同。

林翠荫含山外路，

蕉香风送寺前钟。

虎踪笑见太虚洞，

诗窟吟留如幻松。

此夕雪峰逢岁尽，

挑灯共话古禅宗。

弘一读后，点头微笑，苏慧纯称妙。

弘一比太虚大师大八岁，但太虚大师僧腊却比弘一大几岁。弘一一直视太虚为师，常念受其很多启示与感德之惠，对他恭而敬之。

时年四十二岁的太虚大师，知识丰厚，佛学渊博。但似不擅诗词。其诗《三实歌》谱系出自弘一手笔。小雪峰诗，也有弘一的才情。

在小雪峰，弘一度过这年春节。

庚午年（1930）弘一五十一岁。

正月十五，弘一下小雪峰到泉州城内承天寺，此时，性愿法师在该寺创办了"月台佛学研究社"。在这里住了三个月的弘一，依例为承天寺整理藏经，编定目录，得便时，还到研究社给其成员传授书法技艺。

春天来临，弘一再次云流，临行前，书联句：

会心当处即是，泉水在山乃清。

写毕，赠闽南名宿会泉长老。

五月初，弘一回到上虞白马湖畔晚晴山房，湖中吹来的柔和春风让他有些陶醉。

晚晴山房虽不大却环境幽雅，夏初，竹木青翠，杂花缤纷，弘一在房内精读并订正《南山行事钞记》及《律学名著》，但因晚晴山房尚未完全建好，加上湖畔湿气过重，他便移居附近的法界寺闭关。

五月中旬，正逢夏丏尊的生日，他从上海赶到湖水泛碧的白马湖看弘公。当日，他邀弘公与经子渊到自家"小梅花屋"吃素斋，因经子渊对佛教并无研究，席间为他准备了酒，他几杯酒落肚，便悲怆道："十二年前，我们在浙江一师还是青年人，那时的心境还是壮志难酬，而今弘一五十出头，我也过耳顺之年，如今新潮滚滚，我们还能有什么作为？人生，到头无非是一场悲剧。"说着，便呜咽起来。

弘一、夏丏尊听着这位教育界曾经的先进人物倾吐悲怆心曲，也不禁泪流满面。

素斋在无言中结束。经子渊带来一幅赠给夏丏尊的画，展看之后，弘一在画上补写《仁王般若经》的两个偈子，为夏丏尊四十五岁生辰之贺：

生老病死，轮转无际，事与愿违，忧悲为害；欲深祸重，疮疣无外，三界皆苦，国有何赖？

有本自无，因缘成诸，盛者必衰，实者必虚；众生蠢蠢，都如幻居，声响皆空，国土也如！

五十岁过后，弘一在佛学上的思想方法与佛学的实践范畴参考《弘一大师传》，可归纳为：

一、华严学：一直是他研究佛学的中心，其《普贤行愿品》则是本经的灵魂，弘一的行愿，便是由华严引申而来的。

二、南山学：是他秉承南山道宣律师的遗绪，从事现代律学的整理与开创新的境界的基础，他以自身做试验，从事律学的行持与律学是用以自律的，并以教人修身的典范。

三、念佛哲学：乃是其从事佛道的实践方法，上追灵峰蕅益大师，有《寒笳集》之逻辑，近代则宗仰印光大师，以现身誓证"念佛三昧"为目标。作为生活上的准则，他时时口中不离佛号。行脚任何一地，都发心与世缘断绝，闭门深修。

弘一在距白马湖较近的法界寺静心修行几个月。宁静的桃花源式的生活，让他与法界寺结下了不解之缘。

到了深秋，临县（白湖金仙寺）十月中旬将由天台名家静权法师主持，开讲《地藏菩萨本愿经》。金山寺的方丈，是太虚大师门下的亦幻法师，亦幻法师和弘一一样，也是一位知识分子，经过芝峰法师的介绍，二人相识，并成了志同道合的朋友。

弘一经过两天的跋山涉水，步行到白湖金仙寺，他未惊动亦幻法师，悄无声息地住下来。作为一个游方的和尚，弘一与寺里的僧人一样粗茶淡饭，住简陋僧舍，也与僧众一同到大殿念佛诵经，与别人不同的是，他埋头于修道参学。

由于他精研《华严经》，加上有一手软而绵劲的好书法，在金仙寺，他从《华严经》上摘下联偶三百，连缀完成。然后集成《华严集联三百》，交学生刘质平拿到上海付印。

该集联中，有四言，如：

令出爱狱，永得大安。

五言：

言必不虚亡，心离于有无。

自性无所有，智眼应不周。

七言：

我是无上菩提本，佛为一切智慧灯。

八言：

如来境界无有边际，

普贤身相犹如虚空。

细读集联文句，平仄韵脚，自然天成，字字如珠，句句似玉，读者在阅读雅典精妙集联文句与欣赏书法中，能欣然深入"华严世界"，引字入佛的因缘，成为播撒入佛的种子。对僧侣也是学习"华严"的台阶。

242

弘一在白湖金仙寺，每天饭后总要朗声念几卷《普贤行愿品》为众生回向。他那如玉相击的玱玱之声，节奏徐缓有致，在寺内飘飞，偶尔传到僧侣的耳内，似摄住灵魂般，让他们想继续听下去。于是在他念经时，有不少僧侣会聚精会神地倾听，直到经声停止。

常听弘一诵经者，便有寺内住持亦幻法师，他几乎一天不落地驻足倾听。

一晃，就到了金秋十月，寺里迎来了天台山的静权法师。十月十五日晚上，静权法师开讲《地藏菩萨本愿经》。

弘一为了追念母亲，每逢母亲忌日总要念一日《地藏菩萨本愿经》为母超度。今有机会聆听静权法师讲《地藏菩萨本愿经》，他在暮色将尽之时，身穿袈裟，走进大殿，择地而坐。

大殿烛光高照，静权法师身着朱色袈裟，稳稳走上法座，座前的众僧鸦雀无声，脸上有悲凉之色。

静权法师似身入幽冥的地藏菩萨，用低沉的方言念道：

> 佛告定自在王菩萨……有佛出世，名清净莲华目如来……缘法之中，有一罗汉，普度众生，因次教化，遇一女人，字曰"光目"，设食供养，罗汉问之，欲愿何等？
>
> 光目答言："我以母亡之日，资福救拔，未知我母，生处何趣？"……尔时罗汉，即无尽意菩萨是；光目母者，即解脱菩萨是；光目女者，即地藏菩萨……

静权法师诵的是《地藏经》中"阎浮众生业感品"中的一节故事，然后他讲，女性生儿育女之苦，蒙受悲惨境遇，母亲用血和泪培养一个人，到头来，所得的报偿，总是一场空之。讲到此处讲台下有痛哭之声在大殿回荡，静权停讲，发现哭声来自前排一个角落。在场的寺内僧人，见是新来寺挂单的弘一法师。

听静权法师讲到母亲为子女牺牲一切的伟大情怀，他自忖没有好好孝敬母亲，不禁悲从中来，放声痛哭。

事后，弘一在寮房写下蕅益大师的警语，贴在桌前，抬头可见，文曰：

> 内不见有我，则我无能，外不见有人，则人无过；一味呆痴，身自惭愧；劣智慢心，痛自改悔。

年底冷雨寒风，弘一无法受风霜之苦，告别白马湖，回到温州城下寮。

辛未年（1931）弘一五十二岁。

初春，弘一在白马湖患上疟疾，备受折磨，无药无医，甚至一心求死。最后病魔败去，身体已憔悴。

后夏丏尊与他同到宁波，弘一挂单白衣寺，夏丏尊住在甬江旅社。第二日夏丏尊带来一位朋友，到白衣寺云水堂见弘一。

双方见面，沉默片刻，弘一认出这位两鬓挂雪的中年人是浙江一师旧人钱均夫。他向弘一合掌："弘公是云水芒鞋，游踪不定，知你来白衣寺，特来拜望。"

弘一笑曰："听说均夫已皈依了三宝？"

均夫："还不是受弘公的感召。"

244

弘一："宁波有件盛事，一是谛闲法师在观宗寺讲经；二是禅宗大德虚云老和尚，从云南来驻锡在天宁寺。谛闲法师讲经，值得聆听，虚云高僧值得瞻仰。"

不久，二事皆实现。

弘一一直有一个愿望——弘传《南山律学》，为此他决心在春寒飂戾中北上。

回到白马湖，晚晴山房仍未完工，他便挂单法界寺，专修《南山律学》。

很久以来，他一直有把律宗从混乱中拯救出来的打算。

正好，在辛未年的夏秋之交，介于宁波与余姚之间的慈溪境内有名刹五磊寺，往来该寺的佛界人士很多，来这里有缘弘扬律学的高僧也不少，如亦幻法师。弘一到该寺与住持栖莲和尚达成共识：以五磊寺为根据地，从小规模做起，精研律学，然后建立"南山律学院"。

亦幻法师作构想，然后请各方面予以支持，他们决定由弘一出面主持律学讲座。

弘一脚踏实地去做准备，自己也愿意讲律学，但名不愿自己背。且在五磊寺佛前发愿：决定以三年为期，集中演讲律学三大著作：《行事钞资持证》《四分律行宗记》及《羯磨疏随缘记》，以在僧界营造一种重律严戒的风气。此后弘一便经常往返于白衣寺、五磊寺、金仙寺。

后亦幻法师、栖莲和尚到上海，有佛界著名护法朱子桥居士募集资金，在沪他们又巧遇白衣寺住持安心头陀，其出资银币千元，支持弘一弘律心愿。

"井冈山律学院"筹建中，栖莲等违背弘一建学院精神，以弘一之名，企图拜着薄缘，向各界索钱，还要当学院院长。

弘一认清栖莲和尚的丑陋面目之后，挥泪离开白衣寺，再不见栖莲。从此白衣寺门外便留下一块"南山律学院筹备处"的木牌，无言地在众人的嘲笑中风雨飘零。

此事让弘一一直心神不宁，后来在他的回忆中，有这样的文字：

　　我从出家以来，对佛教向来没有做过什么事。这次使我能有弘律的因缘，心头委实很喜欢的，不料第一次便受到了这样的打击，一个多月未能成眠，精神上坐立不安，看经、念佛都不能平静。照这种情形，恐怕一定要静养两年不可了。虽然，从今以后，我的一切都可以放下，但对我讲律的事，当秉持初志，尽形寿不退！

这一年，弘一在弟子刘质平的劝请下，写了《清凉歌》词：

清凉月，

月到天心，光明殊皎洁。

今唱清凉歌，心地光明一笑呵！

清凉风，

清凉解愠，暑气已无踪。

今唱清凉歌，热恼清除万物和！

清凉水，

清水一渠，涤荡诸污秽。

今唱清凉歌，身心无垢乐如何？

清凉，清凉，无上，究竟，真常！

歌词优美、爽丽。后由刘质平谱曲，经反复修改后，于1936年面世。

《清凉歌》词的白话文，由厦门闽南佛学院的芝峰法师执笔，弘一致其信曰：

音今春以来，疾病缠绵，至今犹未复原，故掩室之事，不得不暂时从缓。前到金仙寺访亦幻法师，藉闻座下近况，至用心慰。音因刘质平居士谆谆劝请，为撰《清凉歌》第一辑，歌词五首，附录奉上，多教正。歌词文义深奥，非常人所能了解，须浅显之注释，注解其义。音多病，精神衰颓，万难执笔构思。且白话文字，亦非音之所长，拟奉恳座下慈悲，为音代撰歌词注释，至用感祈……

此信是在白马湖时所写。

壬申年（1932）弘一五十三岁。

弘一春、夏、秋三季，云流浙东沿海各地寺庙。

八月，弘一至白马湖，居法界寺。

大约到九月，闽南的广洽法师来信邀弘一到厦门过冬将息，弘一准备前往，但发生"一·二九"事变，日本侵华箭在弦上，受夏丏尊、丰子恺劝阻，弘一再回宁波。挂单伏龙寺，不久又回到白马湖。

在白马湖，弘一仍不忘弘律，为寺僧讲了半个多月的律学。不料，入秋弘一又患了一场病，病愈，于十月告别风景如画的浙东山山水水，买舟去往闽南。

弘一抵达厦门，虽已是十一月的初冬，但这里仍然温暖如春，三角梅开得正艳，石榴已结出硕大的果实，正如他给朋友写的信中所说："厦门榴花盛开，结得很大果实，人们犹着单衣……这与平津八月天气相仿，榴花、桂花、白兰花、菊花、山茶花、水仙花同时盛开。"

弘一的心情也由冬季到了春季，身体也健康起来，他住在曾挂单的万寿岩。

但滑稽的是，遥远的上海，一家报纸竟然出一则这样的消息："中国艺术大师——李叔同，弃俗为僧后，与世人隔绝，修梵行，于日前在闽南山中圆寂……"

这一"不幸"的消息，是由弘一的侄子李晋章在信中告知他的。弘一想起三年前上海一家报纸就曾有过李叔同逝世的消息，并云中国艺术界遭受巨大损失云云，他怡然一笑。

弘一在万寿岩编辑《地藏菩萨盛德大观》，纪念"地狱不空，誓不成佛"的地藏王菩萨的慈悯精神，后到中山公署旁妙释寺讲"人生之最后"。并根据佛家"净土宗"处理人生最后那一课的方式，写了一本小册子，他告诉学佛者，要放下身外之物，一心念佛，往生极乐世界。佛家对于"死"看得比"生"更重要。弘一在讲"人生之最后"时，提出古人的格言："我见他人死，我心热如火；不是热他人，看看轮到我。"死，人生之大事，不可须臾忘记。

第十二章

泉州童子荐韩偓，
厦门嘱办修正院

莫听声声催去棹，桃溪浅处不胜舟。

——唐·王之涣《宴词》

1

癸酉年（1933），弘一五十四岁。

弘一于正月初八日移居妙释寺，该寺僧人慧德及性常法师把房间供养给弘一安居。

正月十一日，弘一为念佛会讲《改过实验谈》，坐定之后，他侃侃而谈：

今值旧历新年，请观厦门全市之中，新气象充满：门户贴新联，人多着新衣……我等素信佛法之人，当此万象更新之时，亦应一新方可，我等所谓"新"者何？亦如旁人贴新春联着新衣等以为"新"乎？曰：不然！我等所谓"新"者，乃是改过自新也。但"改过自新"四字，范围太广，若欲演讲，不知从何说起。今且就余五十年来改过所实验者，略举数端，为诸君言之……即是以下所引诸书，虽多出于儒书，而实合于佛法。因谈玄说妙，修正次第，自以佛书，最为详尽。而我等初学之人，持躬敦品，处事接物之法，虽佛书中亦有说者，但儒书所说，尤为明白详尽，适于初学。

讲过《改过实验谈》当夜，弘一梦见自己化作一美少年与一儒者同行，忽闻有人诵读《华严经贤首品》的偈语，凄楚而动人。后他与儒者返回，见道上有十几人席地而坐，一操琴者与一长髯老人作歌，老人席前放一纸，写有《大方广佛华严经》的经题，知老人正在以歌说法，弘一向其表示敬意，并要加入这一行列，问："此处可有空容纳我们？"

老人曰："喏，两头皆是虚席，请坐。"

二人正欲脱鞋入座，忽然弘一梦醒，只记住几句凄楚的偈语，遂研墨挥笔写下梦中偈语：

菩萨发意求菩提，非是无因非有缘；

于佛法僧生净信，以是而生广大心。

不欲五欲与王位，言饶自乐大名称；

但为永灭众生苦，利益世间而发心。

常欲利乐请众生，庄严国土供养佛；

变持正法修诸智，证菩提故而发心。

深心信解常清净，恭敬尊重一切佛；

于法及僧亦如是，至诚恭养而发心。

深信于佛及佛法，亦信佛事所行道；

及信无上大菩提，菩提以是初发心。

弘一记下此《发心行相五颂》，恭敬书写于纸上，赠予法侣广洽法师，又写跋文记梦中故事。

弘一说，此乃他到闽弘律的心灵反应。

得到梦中启示，不久，弘一便在妙释寺给年轻比丘讲《四分律戒本》。他说："一个人求学难，而有个好的求学环境更难。此次讲《四分律戒本》，是弘扬律学的第一步。"接着他说："我的业重而福薄，只望诸位同道能共同肩起南山道宣律师的法幢。"

癸酉年正月，弘一在厦门竹园接见虞愚，他以幼年书法呈阅虞愚，为其题二偈，并加题记赠送年二十四岁的虞愚。

偈一云：

文字之相，本不可得，以分别心，云何测度？若风画空，无有能所。如是了知，乃是智者。

偈二云：

竹园居士，善解般若。余谓书法亦然。今以幼年所作见示，叹为玄妙。即依是义而说二偈，质诸当代，精鉴赏者。癸酉正月，无碍。

癸酉春，虞愚应太虚法师之邀，担任闽南佛学院"伦理""国文""常识"三门功课教师，并与寄生法师合编《厦门南普陀寺志》。1935年，毕业于厦门大学的虞愚参与发起筹备中国佛教学会厦门分会，其后他修佛学，皈依高僧印光法师，与弘一法师亲近，受其影响颇深。

笔者与虞愚先生有过一段交往：二十世纪五十年代，在北京六十六中学读高中时，我的语文老师林逸君是虞愚先生的夫人。他们的两个女儿又是我的同班同学。得林老师厚爱，我常到其家请益，与虞先生也熟稔。他是佛学家、因明家、诗人、书法家，当时他任职于中国社会科学院哲学所、文学院研究院，兼任国务院古籍整理出版规划小组成员。我常听虞先生讲起弘一大师，其书法得弘一大师真传。他绘声绘色地给我讲起弘一大师对佛学及书法的贡献，引起了我对弘一大师的兴趣，我因此开始阅读有关李叔同的书籍，广览其书画及篆刻。

数日后，弘一又到妙释寺讲律，二月初八重回万寿岩，四月在妙释寺两次讲律，并为智上人篆刻"看松月到衣"印章。

在温暖秀丽的闽南，弘一一如往常，回避各种应酬，拒绝朋友宴请，他冲淡、空寂、独来独往于鹭江风景如画的山水间，如闲云野鹤。

到癸酉十月，弘一致信夏丏尊，云：

> 唐韩偓墓在泉州城外，远托高文远居士编《韩偓评传》一卷刊
> 行。《韩内翰别集》，上海古书店如有存者，乞购一部惠施，而且很
> 佩服诗人的忠烈。

后来，高文显发现了一首诗，证明韩偓的爱国忠魂，而不是像亡国
商女那般作艳诗者。高文显发现的是韩偓一首写亡国人的哀歌：

> 微茫烟水碧云间，拄杖南来渡远山。
>
> 冠履莫教亲紫阁，衲衣且上傍禅关。
>
> 青邱有路蓁苓茂，故国无阶麦黍繁。
>
> 午夜钟声闻北阙，六龙绕殿几时攀？

此诗是韩偓在惠安松洋洞所作，但《全唐诗》未予收录。弘一将之
录于中堂，以此纪念这位爱国爱民的诗人。

韩偓诗的内容是爱国爱民的，也有不少是有禅意的、唯美的。

高文显在弘一第三次到厦门时，还是同文中学的初二学生，寄宿于
南普陀，因缘巧合，十五岁的高文显与四十九岁的弘一有了一面之缘。

1932年，弘一又到厦门南普陀时曾问起高文显，得知他已是高中生
了，便传见他，并为他命名"胜进"，赠他对联"语言无所著，智慧不
可量"，以勉励之。

高文显后来回忆此事时说："那时（1932）适我因为厦门大学的学程
还未结束也寄居在南普陀寺内，而法师则在寺前的功德楼上。"在《弘

一大师的生平》一文中，高文显还回忆："当癸酉小阳春的时候，他（弘一法师）曾坐车经过西门外，在那潘山的路旁，蓦立看晚唐诗人韩偓的墓道，看到墓道他惊喜若狂，对着这位忠烈的爱国诗人便十分注意起来，他与韩偓很有缘，而且很佩服诗人的忠烈。"

到甲戌年（1934）七月，弘一在厦门创办南普陀佛教养正院，住在寺后山晋水兰若。二十日撰《拟定佛教养正院教科用书表》，以奉高文显，养正院在甲戌秋季招生开学，他委任高文显为养正院讲师。

丙子年（1936）弘一在厦门，路过一院，见其门上有对联："一斗夜来陪汉史，千春朝起展莱衣。"联文及笔墨精妙，他甚是赞赏。回寺后，即致信高文显：

> 未知是古诗句，或其自撰。幽秀沉着，洵为佳句。书法也神似东坡，其地址如下记（略去）仁者暇时，可往一阅，能询其撰书者何人，则至善矣……余至南闽八年，罕见有如是佳联，足与南普陀山门"分派洛伽"一联相媲美也。

弘一的书法造诣，书法界甚为推崇，特别是他皈依之后自创斧凿而至天成的"弘一体"。其至纯至淡的韵味，已如幽香弥漫雅室，"圆润含蓄，疏朗瘦长的结体，给人以大智若愚，大巧若拙，和颜悦色"之境。又如一股清泉，滋润人的心灵，净化人的意念，提升人的精神境界。"弘一体"形式之美在于恬静与内敛，风格之美在于劲健与平淡，意蕴之美在于悲境与尚意。

极具美学价值的弘一体书法，是在借鉴汲取中获得的瑰宝。他从不傲视前人书法作品，总是虚心学习，给高文显的信就是最好的证明。在信中，他高度评价"分派洛伽"一联，此联曰："分派洛伽开法字，隔江太武拱山门。"其撰书者为闽派诗歌领袖，近代文学家，比弘一略年长一些。

弘一有审美气质，修佛后更具有了博大的审美观，美伴随他的修行。

戊寅年（1938）三月，弘一从惠安科山寺给高文显致信：

> 前函所云工作忙迫等，案用功之人，每日应有数小时运动及休闲。又星期日一天，亦应休闲。如是则身体精神乃能健康。偓传，俟年假时再继续撰述，迟缓无妨，大学课业多忙，若以余暇致力于此，恐身心将受大伤也。

从1933年起，弘一托高文显居士编《韩偓评传》，到戊寅年（1938）已有五年，他很关注高文显编此书的进度，更关注有教学任务的高文显的身体，高文显利用余暇编《韩偓评传》，辛勤付出，弘一叮嘱他要加强锻炼，注意休息，切莫因此伤身。一位大高文显三十四岁的长者，对晚生的关爱，溢于言表。

只可惜，高文显写的《韩偓评传》甫一完成便将书稿寄给开明书局，三年后开明书局的一场大火将书稿化为灰烬。

是年初冬，广洽法师为弘一法师造像。丰子恺在像上赋诗后石印分赠净侣们。诗曰：

> 广大智慧无量德，寄此一躯肉与血。
> 安得千古不坏身，永住世间刹尘劫。

广洽法师，即是抗战后在星岛主持蒉卜院、监理弥陀学校者。

不久，弘一受乡间草庵寺住持邀请，由传贯法师陪同到那里过冬。

性常法师也由厦门到此，共度残冬。

除夕时，弘一在草庵寺意空楼佛前，为二位法师选释《灵峰蕅益祭颛愚大师爪发钵塔文》。

这是一篇充满了对社会世情及人性分析与批讽的文章，为便于读者了解，略去原文，引用陈慧剑《弘一大师传》中的白话文注释：

啊！人与人间，不难相爱，而难于相知；如师者（颛愚）真是知我（蕅益大师自称，下同）的人了。世间即使有极少数相爱的人，而志同道合，情操砥砺，我虽不敢与大师崇高的德行相比，但有三项自律，尚无违背。这三项便是：崇尚质朴，不务虚文，不苟合时流。注述经论，持赞戒律，不挂羊头卖狗肉。甘于淡泊，甘于寂寞，而不愿受到盛名的羁累！啊，以佛门的德学师，而我又蒙到如许相知相爱，心灵如此投契，令我终身难以忘记！

师在佛道上，所证的功夫深浅，不是我能想象；但师之生平，令人最倾心处，现在写下来，以志不忘。

"当今知识界，极少不被名牵，不为利诱，不依恃权贵与声望。但如师能自守而又自爱者，世间不知能交几人？

"当今知识界，极少不玩弄鬼魅伎俩，浮薄肤浅，其行为令人惊异万分的；能如师之平实稳重地做人，世间又有几人？

"当今知识界，不以华服盛装取悦于人，那种放浪形骸，目空一切的恣情大意，能如师破衫草鞋，茅屋上阶而栖者，又有几人？

"当今知识界，极少不同流合污，而他们又美其名曰权巧方便，慈悲随俗，如师不作鸡口牛后，甘受世人讥为老迂腐者，又有几人？"

因此，世人只要受到师的高风所拂，顽夫无不廉，懦夫无不立，如伯夷自甘于首阳山饿死，正是他的人格清标所在，这是一般投机取巧、身虽活而心已死的人物所能比拟?

蕅益每慈佛陀正法，一坏于道听途说，入耳出口的狮子身虫;再坏于色庄严而心腐烂、羊其质而虎其皮的佛门败类;他的老子杀人，儿子便要行动，父子效尤，有何事不可为?

师的爪、发、衣、钵，如今侥幸存留，而师的德行道风也不灭，后来人如果受师德所被，能有继师而起，并挽狂澜于末世的人吗?

弘一作为在当时有影响的知识分子，对当时一些知识分子的丑陋人性，进行了入木三分的揭露和彻底的批判，也让当下的文人警觉，这篇文章的作用远超过弘扬佛学。

癸酉岁晚，弘一大胆突破藩篱，与性愿法师共同创办梵行清信女讲习会，尽力教化女性信佛者"菜姑"，梵行清信众女，因这些女性对佛法很难洞解，为提高她们的佛学水平，弘一和性愿法师创办梵行清信女讲习会是十分必要的。

弘一在《梵行清信女讲习会规划并序》中说:

> 癸酉岁晚，余来月台随喜佛土法会，复为大众商榷斯事。承会泉、转尘二长老欢喜赞叹，乐为倡助，并属不慧为出规则，以资率循。爰据见，相陈其概。未能详尽耳。十二月八日，沙门演音书。
>
> 俗云菜姑，亦云贞女。菜姑之名固有未当，贞女之名亦滥俗称。据《大智度论》有五种五成优婆夷，第五名断淫优婆夷，正属今称清信女。清信女者，优婆夷译意也，然其文字犹非雅驯。号召未便，兹以私意定名曰梵行。(摘自《弘一法师年谱》)

得到会泉、转尘二位长老的支持后，他们拟在承天寺开展对"菜姑"的教学活动。先办"晋江梵行清信女讲习会"，由弘一代拟规则。

癸酉腊月初八，弘一在泉州承天寺拟定了《讲习会规则》，共六条，此处省略，弘一在《讲习会规则》后，有一段说明文字：

> 此规则甫撰就时，曾就正某师。某师谓教导女众罕有实益、易致讥谤，劝中止此事。窃尝反复审思。某师之言，因属正见。然若办理如法，十分谨慎，力避嫌疑。例如，教师须延老宿，听讲不须对面（学者东西互向，教师一人面佛）。课余不许闲谈，寄宿应在寺外。此皆某师所深虑者，今能一一思患预防，格外慎重，庶几可以免讥讽乎。谨述某师忠告。并赘述拙见，以俟有道匡正焉！

为女性向佛者提供佛学补习教育，此乃佛学教育之新生事物。弘一倡导并谆谆善导。其过程也是弘一淬炼心智，净化灵魂，超越自己的修行。

257

2

甲戌年（1934）弘一五十五岁。

自除夕弘一在草庵寺意空楼佛前，为传贯、性常两位法师选释《灵峰蕅益祭颛愚大师爪发钵塔文》后，继续为这里的青年僧人传戒，揭示"自律"对修行的意义与精神。

正月初，草庵寺养蜂四匣，弘一常往蜂箱观看蜜蜂忙碌采蜜归巢的景象，一天忽见蜂箱外有百多蜜蜂死亡，他心中悲悯，忙命僧侣细心查看，询问蜂农后才得知是蜜蜂误吮山林中毒花之蜜，中毒而死，弘一与诸僧施解毒之法，并为死亡的蜜蜂超度，用慈心护佑回向亡蜂。

正月二十二日，弘一致信夏丏尊云：

余所居乡间草庵，养蜂四匣，昨日因误食山中毒花，一匣中死者百数十，今日余与诸师行施食法，超度此亡蜜蜂等。

修佛者，以护生的大人格，虔诚地守护广天之下的生命生灵，慈心广阔的善行，就是广泛地护救众生万物，尤其是弱小的生命。做小事，修行与修心，莫因善小而不为。普世之中，弘一超度亡蜂，也是度人，表现出了大慈悲心与博爱心。

"护生"就是"护心"。"护生"，能启发广博的慈悲心，明善恶因果，获得喜悦。

佛是修行，是修心。佛又是觉悟，是慈悲心，是菩提心。

弘一为亡蜂超度，让我们明白佛是一个时空范畴，从时间来讲，来到这个世界，你就是佛，从空间上讲，慈悲与喜悦你就是佛。

正月十五日，厦门一贫童武彝，施舍一元钱请宋《碛砂藏》。弘一闻之，有感其事，在草庵寺写了《记厦门贫儿舍资请宋藏事》一文。

258

（民国）二十二年（1933）夏历六月，厦门妙释寺募资乞请宋《碛砂藏》，既已倡布，于十五日，有贫母携儿诣僧房中，舍资一圆，谓愿以此助请宋藏。何人施？曰：小儿施，问：是一圆何因而得？曰：曩母常持一钱给儿，自求所须，儿不糜用，乃以聚贮。母教之与，绵历岁时，始为暂盈一圆，久置儿怀，视若球璧。今日待母诣寺礼佛，闻他人言请宋藏，欢欣舞跃，叹为胜缘，遂舍所宝而随喜。儿衣敝衲，赤足无履，未及童年，名武彝。

弘一出家后，关注青少年，以慈悲之怀助其健康成长。而弘一每作文，多是真实记录身边所见所闻，其明白晓畅，冲淡质朴，却有深意。

一心修佛，读经念佛，多记其事，即是记录修行状况，以小见大，对善事善行加以表彰，也是留给历史的活生生的印记。

甲戌二月，弘一应南普陀寺住持，闽南佛学院院长常惺法师和退居会泉长老之邀，来厦门整顿学院僧教育。

僧教育不断改革，学院的学制和教学内容也要进行改革，以适应佛学教育的发展。但南普陀寺住持常惺不经常住寺院，便请弘一来学院整饬僧教育。

弘一在《南闽十年之梦影》一文中说：

> 民国二十三年（1934）二月，又回到南普陀寺。当时旧友大半散了……我这一回到南普陀寺来，是准了常惺法师的约，来整顿僧教育的。后来我观察情形，觉得因缘还没有成熟，要想整顿，一时也无从着手，所以作罢了，以后并未到闽南佛学院去。

弘一办事总是实事求是，从不好高骛远。比如，僧教育一直是他的理想，他对此也有独特的见解，如在七月十四日给瑞今法师的信中，他就根据儒学思想、人生哲学提出要塑造品德端方、知见纯正的佛教僧才的理念。

甲戌二月三日，弘一在《行脚散记》中曾记录了到厦门的情形：

> 1934年3月17日，（甲戌）二月三日之厦门南普陀寺，开讲《四分律行事钞资持记》，为书弘律愿誓句，并记二月余行事。

后又讲了关于僧侣养生的方法及洁身自爱的要诀《盗戒》。

不久即隐居寺后的晋水兰若开始清校从上海请到的一部日本的《大

正藏经》中的"戒律部"的文字，并为《随机羯磨疏》撰写了序文。

《随机羯磨》，目前流传的，有"敦煌石室古写本""旧宋藏版本""宋藏本""元、明藏，宋碛石藏，清藏，明清别刊"等多种版本。可是宋、元各藏错脱极多，明藏校正，也有妄改，只有高丽藏最为完备。天津徐蔚如居士参阅多种版本，互相考订，并以高丽藏为主，采他藏之长，根据《道宣律师疏钞》及《灵芝记》为指引，历一年多，成此本，一证古书之误，便于初学人研究……

我今天以奇缘，有幸读新校订本，真是欢喜万分，叹为稀有，并且愿意尽未来际，誓舍身命，竭尽心力，广为发扬，更愿后来学人，诵读此书，珍如白璧，讲说流传，万世不息，使律学发扬光大，常耀人寰……

260　　弘一隐居兜率陀院晋水兰若。每天只一餐，每餐一菜，但他每次考订佛经的典籍或佛经的新知识时，在精神上都甚为充实愉悦。

3

甲戌二月初五，是弘一生母王氏忌日。丰子恺说：

故关于他的母亲，曾一皱眉，摇着头说："我的母亲——生母很苦！""他非常爱慕他的母亲。二十岁时（实为十九岁——引者），陪母亲南迁上海，住在大南门金洞桥畔一所许宅的房子——即所谓的"城南草堂"，肄业于南洋公学，读书奉母，他母亲在他二十六岁的时候，就死在这屋里。他自己说"我自二十岁至二十六岁之间的五六年，是平生最幸福的时候"。此后就是不断的悲哀与忧愁，一直到出家。

丰子恺的记忆有误，李叔同在日本求学，在戏剧、美术方面大有成就，又获得爱情，并非"不断的悲哀与忧愁"。

甲戌年四月二十一日，又逢弘一生母的生辰。他念及生母的养育之恩，常追念生母，他对地藏菩萨深信不疑。逢生母生辰忌日总写经回向，祈生母得见诸佛，往生极乐。

四月（甲戌三月）弘一曾为大醒法师撰《地藏菩萨本愿经说要序》：

> 余以暗愚，获闻大法，实由地藏本愿摄之。蕅益《宋论》导之。战战兢兢垂二十载，常念慈恩，未尝一日忘也，去岁大醒法师曾辑《蕅益大师集》。即已付刊，今复赍示《地藏菩萨本愿经说要序》草稿，殷勤三复，不胜庆跃，为述昔缘，以证志同道合焉，岁次甲戌三月，晋水尊胜院沙门音。

从四月到七月，闽南雨季，闷热潮湿，正是结夏时节。弘一偶尔到寺外的山林走一走，任小雨飘洒，脚下的僧鞋湿透。他踩在石径上，慢慢前行，回味起宁静淡泊的苦行僧生活，他总会想起孔圣人的话："回也，一箪食，一瓢饮，在陋巷，人不堪其忧，回也不改其乐，贤哉回也！"

甲戌七月十四日，正是闽南最热的时节，对僧侣教育考虑成熟的弘一写信给南普陀寺瑞今法师，函云：

> 弘一提倡办小学之意，绝非为养成法师之人才。例如，天资聪

颖，辩才无碍，文理精通，书法工秀等。如是等绝非一所希望小学学僧者（或谓小学办法，第一须求文理通顺，并注重读诵等。此乃养成法师之意与弘一之意不同）。

弘一提倡之本意，在令学者深信佛菩萨之灵感，深信善恶报应因果之理，深知如何出家及出家以后应作何事，以塑造品行端方、知见纯正之学僧。至于文理等在其次也。儒家云"士先器识而后文艺"，亦此意也。遂书拙见，以备采择。

其实，弘一在《南闽十年之梦影》里，说明了对僧教育之看法：

讲到这里，顺便将我个人对于僧教育的意见，说明一下……我以为无论哪一宗、哪一派的学僧却非深信不可：那就是佛教的基本原则，就是深信善恶因果报应的道理——善有善报，恶有恶报；同时还须深信佛菩萨的灵感。不仅初级的学僧应该这样，就是升到佛教大学也要这样。

从这里，我们清楚地看到弘一的僧教育主张，他认为应从启蒙教育入手，从小就进行僧教育和好行为培养。正本清源难，于是弘一有了创办新的佛教小学的主张，为此他创办了与之相匹配的"佛教养正院"，弘一任院长，并聘瑞今法师为主任，广洽法师为监学。

叶圣陶曾云："什么是教育？简单一句话，就是养成良好的习惯。"

经过四个月的紧张筹备，"养正院"正式成立，学制三年。

甲戌七月二十日，弘一在晋水兰若为养正院拟定《教科用书表》，高文显任养正院教师。

结夏之后的八月，弘一开始研究律家著作——清初见月大师的《一梦漫言》。这原是一本传记式的小书，但弘一一读便爱不释手，以致废寝忘食。读到兴奋时，他便随手在书上写下眉批。甚至把书中主人公的行迹画成地图，以便后来的读者了解生于明、寂于清的见月大师的一生。

弘一初读《一梦漫言》以为这是时下雅士写的一本佛学散文，但读下来方知是清初宝华山见月律师自述行脚的小传。他每天捧读，忘记了酷暑，不计较蚊虫叮咬。读到高兴处，还会放声朗读，动情时则泪流满面，这是他出家多年少有的情感波澜，澎湃于胸，不能自已。

但读到见月皈依以后的行脚时，他不再在书中绘图和眉批，可见他作为一个出家人对佛的敬畏。

或许是读《一梦漫言》的缘故，或许是受到南山和见月两位大师的感染太深，弘一从春到秋，一直沉浸在见月的故事里。

弘一早在考订《随机羯磨疏》时，曾从经目中看到过《一梦漫言》。等读起之后，感到缘臻深。纵观见月大师生平，可用一个"严"字概括，即对人、对事、对己从严要求，甚至过于苛刻。弘一认为，当下的俗界，特别是知识分子，往往以"权巧方便""此被随俗"为借口，同流合污，没操守，没骨气。出家人也戒律不修，僧格委地。对世俗知识分子的堕落他只有叹息，不愿说一句闲话，只能以深沉智慧的目光看世间，看世情。而对佛界，对佛门戒律不修的现状，他却不能容忍。对"佛门不整，佛法陵夷"之现状，他以严修戒律而拯救。

弘一的悲情，化为戒律上的苦行为自身的沉默。这一点，他认为与见月大师有几分相似：待人严，待己更严。不放在嘴上，而体现在行动上。

见月大师的这部《一梦漫言》记述了修行者的坎坷经历，书中真实地记录了大师的心路历程，深深打动了在修行路上奋力跋涉的弘一。他在书中作眉注及考舆图，绘成"行脚图表"，别录《行脚略图表》，并撰

263

《一梦漫言》跋。

见月大师（1601—1679），明末清初著名律学高僧，僧名释读体，字见月，俗姓许。他被佛界尊为律宗升华派之祖。他生于云南楚雄，十四岁父母双亡，后曾为道士，阅读《华严经》后，舍道入佛。三十二岁，依云南宝洪山亮如法师剃度。为求戒法，他不畏艰难险阻，两渡长江，历时六年，后住持江苏镇江句容市宝华山隆昌寺三十载，弘扬律法，革除流弊，使行事仪轮，皆本戒律，其弘戒律经年，守戒弟子逾万人，对律宗的振兴贡献颇大。其著述及弘律弘戒的成就受到佛界肯定。

弘一在《一梦漫言》序中说：

师一生接人行事，毕成胜于思。或有疑其严厉太过，不近人情者。然未世善知识多无刚骨，同流合污，犹谓权巧方便，慈悲顺俗，自以文饰。此书所述师之言行，正是对症良药也。儒者云："闻伯夷之风者，顽夫廉，懦夫有立志。"余于师亦云然。

弘一又在《一梦漫言》跋中说：

反复环读，殆忘饮食，悲欣交集，涕泪不已。因用各科简附以眉注，并考舆图，别录行脚图表一纸，冀后之学者，披文析义，无有壅滞耳。甲戌年八月十日披诵记二十五日录竟拜记，时居晋水兰若。弘一记。

弘一读《一梦漫言》后，暗暗发愿，明年去宝华山拜见月大师的灵骨塔。但他最终因故没能到宝华山拜谒。乙亥年（1935）二月，他读《一梦漫言》之后第二个春天，又到泉州开元寺，为僧众宣讲《一梦漫言》。教导僧众，学见月大师，重兴佛门的德行。

甲戌年（1934）八月，有位庄闲女士手书的《法华经》即将出版，因仰慕弘一，便托人请弘一为手抄《法华经》本作序。

弘一见这卷手抄经卷字迹工整秀丽，全文干净，无错落，并散发着幽香。古人写经，日受斋戒，入室抄经，夹路焚香，供养鲜花。抄经时，用香水掺入墨汁，以沉香木做笔管，笔下进香，提笔时徐徐凝神，吐气，书写一章完了，封在香袋中，供于香厨，安放静室。有这种精诚，其经才光华灿烂。

弘一写经，心如静水，意似抽丝，仿佛走入宁静的自我世界，获得了常行三昧。

弘一读庄闲女士的抄经作品，甚是欣喜，说：“妙道居士（庄闲法名），希尔《法华经》，庄严精粹，无以复加……愿后来人，随力奉行，利益有情……”

甲戌九月，弘一五十五岁初度，便在净室里为自己画小像一幅：

画像中的他清瘦，有稀疏几根髯，道貌，俨然世外之人，以沉默远离外面的世界。

弘一有副联句，原是送给广义法师的，联句云：

　　愿尽未来，普代法界一切众生，备受大苦；
　　誓舍身命，宏护南山四分律教，久住神州。

落款为——甲戌九月昙昉并书，以奉广义法师慧鉴。

其实弘一是写给自己五十五岁寿辰的。

远离外面的世界并不容易，弘一长兄次子李晋章是唯一与弘一保持俗世联系的李家人。正是这个侄儿，按照弘一的意旨把佛法传给李家的每一个人。

是年年底，弘一写信给李晋章，让侄儿刻几方印寄给他，印文可从"亡言、无得、吉月、胜音、无畏、大慈、大方广、弘一"等法号中选择。另外，希望他到天津旧书店、书摊买一部过去天津人常用的楷帖，比如《昨非录》，其文字皆为前人的名言。意思是，别让这些嘉言被人遗忘以致失传。

侄子晋章到第二年春将方印和《昨非录》一并由天津寄到厦门，弘一见后十分欢喜。其实佛与俗常常和谐统一在修佛者身上，离开了俗世，哪里还有佛？

第十三章

撰《惠安弘法日记》，
抱病南普陀讲经

一灯能除千年暗，一智能灭万年愚。

——《六祖法宝坛经·忏悔》

1

乙亥年（1935），弘一五十六岁。

正月，弘一从晋水兰若到厦门禾山万寿岩。

初八日，弘一向日本购买的经书将到厦门，他交代广洽法师：

> 近向日本请经甚多，共计七八百册，寄南普陀寺弘一收。乞仁者费神代领。但书太多，恐海关留难，乞托邮局黄居士设法如何？

经多方努力，从日本所购的经书，悉数收讫。弘一在万寿岩校读清末从日本请回的灵芝元照律师所著《阿弥陀经义疏》。

义疏，是古书的注释体制之一，起源于魏晋南北朝，内容多为疏通原书和旧注的文意，阐述原书的思想，或广罗材料，对旧注进行参证、补充、考订、辩证，这是一门学问。

正月十五，弘一致信高文显：

> 余于岁首在万寿讲小本《弥陀经》七日，并辑讲录一卷。请缘遂顺，堪豫远念耳。尔后行止未定，犹如落叶，一任业风飘去，宁知方所耶？

弘一之书札皆为修佛生活实录，凡见必录，有感必发，可观大师行迹，可窥其心路历程。该信告诉我们弘一在万寿岩讲《弥陀经》七天，同时集有《佛说阿弥陀佛经义疏撷录》一卷，可惜，后来，随时光流逝，此卷本已湮没于历史，唯其序文留存。可贺者，2014年，《佛说阿弥陀佛经义疏撷录》被发现。

乙亥三月，江南草长的初春，弘一离开厦门到泉州开元寺讲《一梦漫言》《弥陀经》，此行是应1934年开元寺法师的多次邀请。

行前弘一为李汝晋居士手书《大悲咒》一卷，有跋语：

> 尤集乙亥二月，敬书以奉汝晋居士供养，尊胜院智幢。

其"字迹高古清秀，不着人间烟火之气"，不久弘一弟子高文显为师手书《大悲咒》作序，以备上海影印出版之用。该序略陈弘一大师到净峰寺后的情况，序曰：

> 弘一法师来闽数载，居常运用其艺术手腕，书经文佛号，赠请缃素，以广结胜缘迩者法师已栖隐净峰，将编著大部律书，无暇再作文字上之应酬。广洽法师送其入山后，携带其所得经文联句多种，中有为李汝晋居士写之《大悲咒》，字迹高古清秀，不着人间烟火之气，可谓登峰造极，深入于艺术三昧者矣。洽师谓余曰："音公此行，恐将长久栖息于斯矣。盖其地虽苦，然山水秀美，僻静幽清，相传昔为李拐仙所居之地，实隐者之所也。"师于李拐仙前曾作联："是奥仙灵，为佛门作大护法；殊胜境界，集众僧建新道场。"……
>
> 又云……"余今年已五十又六，老病缠绵，衰颓日甚。久拟入山，谢绝人事，因缘不具，卒未如愿，今岁来净峰，见其峰峦苍古，颇适幽居，遂于四月十二日入山，将终老于是矣。"

乙亥春，弘一致广洽法师书云：

仁者如晤李汝晋居士时，乞告云：前嘱写文件，候仁者将行李带来（李博用居士之件亦然），乃能书写，用图章印色，皆在其中也。

李汝晋乃菲律宾华侨，其心存慈善，在厦门、泉州多资助社会慈善事业。1934年李汝晋居士会同日光岩法智法师重建了鼓浪屿日光岩圆通殿及伸拜亭，并新建十几间僧舍。

乙亥年泉州平民救济院在泉州东校场垦荒，李汝晋捐资建造了"千福堂"院舍。平民救济院院长叶青眼又向华侨汪振文等募捐两千余元，增建另一校舍。

弘一在开元寺讲过《一梦漫言》，将见月大师的生平向僧众讲解之后，顺道在"温陵养老院"住了几天。该院是泉州名胜古迹，历经千年，历代修葺，后佛教人士在此办了养老院，供无依老人终老。

弘一第一次去的温陵，也就是大师壬午年（1942）最后圆寂的温陵，这是前世因缘。

271

此次弘一进温陵养老院住在"华珍室"第十二号房间。为了不打扰养老院的其他人，他先嘱主人，晨午两餐，蔬菜不得逾两味，可来相访，为先通知，预订住十五天。

当时院里已住了几十位老人，弘一不向老人讲深奥的佛法，而是畅谈日常琐事，"如汲水、砍柴、烹茶、烧汤、扫地、洗衣、拂拭几案、浇水种花等操作，谓自己出家以来，皆躬身为之"，不要等着别人来做。

住在这里，弘一感到有滋有味。那些老人多比自己苍老，也有略小些的，但都比自己结实，有健谈的，也有只打量别人而沉默不语的。他们虔诚念佛却不知所以然，只是不息地拨着手中的念珠，日复一日地打发着残年。对此，弘一曾一度心酸。

此处原是古迹，院中尚存一古亭，年久失修。早在宋代，大理学家朱熹曾在此讲学，当时听讲的弟子如云。至明代，有一地方官吏重修亭院，取名"过化"。可惜，在明代一次兵乱中被毁。民国肇始，有人出资重修古迹，并来找弘一法师，请补"横额"，弘一满心欢喜地写了"过化亭"三字。

不久，又有院董叶青眼求字，弘一为其写"南无阿弥陀佛"六字挂于中堂，另补写一副华严联句：

持戒到彼岸；

说法度众生。

叶青眼，原名拱，又名耀坦，泉州人，十八岁科举入泮泉邑庠生，二十一岁补廪生，进学不久，受聘为晋江南塾师，1907年赴中国台湾任塾师，次年应聘执教厦门鼓浪屿英华书院。后加入同盟会，参与领导厦门、泉州等光复之役。1921年在福建参加反袁斗争，失败后，叶青眼赴菲律宾中西学校任教。1922年回泉州，任市政局局长。不久再回菲律宾，在华侨资助下创办马尼拉华侨公学，自任校长。后回厦门执教中华中学，受会泉法师影响笃信佛教。

1925年起叶青眼主持泉州开元寺慈心院院务，长达二十一年。其间，在乡绅襄助下，他又创办泉州妇女养老院、温陵养老院、平民救济院，任院长，主持院务。

弘一在温陵养老院得到叶青眼多方照顾。其间，弘一很忙，慕名求字者络绎不绝，他们捧着宣纸，惴惴不安而来，再捧着墨宝欢欢喜喜而去。

叶青眼见状，问弘一法师："法师，您到泉州，很少有人向您问佛，而求字者却众多，岂不可惜？"

弘一笑曰："我的字里便有佛法。"

其实，五十六岁的弘一，早已走上生命的下坡路了，他的牙齿开始脱落，眼睛已昏花，不多的须髯已斑白，原本就消瘦的身体现在更显单薄，神态衰老。

他似一片深秋即将飘落的叶片，随时都可能凋零。

2

乙亥四月十一日，弘一由传贯、广洽两人陪同，在傍晚夕阳将落时分，由泉州南门外，搭乘一条古帆船去惠安。整夜船在海浪中颠簸，弘一一宿未能合眼，北方人不擅航行，他于呕吐中默诵佛经，次日好容易抵达古镇崇武，还需转乘小舟，逆风破浪航行，已折腾得一夜未眠的弘一仍闭目合掌念佛。

净峰寺建于唐代，弘一见后，喜其清净，扬州八怪之一郑板桥曾誉其为"天然图画"。到净峰寺住下之后，疲劳尚未退去，弘一便给夏丏尊写了一封信：

> 净峰寺，在惠安县东三十里半岛的小山上，三面临海（中间与大陆相连处约十分之一），夏季十分凉爽，冬季寒风为山所阻，也不寒冷。小山之石，玲珑重叠，可摆在书房几上，供以赏玩，只可惜这里荒僻，无人问津……

弘一在这荒僻的小寺庙里的生活被他记在日记里，仅举几日：

> 十三日，阴，午后放晴，崇武（净峰属崇武县境）斋堂主人来，

请于十七、十八、十九三日去彼处讲法，允之。起先在厦门，性愿法师为入净峰寺问卜。卜言：三冬足，文艺成；到头处，亦成冰（原箴并，作功误），急急回首，莫误前程。（这该是个坏人！）

十四日，晴，广洽法师归去，覆地悲恋。余亦心伤，勉以佛法慰之。相约八月十六日后，再来相晤。写信给聂（云台）居士，剃头［按：广洽法师在民国二十六年（1937）十月去新加坡开创道场］。

二十一日，亡母冥诞。第一次校（行事）《钞记》注竟。在寺中开讲《普贤行愿品》。

八月二十三日，性愿老法师惠临净峰（性愿老法师小弘一九岁，但僧腊高）。

八月二十七日，请性愿法师临崇武晴霞寺，开讲《法华普门品》。二十九日讲讫。

每日听众百人左右，为惠安空前之盛会。

九月三十日，上午，续校《钞记》注竟。下午广洽法师来净峰，商定于月望后，移居草庵。

至十月下旬，弘一因净峰寺方丈去职，缘尽，也决定离开净峰寺，回到泉州，住进草庵旧地。行前他留下五言绝句惜别，诗云：

> 我到为植种，我行花未开。
> 岂无佳色在？留待后人来。

诗后写有小记，题言：

> 乙亥四月，我来净峰，植菊盈畦，秋晚将归去，而菊花含蕊未

放。口占一绝，聊以志别。

弘一于二十二日离开静幽、苍古的，据说系神话中的八仙之一李铁拐所居的净峰，有些留恋，但拗不过因缘——佛俗皆是。正如弘一后来所言："余今年已五十又六，老病缠绵，衰颓日甚。久拟入山，谢绝人事，因缘不具，卒未如愿，今岁来净峰，见其峰峦苍古，颇适幽居，遂于四月十二日入山，将终老于是矣。"这是广洽法师后来告诉高文显的，谁知不到半年，弘一又要再作云水！

弘一在净峰寺留下了因缘，也留下了印记。

在净峰寺，弘一见到清末庄贻华写的诗《咏净峰寺》，甚为欣赏，遂手书该诗："净峰峰高高更曲，半天云气芙蓉削……"其署款"戊申秋日漆园后人贻华氏题"。乙亥夏首，尊胜老人居净峰重录至今乃保存在该寺。

弘一也为净峰客堂撰了长联：

自净其心，有若光风霁月；他山之石，厥惟益友明师。

该联寄意自励，嵌"净""山"二字。弘一又撰长联勖并题记曰：

誓作地藏真子（龙集乙亥五十六岁诞日，敬书以自策励，铭诸座右沙门演音）；愿为南山孤臣［时居惠安净峰寺研习《事钞》并《戒》（本）、《业》（羯磨）二疏及《灵芝记》文］弘裔。

因缘难定，但弘一修佛的宏愿从未改变。回到惠安，弘一不顾舟车劳顿未做休息就在科峰寺演讲佛法。下午又乘车到泉州，回到温陵养老院。正逢承天寺传戒，戒期中，请弘一讲律。他以"律学要略"为题开讲。

"律学要略"之精神：纵向说律学嬗演的过程，横向说五戒、八戒、沙弥戒、沙弥厄戒、学法女戒、比丘等的戒相，以及戒律与行者的关系。

弘一连讲三天律学后，又回到养老院。

年底，他再到承天寺，以通俗易懂的形式为戒子们讲了一次"参学处与应读的佛书"。

十一月十九日，应惠安佛教界的邀请，他与泉州行政官员黄原秀到惠安讲经。当晚弘一住在黄居士家中，次日到科峰寺演讲，当场有十人皈依。

在惠安，弘一仅住十多天，主要在乡间弘法。斯时，劳碌奔波对年老的人无疑是一种戕害，弘一已是病魔缠身，因患风湿性溃疡，手足肿烂，且伴有高烧，但乙亥十月至腊月，他仍坚持马不停蹄地在乡间弘法。

十二月初三，弘一终于病卧晋江草庵，病势凶险。

广洽法师得知弘一生病的消息后立即从厦门到草庵来探望，弘一尚整天焚香、写字、更换佛前净水、洗自己的内衣……

广洽对弘一说："法师，您该休息了，等病好后再活动。您的病可好些？"

弘一说："你应该问我病中念佛没有，其他都是空谈。生死之事，蝉翼之隔，南山律师告人病中勿忘念佛，这并非怕死。死，芥末事耳。可是，了生死却是大事……"

僧众闻弘一病了都来探望，并祈佛祝他早日健康。

据传贯法师在《随侍一师日记》中说：

当大病中，曾付遗嘱一纸事贯云："命终前，请在帐外助念佛号，但并不必常常念……余之命终前后，诸事极为简单。必须依行，否则是逆子也，演音启。"至翌年，春，蒙龙天加被，道体渐康。

经查，弘一在草庵病危中，确有《乙亥草庵遗嘱》，全文云：

命终前，请在帐外助念佛号，但亦不必常常念。勿动身体，锁门历八小时。八小时后，万不可撩身体及洗面，即以随身所着之衣，外裹破夹被，卷好送往楼后之山坳中。历三日，有虎食，则喜。否则三日后，即就地焚化。焚化后再通知他位，万不可早通知。余之命终前后，诸事极为简单。必须依行，否则是逆子也，演音启。

因身体一直虚弱，弘一不得不对身后诸事预先交代，以防不测。故他多次写下遗嘱。

除此次外，尚写过三次遗嘱，依次是：

1924年，甲子八月，弘一完成佛学重要著作《四分律比丘戒相表记》，原手稿付得藕初庋藏，并附预之遗嘱。

1931年，辛未四月，弘一在法界寺患大病，遂写遗嘱交寺方。

1931年，辛未五月，曾到宁波向弟子刘质平交付遗嘱一份。

弘一癸酉年在草庵度岁，两年后又到这里度岁，乙亥岁末丙子新年之间，他高烧不退，神志昏迷，手臂已溃烂，脚面之疮脓鲜血淋漓。他为不麻烦别人，致信广洽法师：

此次住惠安弘法，诸事顺利，圆满成就，昨日到草庵。

丙子年（1936）弘一五十七岁。

丙子元旦，弘一硬撑病体写下"菩萨四摄行"："布施、爱语、利行、同事"。共写下四页。以志纪念，后赠弟子刘质平一张。

一月三十一日，正月初八，春节刚过，病体略有好转的弘一，写信给夏丏尊吐露染病实情，因病中草庵众僧照顾，费用甚多，请夏丏尊寄四十元，取二十赠草庵寺。其信中云：

278

　　一月半前，因往乡间讲经，居于黑暗屋中，感受污浊之空气。遂发大热、神志昏迷，后起皮肤外症严重。此次大病，为生平所未经过。虽极痛苦，幸以佛法自慰，精神尚能安也，其中有数日病势凶险，已濒于危。有诸善友为之诵经忏悔，乃转危为安，近十日来，饮食如常，热已尽退。惟外症不能速愈，故至今仍卧床不能履地，大约再经一二月乃能痊愈也。

　　后来，弘一到厦门鼓浪屿闭关时曾致信刘质平，再次陈自己病中情形：

　　附上拙书一叶，为今年旧元旦晨朝起床，坐床边所写。其时大病稍有起色，正九死一生之时。其时只写四页，今以一页赠予仁者，可为纪念也。此次大病，为生平所未经历，亦所罕闻。自去年旧十一月底，发大热兼外症，一时并作。十二月中旬，热渐止，外症不愈。延至正月初四，乃扶杖勉强下床步行（以前不能下床），中旬，到厦门就座。

对弘一此次大病之凶险、之危机，蕅益大师得《病间偶成》诗，有生动形容之描写：

业缘丛簇病缘频，痛苦呻吟彻暮晨。

早发菩提犹若此，未全正信拟谁亲。

身经九死浑亡力，心本无声独自甄。

名字位中真佛眼，未知毕竟付何人？

弘一到厦门，由著名外科医师黄丙丁博士诊治，经过精心治疗，至五月初痊愈。

黄丙丁博士，泉州晋江人，在东京帝国大学获医学博士学位，后到厦门开诊所，弘一到该诊所治病百余日，皆免费治疗。弘一后在给刘质平的信中曾说："到厦门就医，医者为留日医学博士黄丙丁君（泉州人，人甚诚实）。彼久闻余名，颇思晤谈。今请彼医，至为欢悦，十分尽心。"

弘一一生知恩、感恩、报恩，曾欲买日本药品酬谢黄丙丁博士，被谢绝，便高兴地写了几张佛号经偈，又特意研了红朱，写了一两副篆字对联，自提自跋，装裱好后，赠黄博士。又曾致信一封给他。以墨宝报恩，大师自信"余字皆是法"。病愈后，弘一到普陀瑞今法师创办的养正院继续养病。已有精神的弘一，经常为院中读书人讲佛。其时，正逢养正院正式开学，他便以"惜福、习劳、持戒、自尊"四事向青年僧侣说法。

弘一演讲的题目是"青年佛徒应注意的四项"。带病的弘一现身说法，讲做人的四个要点：

一培本报恩父母；二报酬社会；三报答国家；四进德修道。这是人生的永恒课题。

在养正院养病说法的三个月中，他还为自己"残阳夕照"的后半生做了几件重要的事。

其一，当时在厦门发行的《佛教公论》月刊，曾发表《先自度论》和《为僧教育进一言》两篇文章。前者有人以为是弘一的手笔，弘一读过这两篇文章，认为其论无懈可击，文笔犀利，切中时弊，多有常人不敢言者，甚至觉得连自己都望尘莫及。后他查出作者也是佛界中人，便送一幅字给他：

> 开宗众生见正道，
> 犹如净眼观明珠。

并附一段跋文，述说因缘，表示作者所写正是自己心中的悲哀。

其二，这年五月前，弘一写两经：一曰《药师如来本愿功德经》，为传贯法师亡母而写；一曰《金刚经》，为学生金资甫所写。金原为弘一在浙江一师时所结识，后为病魔折磨而殁，死前请弘一为他写经，回向佛道。

《金刚经》写成后，由广洽法师主持印行工作，岁尾出版，附有徐悲鸿、丰子恺插图，后弘一六十岁时在菲律宾、新加坡及国内重新再版一千九百册。

这两部经是弘一后期作品，其风格更似老生坐禅，了无烟火余氲。

其三，与此同时，弘一写的《奇僧法空禅师传》在《佛教公论》发表。法空禅师行迹豪放，有任侠之气，为给后来佛子树一榜样，故写此文，传文曰：

> 奇僧法空，又号令实，出生在惠安陈家，十六岁剃发为僧，发

誓入佛道，以《金刚》《法华》两经，为日常课诵。平时习静坐，跏趺，由黑夜到天明，过午不食；严冬来时，不戴僧帽，不穿僧履；苦行卓绝："参未生前，我是阿谁？"民国七年（1918），僧随缘去马来西亚的槟城，在岛上建观音寺，由于槟城以及马来是英殖民地，商业早经繁盛，僧默默思考，此间缺一所游人驻足之处，而槟城名刹极乐寺前，有一片荒野，于是发愿建筑动物园一所，收集世界珍禽异兽，俨然是一座颇有规模的动物乐园，屋舍则堂皇美丽，因此形成一游客胜地。

奇僧法空，奇在能通兽言鸟语，与虎、豹、豺、狼相处，摩抚依偎，亲如家人，僧不怕野兽，又深爱那些噬人的动物，狮子老虎，也服膺奇僧的一挥手，一击掌的召唤指使。

由此，奇僧的大名远走，马来西亚诸邦以欧洲人来槟城游乐者，都要拜礼奇僧，有的则来信表达崇拜的虔诚，于是洋人的心中，都有这位中国的异人，只要人们听到奇僧奇事，便要展开一个传奇的故事。

同时，僧又能写古人书法，大笔如椽，龙飞凤舞；魔术、拳击、内功、催眠术也无所不精，于是震动了槟城，只要是逢灾害、建学校、兴喜事，告诉法空禅师，僧便欣然支助，凡是所求，不论多少，都是满愿而归。因此，槟城、马来的报章，时有奇僧奇闻，民间的贫穷孤独，则视如父母。到辛未（民国二十年、1931），僧归故乡西闽以千金布施寺庙，供养同道；又时以书法，广结法缘；到丙子（当年）三月，僧五十九岁，已知世尘将尽，所谓"尘归尘"，"土归土"，于是在故乡佛寺中圆寂……

法空禅师驾鹤而去，他的故事却在弘一笔下的"传"中得以流传。

弘一所作此传,可见其文学功底之深厚,将奇僧行迹、举止之传奇性,精妙地表现出来,既赞法空之奇,又广播佛法之奇。

丙子(1936)四月,弘一宿疾渐愈。他在南普陀致信性常法师云:

> 宿疾已渐愈,惟精神气力仅不如前(不如正二月),尚须静养多时乃能复元也(性老法师谓,须满两年乃复元)。近在此讲《戒本》,甚为费力。将来到日光岩闭关后,恐不能继续讲律,他人有问余近状者,乞以此告之。

丙子五月初,弘一移居鼓浪屿日光岩闭关。但日光岩游人香客太多,常被噪声所扰,他说:"镜缘愈困,烦恼愈增。幸承三宝慈力加被,终能安稳。"其间他完成《道宣律师年谱》及"修学的遗事"的书写。

秋天,一个清晨,一位中年男人携一个十二三岁的男孩子来到殿上,行三拜礼之后,便转到弘一的关房。弘一诵经刚过,正默坐念佛。见父子走进关房,中年男人说了些仰慕之语,那眉目清秀的男孩子则说:"法师,我们唱过您的歌,请您教我写字好吗?"

谈话中,弘一了解到那孩子叫李芳远,弘一法师微笑:"常来这里玩吧,我们有缘。"

从此,李芳远常来这里,向弘一法师学习书法。有一天,他又来了,窗外有只被狗咬得遍体鲜血而死之猫。弘一忙跪在佛前,念《往生咒》,芳远看后泪流满面。

后李芳远皈依了弘一,在弘一圆寂两年之时,为纪念弘一法师,李芳远连续编印了《弘一大师年谱》《弘一大师文钞》《晚晴山房书简》,及未完成的长诗《海》。

秋,由夏丏尊负责印行的弘一之《清凉歌集》出版。这部歌集,不仅有弘一作的歌，及出家后写的歌词，有其弟子作的曲，还有芝峰法师的白话文注释。

在日光岩，弘一的写作几近荒芜，这让他十分遗憾。但他即将离去之时，广洽法师由厦门给他带来一位文坛宿将——大名鼎鼎的郁达夫，这真是让弘一喜出望外。

郁达夫拜谒弘一的时间是丙子十一月十八日，此时郁达夫刚从日本讲学回国，经台湾到厦门。隔日广洽法师带领郁达夫及赵家欣等，访弘一于日光岩东厢关房，此房系清智和尚为弘一闭关修建的。

二人见面，皆很高兴。

"久仰法师，今日得见，真是心愿已偿啊！"

"哦，文坛宿将，能见一面，这是缘分。"

郁达夫小弘一十六岁，却是"五四"新文化运动中产生过重大影响的作家，他是1913年去日本留学的，那时弘一已从日本归国两年了。

此时的郁达夫，正陷于家庭婚变的烦恼中，还有人近中年胸次之峥嵘，希望弘一法师指点迷津。

弘一见客总是三言两语后便沉默，而在郁达夫眼里，这位曾在日本有过无限风光的高僧，似乎是位古人，经历不同，僧俗有异，也不便开怀畅谈。郁达夫是性情中人，又是一个见过世面的人，他看弘一如一丛秀竹，一株苍松，一尊佛像，真的不知说什么好。

弘一与郁达夫讲了讲信佛学禅的道理，劝他不妨读些佛书，以排除婚变烦恼——他们的交谈断断续续，多是沉默良久再继续交谈。

沉默久了，客人便要告退了，谁料此时，弘一转身，从小长桌的抽屉里取出李圆净的著作《佛法导论》以及自己的《人生之最后》等佛书送给郁达夫。

郁达夫忙上前施礼，然后躬身双手接过。

仅隔一天，郁达夫便寄来一首诗给弘一，诗名《七律·赠弘一法师》，诗云：

不似西泠遇骆丞，南来有意访高僧。

远公说法无多语，六祖传真只一灯。

学士清平弹别调，道宗宏议薄飞升。

中年亦具逃禅意，两事何周割未能！

诗开头有小序：

丁丑春日，偕广洽法师等访高僧弘一于日光岩下，蒙赠以《佛法导论》诸书，归福州后成长句。

后同访弘一的赵家欣认为"丁丑春日"有误，乃丙子十一月十八日。此次弘一与郁达夫相见后，二人有两年保持通信。

第十四章

南闽十年之梦影，
愿与危城共存亡

素壁淡描三世佛，瓦瓶香浸一枝梅。

——元·石室清珙《山居》

1

丁丑年（1937），弘一五十八岁。

弘一由鼓浪屿日光岩搬到厦门南普陀寺后山的石室中，明代石室清琪的《山居》有诗句："素壁淡描三世佛，瓦瓶香浸一枝梅。"

石室面海，弘一常常默对凝蔚蓝色的辽阔大海，看点点沧帆，心驰神往。

丁丑年年初，正是热闹过春节之时。弘一在南普陀开讲《随机羯磨》律学。

弘一坐定，见台下听者多是养正院的青年法师，像瑞今、广洽、圆拙、仁开、传贯等皆在其中。弘一讲《随机羯磨》中的《集法缘成》《请法解结》两篇。讲的是"自觉与觉人"。"自觉"，即把自己铸成一个没有凡我的人；"觉人"，以觉悟者的言行，让别人参悟。作为出家人，一是自修，二是说法。

丁丑正月二十二日，弘一辞谢厦门大学之讲演邀请。二十三日，福州的克定法师自鼓山来南普陀，听弘一讲律，讲经后弘一曾慨然说道：

（丁丑正月）二十三日，克定师自鼓山来听律，与师共谈。师曰："现在有志僧青年，多趋求文字，学习外典，尽弃己业。佛门前途，深可悲也。而不知国文与佛经，不相关用。假如大学毕业才学，欲言佛经，依旧门外汉。"……又谓贯曰："菩萨度生，须观缘熟方可行化，不然则拱手待之。"

弘一没有回避僧格教育问题：前途堪忧之时，要保持头脑清醒；世间事多纠缠，机缘尚未成熟，自度未成，何来度人？

正月二十九日，弘一给弟子高文显写信，记录发生在沧桑的鹭门的三件耳闻目睹之事：

> 昨日出外，见闻者三事：
>
> 一、余买价值一元余橡皮鞋一双，店员仅索价七角。
>
> 二、在马路中间有人吹口琴，其曲为日本国歌。
>
> 三、归途凄风寒雨。胜进居士慧觉。正月廿九日，演音。

第一件，弘一买一双胶鞋，价格一元，店员只收七角，表示感恩和赞许。第二件，弘一对在马路上吹日本国歌曲者，感到忧愤，特别是日本正欲侵略中国之时，尤为痛恨。第三件，写归途、凄风寒雨，概括战前厦门笼罩的凄惶之境。

弘一笔下的三件事，抒发了他心中忧国忧民的爱国情怀。

丁丑二月十六日，弘一行脚匆匆，在闽南佛教养正院讲《闽南十年之梦影》，由高文显陪同并作笔录，后经弘一校正，发表在当年第九号《佛教公论》上。《南闽十年之梦影》里有云：

> 要晓得我们出家人（就所谓"僧宝"），在俗家人之上，地位是很高的。所以品行道德，也要在俗家人之上才行……记得我将要出家的时候，有一位老朋友写信劝告我，你知道他劝告的是什么？他说："听到你要不做人，要做僧去……"咳，我们听到了这话，该是怎样的痛心啊……
>
> 回想我在这十年之中，在闽南所做的事情，成功的却是很少很

少，残缺破碎的居其大半。所以我常常自我反省，觉得自己的德行实在十分欠缺。因此，近来我自己起了一个名，叫"二一老人"。

后来，弘一再赠给高文显和广洽法师的字幅，落款便是"二一老人"。

弘一说："这'二一老人'的名字，真是我在闽南居住十年的一个最好纪念！"

在弘一看来，面对现实，需要勇气，承认不足，需要见识，反省自我，需要修持。

弘一是以身说法，自惭不足，自勉和励人，觉人和利人，引人发心深省。

到了春天，闽南的圣诞花（又称一品红）开得正艳。

弘一在厦门佛教养正院讲《最后一言——谈写字的方法》，也是由高文显记录整理，四十二年后刊发在新加坡的《南阳佛教》上。

此讲的开场白，有些悲怆的味道：

> 我现在在南普陀寺这里，还能看到养正院的招牌，下一次再来的时候，恐怕看不到了。这一次，也许可以说是我在这里为佛教养正院所作的最后一次讲演了……这一次所要讲的是这里几位学生的意思——要我来讲《关于写字的方法》。

弘一娓娓道来的是学习书法与学习佛法的关系，什么是"人以字传"，什么是"字以人传"。身为佛子，当行佛行。弘一出家后，"诸艺皆废，唯书法未辍"。他以书写磨炼心智，以书写作为佛事，摒弃书法各家各体的痕迹，融入佛法与佛性，自得圆通，其书法作品呈庄严凝重之美。

大书画家吴昌硕在《题弘一法师手书梵网经》二绝句中极高地赞赏了弘一的书法，诗云：

> 昔闻乌柏称禅伯，今见智常真学人。
>
> 光景俱忘文字在，浮提残劫几成尘。
>
> 四十二章三乘参，镌华石墨旧经龛。
>
> 摩挲玉版珍珠字，犹有高风继智昙。

乙丑年（1925）夏读梵网经书二绝句，吴昌硕时年八十三。

弘一谈书法已有三次，庚午年（1930）正月，在泉州承天寺，曾为月台佛学社青年僧侣讲过；去年六月在佛教养正院讲《十普业道经概要》时，又讲写字方法；再加上今日之讲，三次矣。

旧历三月十一日，弘一和传贯法师从普陀寺后山石室移至万石岩

后，在《佛教公论》上，刊登了《释弘一启事》：

> 余此次到南普陀，获亲近承事诸住长老，至用欢幸。近因旧疾复作（肺病），精神衰弱，颓唐不支，拟即移居他寺，习静养病，若有缯素过访，恕不晤谈，或有信件，亦未能裁答，失礼之罪，诸祈原谅。

弘一以这种办法躲避外界的纷扰也是出于无奈，但在闽南已具很高社会知名度的弘一，还是难以与世隔绝，很快，"厦门市第一届运动大会"筹备处便找到他，向他呈交筹备会议决议：请他创作运动会会歌。

一贯热衷公益事业的弘一委婉推却。但不久，筹备会又送来一首谱

好的会歌，请弘一修润。这回，他没有推辞。

只见此会歌开头是："鼓声咚咚，军乐扬扬，健儿身手，各献所长……"

歌词没有地域性，缺乏连贯性，他便动手改为："禾山苍苍（禾山厦门），鹭水荡荡，国旗遍飘扬！健儿身手，各显所长……"又对其乐曲进行了修改。交回筹备处后，这首歌经乐队演出，词曲庄严而激昂。

2

运动会会歌的事刚过，弘一就在万石岩又接待了一位僧人——青岛湛山寺的寺中书记梦参法师，他是奉湛山寺倓虚老和尚之命，千里迢迢，乘船到厦门见弘一的，见到弘一便奉上倓虚老人的亲笔信。

倓虚和尚在信中特意邀请弘一到青岛讲律结夏，单是梦参在海上漂流一周这片殷诚，就让弘一无法拒绝。

旧历四月初五，弘一告知梦参法师他"不为人师，不要开欢送会。不要在报章发表新闻"后，携侍侣传贯，法侣仁开、圆拙三位法师，乘"太原"号轮船由海道北上。他们经过上海，休息两天，再换船到青岛。他们的全部行李是一条旧麻袋，一个竹篓，内有一条旧夹被、一顶蚊帐、几件旧衣和几本旧经书。

四月十一日，上午九时许船抵青岛码头，那天天晴气朗，太阳耀眼。弘一一行下船上岸，码头上早有一群僧人在那里迎接，湛山住持倓虚微笑着率众合掌欢迎弘一，这么隆重的接站，让弘一有些心神不宁。

众人乘汽车到湛山寺，山门前已有一百多名僧侣恭敬地等候在那里，高兴地瞻仰这位名僧。

保贤法师是"火头僧"，在其《弘一大师在湛山》一文中，他翔实地记录了这次迎接弘一的场面：

车住了，车门开处，首先走下一位精神百倍、满面笑容的老和尚，我们都认识，那是倓虚法师。他老很敏捷地随手带住车门，接着第二个下来的人，使大家的目光立刻一齐投在他身上。他四十余岁（其实已五十八岁），细长的身材，穿着一身半旧夏布衣袿，外罩夏布海青，脚是光着的，只穿着单鞋，虽然这时（青岛）天气还冷，但他并无畏寒的样子。他苍白而略长的面部，虽然两颊下满生长着短须，但掩不住那清秀的神气与慈悲和蔼的优雅姿态。

他，我们虽没见过，但无疑地就是大名鼎鼎、誉满中外、我们最敬佩和要欢迎的弘一律师了。他老很客气、很安详，不肯先走，满面带着笑和倓虚法师谦让，结果还是他老先走，这时我们大家由倓虚法师一声招呼，便一齐向他问询合掌致敬，他老在急忙带笑还礼的当儿，便步履轻快地同着倓老走过去，这时我们大众……也蜂拥般集中在客堂阶下，向他老行欢迎的最敬礼（顶礼），他老仍是很客气地急忙还礼，口里连说着："不敢当，不敢当，劳动你们诸位！"

他们携带的衣单显得很多……在客堂门口堆起一大堆，这时我问梦参法师："哪件是弘老的衣单？"

他指指那条旧麻袋和小竹篓，笑着说："那就是。"我很诧异，怎么鼎鼎大名的一代律师——也可说一代祖师——他的衣单会这样简单朴素呢？哦，我明白了！他能鼎鼎大名到处有人尊敬的原因，大概也就在此吧！不，也算得原因之一了。

这位保贤法师继续写道：

一天，天气晴爽，同时也渐渐热起来了，他老手托着那个扣盒式的小竹篓，很安详、敏捷地托到阳光下打开来晒，我站在不远，细心去瞧，里头只有两双鞋，一双是半旧不堪的软帮黄鞋，一双是补了又补的白草鞋（平日穿的似比这一双新一点），我不禁想起古时有位一履三十载的高僧，现在正可以引来和他老对比一下了。

有一天，时间是早斋后，阳光布满大地……大海的水，平静得像一面镜子，他老这时出了寮房，踱到外头绕弯（散步）去了，我趁机偷偷溜到他老寮房里瞧了一下，啊！里头东西太简单了，桌子、书橱、床，全是常住预备的，桌上放着个很小的方形铜墨盒，一支秃头笔，橱里有几本点过的经，几本稿子，床上有条灰单被，拿衣服折叠成的枕头，对面墙根放着两双鞋——黄鞋、草鞋——此外再没别的东西了。在房内只有清洁、沉寂，地板光滑，坡墙明亮（全是他亲手收拾），使人感到一种不可言喻的清净、静肃……

保贤法师用文字呈现了一位谦和朴素，甚至有些寒酸的云水高僧的形象，让我们从一些生活细节中看到弘一法师的"教敬双修"的精神境界。

高僧修行，重行胜于言，细行而不苟，度人先度己。

弘一到湛山寺第四天便在下院讲三皈五戒，后又在寺中讲律学大意。二十九日正式开讲艰深难懂的律学经典《随机羯磨》。弘一对律学的研究已有二十多年，曾编过一部《别录》做助读本，而讲《随机羯磨》已是继癸酉厦门万石岩、厦门南普陀寺之后的第三次了。此次在湛山寺他独自讲了十多天，因身体不支，最后由仁开法师代讲，将《随机羯磨》讲完。湛山寺有一百多位法师听讲。

仁开法师还讲了《四分律戒相表记》，每遇问题，便去向弘一请教，然后再转告听众。从此，湛山寺日后常轮讲这两部律学经典。

每逢寺里朝暮课诵之时，弘一便出来，在寺院各处走走、看看。他步履轻捷，神态沉静，遇陌生人多回避。他还爱独自踱步到海边，静静地看海浪撞击礁石卷起千堆雪的情景。弘一出生于天津，虽在海河之滨度过童年，却未能到塘沽外看过海，但他的一生似乎与海有深缘。他从天津乘船到上海，又由上海乘轮船东渡日本，在漫长的海上旅途中，他站在船舷眺望浩瀚无垠的大海，方知人生的空幻与渺小。

旧历五月，青岛市市长沈鸿烈和朱子桥到湛山寺拜望弘一。朱子桥乃弘一旧相识，此时驻节西安，任军事要职。沈鸿烈久慕弘一盛名，也早有拜望之意。正好朱子桥从西安到青岛悼念一位亡友，二人一商量，便一起到湛山寺拜望弘一。到湛山寺时天色已晚，朱子桥知弘一已休息，便约第二天上午请沈鸿烈到湛山寺斋宴，请弘一出席陪宴。

朱乃是弘一故交，且在军界供职，抗战即将开始，军人要赴国难，弘一便欣然赴斋宴。

斋宴后临分手时，弘一奉一书法作品，系为谦谢的诗句：

为僧只合居山谷，国士筵中甚不宜。

国难当头，匹夫应血染沙场，岂能饮宴苟且，既讽又励。

弘一在青岛结夏，在湛山寺中闭关用功奉佛三个月，他在给泉州性能法师的信中介绍了自己的身体近况及打算：

朽人近年来，身体日益衰颓，两臂常常麻木，手足关节常痛，是因血脉不通所致。此间气候阴寒，潮气太重，亦是一原因。中秋节后，如有轮船开行，即在上海小住，再返厦门。青岛湿寒，人多有病，传贯师现在身着布单衣四件，亦稍患伤风。七月四日。

弘一大师在湛山寺讲律的消息已传遍佛教界，全国各地的僧侣纷纷专程赶来追随他。

3

可是，七月七日，中国军队在北平卢沟桥揭开了民族抗战的序幕，民族从血与火中走向新生的特殊时期，中国佛教界人士也纷纷参与了民族救亡的伟大斗争。弘一便是佛教界的一位誓舍身命，殉教救国的高僧。

抗战开始，国难当头，青岛战败已在眉睫，上海弟子夏丏尊匆忙写信，劝弘一速离青岛到上海避难。弘一回信是这样说的：

> 惠书诵悉，厚情至为感谢，朽人前已决定中秋节他往，如今因国难离去，将蒙极大讥嫌，因此青岛虽发生大战，亦不愿退避，诸乞谅之……

弘一非但没离开青岛，而且书写横幅"殉教"二字挂在墙上自勉。并题记曰：

> 曩居南闽净峰，不避乡匪之难；今居东齐湛山，复值倭寇之警。为护佛门而舍身命，大义所在，何可辞耶？

然后，他在寺中公开接受写字结缘。湛山寺众僧十分幸运地每人得一"以戒为师"的条幅，寺外求字的宣纸如雪片般飞来，弘一都一一写过——多是佛经偈语。

在离开湛山寺时，众僧亲送弘一法师到船上。临别之际，弘一面带微笑从小竹篓里取出一部厚厚的手抄经卷，向梦参法师低语："这是我送给你的！"

梦参惊喜异常，将经卷捧在手里竟不知说什么好。回到寺中一看，竟然是一部弘公用工笔书写在二十多张"玉版宣"上的《华严经净行品》，字迹极为瑰丽。后附一跋：

居湛山半载，梦参法师为护法，特写此品报之。晚晴老人。

船到上海，中日"八一三"大战已硝烟弥漫，只有租界暂时太平。逗留上海时间不多，弘一想冒风险渡黄浦江到开明书局见见一别六年的老友夏丏尊。事情不巧，那天丏尊不在书局。等丏尊得知消息去看弘公时，已是深夜。几年不见，他们都发现对方老了。弘一说："一切有为法，如梦幻泡影，如露亦如电，应作如是观。"这是老生常谈之语，但被生活验证了。

弘一住的那家旅馆靠近外滩，日本飞机轰炸不断，往往在不远处扔炸弹，此刻弘一镇静如常，口念佛号。

后来几位朋友拉弘一去觉林蔬菜处午餐，又一起去照相馆照了相，这是弘一与夏丏尊此生最后一次晤面。

两天后，弘一偕同传贯、圆拙二法师及苏州妙莲法师一行回到厦门。弘一仍住万石岩。此时全国已开展焦土抗战，海滨城市都面临血与火的对决。关心弘一的全国各界友人劝他到川湘云桂等地避难，都被弘一默默辞谢。他决心住在厦门，在战乱中与寺院共存亡。

上海的朋友劝他到大后方去，他说："如果厦门失陷，我愿以身殉国。他将宋代韩琦的《九月水阁》诗句："虽惭老圃秋容淡，且看黄花晚节香"改成"莫嫌老圃秋容淡，犹有黄花晚节香"自勉。且在门上贴了"殉教堂"三字，以示决心。

七七卢沟桥事变，日本发动侵华战争，整个日本为此欢呼雀跃，冲绳日本民众，在军国主义鼓噪之下，都投入了这场罪恶的战争。日本妇女为生产军事用品日夜加班加点，强壮的男子大都从军，成为帝国主义侵略他国的刽子手。日本矿工组建成最残暴的侵略军，年轻的日本妇女自告奋勇甘愿当慰安妇，奉献肉体。日本成了一个掠夺别国疆土和屠杀他国人民的庞大杀人机器。

那时，雪子已年近五十岁，油子已出落成亭亭玉立的大姑娘。他们娘儿俩并没有被疯狂的战争所裹挟。雪子对中国的文化崇敬有加，在战争的鼓噪中，她为她日夜思念的丈夫提心吊胆，在中国文化浸润之下长大、身上流淌着一半中国血液的油子心里也在诅咒这场罪恶的战争。

经过缜密的思考，雪子写信告诉在东京早稻田读经济学的油子说她在担心那个人的安危，已写信给上海的朋友，请她们将在闽南寺庙苦修的那个人的情况告知自己。她已接到回信，说那个人于今年卢沟桥事变时，正在青岛湛山寺讲经。八月那个人写信告诉广洽法师，他准备回到上海小住，然后再到杭州旧地重游。看来，那个人安然无恙。咱们可以放心了。

油子回信说，早稻田大学的学生战时可不参军或到战场服务，学校让他们读好书，"为帝国效力"。得知那个人的情况，我很快慰。

没过几天，雪子被征调被服厂，日夜兼程生产棉服。到太平洋战争爆发，日本经济已呈疲态，日本民众生活日渐艰苦，好在他们住得离海很近，可以捕些鱼虾，勉强果腹。

在夜深人静时，雪子常常思念大海那边的李叔同，受战争涂炭、洗劫的中国人，在经受怎样的苦难？广播和报纸上不断报告战争的态势，刚刚又传来日军侵占厦门的消息，在寺庙里修行的那个和尚不会出事吧……

4

戊寅年（1938）弘一五十九岁。

正月初一，弘一在晋江南乡的草庵寺（他与妙莲法师年底由厦门到此）讲《华严经普贤行愿品》，这是他最有研究的佛经。弘一说，他要报答闽南各地道友对他的虔诚至情，愿意在此讲一年的经，写一年的字，与这里的乡众结缘。

二月一日，弘一又到泉州承天寺讲《华严经普贤行愿品》，讲经时，他不时劝勉听众要抗战爱国，回向国难。

在承天寺讲完经，应泉州梅石书院之邀，弘一又马不停蹄到该院图书馆演讲《佛教的源流与宗派》。后又到开元寺讲《心经》，在城内清尘堂讲《华严大义》。他的讲经轰动泉州古城，并形成一种别样的景观，凡弘一所到之处，总会有众多听者跟随，泉州各界，特别是佛教界人士、知识界人士，都把这位昔日的风华才子、今日的云水高僧看成偶像、楷模。

弘一平易近人，有极好的口碑。凡人请他素餐，他都不拒绝，普通人求字，他也欣然应允。他讲经，更是前呼后拥，听众往往把讲室塞满。在战时的泉州，从寺庙和讲经堂里，常常传出弘一念佛不忘救国之声。

二月，弘一外出弘法，外出时需带事先办好的僧人身份通行证，通行证照片两侧写有"国强寺庵盛，民安僧尼足"。

弘一写信给夏丏尊，信中说在此国难之时，不少人发心皈依佛门。

人们的心需要信仰。后来漳州有名士施荫棠扩建藏经楼，邀弘一法师到自建的梅园小住。

在这里，弘一赠他下面的名句：

念佛不忘救国，救国不忘念佛。

三月十日，弘一受邀到惠安弘法，十天后返回泉州，不久鼓浪屿了闲别墅严笑棠亲持请帖接弘一回厦门。后弘一为严笑棠作《祇园记》云：

笑棠居士性高尚，不治生业，惟于舍旁拓地数顷，杂植花木，以为游息闲诵之所，名曰"祇园"，意谓是外无长物也。又亦假用梵典之名，而音释悉异，借以志其景仰所归也。戊寅仲秋，余弘法龙溪，居士请题园款，为述其意如是，因并记之。温陵沙门一音。

弘一在泉州讲法两个月，共讲四次，"念佛不忘救国，救国不忘念佛"贯穿其间，其间他写字千幅，其爱国之心伴经偈佛号流进千家万户。

四月二十六日至二十八日，弘一法师到了闲别墅讲《心经》。这是他继戊寅年（1938）二月十七日在泉州开元寺之后，第二次讲《心经》。弘一讲《心经》是有打算的：日寇侵华，国土沦丧，兵火扰攘，民生痛苦，内心忧愤，此时讲《心经》可助僧众和百姓开启无畏之精神，投入伟大救亡运动。

在福州修道的林端返厦门之后，在鼓浪屿自家设了闲道场，这是一供奉明代忠臣姜德先的道教社团。了闲别墅始建于1928年，为了闲道社道场。"了""闲"二字乃取"听钟声歌声便了，看花影移心更闲"二句最后一字。别墅入门处，镌"了闲"二字。"了闲社"由林寄凡、严笑棠二居士组织。弘一在了闲别墅讲《心经》三天，来听者甚众。

《心经》，于佛学大般若经六百卷之中称为核心。具全部佛法要义。弘一讲《心经》时说：

> 常人闻说空义，误以为著空之见，此乃大误，且极为危险……若再进而言之，空见既不可著，有见亦非尽善。应（一）不著有，（二）不著空，乃为宜也……不能大公无私，不能有无我之伟大精神，故不可著有……如若能解此意，即知常人所谓利益众生者，能力薄弱，范围小、时不久、不彻底，若欲能力不薄弱，范围大者，必须于佛法空义十分了解。

弘一最后说：

300

> 讲三日，岂能尽？仅说略概大意，及用通俗的浅显讲法。

弘一讲《心经》不仅是说法，而且是向民众宣传面对侵略者应"心无恐怖"。

五月四日，漳州刘绵松居士专程到厦门请弘一去漳州挂单南山寺。四天后，日寇海军的军舰炮火攻击了厦门。沦陷的厦门成了日寇铁蹄下的地狱。闻讯，各地的师友都牵挂弘一的安危。

在厦门的李芳远后来回忆说：

> 厦门沦陷，我急得忍不住了，四处查访，都没消息，因为法师形同野鹤闲云独来孤往，一向不肯把形迹告诉人，到厦门沦陷后才

接到来信说，他已到漳州去了……

我们从弘一作的《药师经科文题记》中，看到当时弘一对日寇的仇恨：

时倭寇侵鹭屿，沙门演音并记。

"倭寇"二字表达弘一对日本侵略者的鄙视，一个"侵"字指出敌寇占我领土的罪行。

漳州古称龙溪，始建于南北朝，在这座古城，弘一弘法不遗余力。

天气渐热，弘一病身难抵酷暑，后由南山寺严持法师介绍到二十五里之外的东乡瑞竹岩寺避暑。

弘一在给李芳远的信中表示，鼓浪屿不安宁，希望李芳远携家人到永春老家避难。

弘一自己在瑞竹岩寺度过两个月的炎夏，日寇已将公路炸毁，他很难回三百里外的泉州，好在瑞竹岩寺在山上，日寇的铁蹄很难到这里烧杀。

闰七月初，弘一回到漳州，接到避难于桂林的丰子恺来信，说上海的夏丏尊最近殇了一个孙儿，很伤心。丰子恺在信上恳请弘一师到内地去，费用由他供养。

弘一见信也颇为伤感，回信说：

朽人年来，已老态日增，不久即往生极乐。故于今春在泉州及惠安尽力弘法，近在漳州亦乐——犹如夕阳，殷红绚彩，瞬即西沉。吾生也尔，世寿将尽，聊做最后纪念……

弘一给夏丏尊写了信，云：

近得子恺信，悉仁者殇孙，境缘逆恶，深为叹息，若依佛法言，于一切境，皆应视如幻梦，乞仁者常阅佛书，并诵经念佛，自能身心安宁，无诸烦恼，则恶因缘反成好因缘也……

弘一谢绝了丰子恺的供养，劝勉、安慰了夏丏尊，放下笔，他的心里也有些伤感。

戊寅七月十三日是弘一剃度二十周年纪念日。他接受了漳州施荫棠、许宣平等居士之礼请，在漳州城内尊经楼开讲《佛说阿弥陀经》，讲毕，与诸道友合影留念。此次，弘一讲了七天，并书《苦乐对照表》二纸，留漳州尊经楼纪念。又写：

即今休去便休去，若欲了时无了时。

302

此乃劝勉世人的警句，系宋云峰禅师的偈句，弘一赠给许宣平居士。

阴历七月底，弘一历经万般艰苦经安海小住，讲经说法，再坐轿在被炸毁的公路上行七八天才到泉州，至承天寺时已是十月。弘一不顾车马劳顿，振作精神，在清尘堂讲《药师如来法门修持方法》。

一日，黄昏时分，弘一正在房中焚香静坐，广义法师来通报，一位自称弘一学生的访客来拜望弘一法师。

不久，安溪县长石有纪走进狭窄的小僧房。弘一认出他是二十年前自己执教浙江一师时的学生。

一僧一俗，一师长一学生再度相逢，二人感到既突然，又感慨。

石有纪："老师，您老了。"

弘一："嗯，一别二十年。"

石有纪："岁月不饶人，我们的经子渊校长去年已仙逝了。"

弘一："我曾写信告诉你们夏老师殇孙，人生总是不如意的多。"

石有纪："前年我在上海，拜望过夏老师。老年丧孙，悲哀可知。"

二人悲叹、沉默。见老师着单薄的罗汉衣，石有纪脱掉身上的中山装，要给老师披上。弘一合掌婉拒："出家人习惯了。"

夜深了，石有纪起身鞠躬告别，弘一送他出僧房。石有纪回头望时，只见苍茫的秋夜中，弘一法师站在月下，深秋的风吹拂着他的衣袂……

几天之后，安溪县长石有纪便接到了弘一法师寄来的一副对联，是《华严经》偈语句。另有一幅字，是唐·李益《喜见外弟又言别》诗：

> 十年离乱后，长大一相逢。
>
> 问姓惊初见，称名忆旧容。
>
> 别来沧海事，语罢暮天钟。
>
> 明日巴陵道，秋山又几重！

诗后，弘一有题款：

> 录唐人诗一首，颇与仁者在承天寺相见情景相似……

戊寅九月，弘一到厦门同安梵天寺，该寺位于同安大轮山南麓，相传建于隋唐，初名兴国寺，有庙庵七十二所，北宋间合成一区，改名梵天寺。寺庙多年失修，已残破不堪。丙子年（1936）由会泉、会机法师化缘重修金刚殿，新建藏王殿、千佛阁。

同安历史悠久，文化源远，南宋理学大儒朱熹在此为官时，撰《大同集》，为重要文化遗产。

弘一在闽南弘法、行脚途中，与朱熹延续着前缘：

乙亥年（1935），弘一住的温陵疗养院，便是当年朱熹讲学的"小山丛竹"（小山书院）旧址。他补书朱子祠"过化亭"缺额并题记曰：

> 泉郡素称海滨邹鲁，朱子公尝于东北高阜建亭种竹。讲学其中——余昔在俗，潜心理学，独尊程朱。今日来温陵，补题过化，何莫非胜缘耶？

丙子年（1936）正月，弘一手书一草庵门联，赠予安息俞啸川，并加题记，其跋文曰：

> 此上联隐含慈悲博爱之意。宋儒周、程、朱诸子文中，常有此类之言，既是观天地生物气象而兴起仁民爱物之怀也。

己卯年（1939），弘一居普济寺，手书《题格言联璧》自勉：

> 余童年恒览是书。三十以后，稍知修养，亦奉为圭臬。今离俗已二十一载，偶披此卷，如饮甘露，深沁心脾，百读不厌也。或疑"齐家""从政"二门，与出家人不相涉，然整顿常任，训导法眷，任职丛林，方便接引，若取资此二门，善为变通应用，其所获利益，正无限也。演音。

中国高僧由儒入释，皆学佛度化世人，启众生一念心性，视众生为佛。朱熹的格物致知论，受历代学人与志士推崇，弘一自觉地继承了中国"士"的文化精神，不分儒、道、佛，凡具备善意良知，高尚人格者，本着随分的因缘，都取其精华，圆满完成华严境界。并使中国传统文化的意义超越狭义的宗教范畴。

戊寅年（1938）九月二十日至九月底，弘一到晋江安海水心亭澄净院讲通俗佛学，后又讲《佛法十疑略释》，以佛法觉悟人生，再讲《佛法宗派大概》，讲觉悟的各种途径，又讲《佛法学习初步》，以自己修行为例，说明佛教法门很多。到1943年皆收入《晚晴老人讲演录》。

戊寅年九月三十日，弘一将在这里讲律的情况写信告知施慈航，信云：

> 朽人居安海已将一月，讲法数次，听者甚多，近七百人，不久拟返泉州草庵……

南安水头是弘一高徒高文显家乡，水头双灵寺住持乃高文显母亲。此次弘一来这里，也到双灵寺，讲《梵网经菩萨戒本浅释》。

戊寅年十月廿一日，弘一由性常法师陪同，归卧草庵。三天后进永春蓬壶普济寺静修。立于安海水心亭前，弘一致书李芳远，告知到闽南弘法之原因，信中说：

> 今年所以往闽南各地弘法者，因余居闽南十年，受当地人士种种优遇。今年年老力衰，不久即可谢世。故今年往各地弘法，以报答闽南人士之护法厚恩耳。现在弘法已毕，即拟修养，故往草庵。明年将往惠安，闭门谢客，以终天年耳，旧十月十四日，音景之安海。

弘一写这封信前，童子李芳远曾给他写过一封洋洋千言的长信，信中劝弘一法师以后不可常常宴会，要静养用功。弘一读后"惭愧万分"。并"以十分坚决的心谢绝宴会。虽然得罪了别人，也不管它"。

十五岁的童子之劝，使弘一重新审视自己一年来的各地弘法。童言无忌，其信如一味良药，要不做"应酬和尚"，须养静、修行。

于是就有了戊寅年十一月二十日（1939年1月10日）弘一在承天寺讲《最后的□□（忏悔）》的演讲。

弘一面对养正院的学僧和众僧，说道：

佛教养正院已办了四年了。

光阴很快，人生在世，自幼年至中年、自中年至老年，虽经过几十年的光景，突与一会儿差不多。就我自己而论，我的年纪将到六十了，回想从小时候到现在，种种经过，如在眼前……

我常自想，啊！我是一个禽兽吗？好像不是，因为我还是一个人身。我的天良丧尽了吗？好像还没有，因为我尚有一线天良，常常想念自己的过失……讲到埋头造恶的一句话，我自出家以后，恶念一天比一天增加，善念一天比一天退失，一直到现在，可以说是醇乎其醇的一个埋头造恶的人——这个也无须客气无须谦让了。

自从正月二十到泉州，这两个月之中，弄得不知所云……一向直成一个"应酬和尚"了，这是我的一个朋友所讲的呀！

最后，弘一将龚定庵诗作为赠言：

未济终焉心缥缈，万事都从缺憾好。

吟道夕阳山外山，古今谁免余情绕！

弘一自责、忏悔的真诚感动了听众，他的自省策励和笃定鼓舞了大家。弘一的演讲《最后的□□（忏悔）》由瑞今法师记录，在演讲之前，弘一已写信给童子芳远，信云：

> 惠书诵悉，至用惭惶！自明日起，即当遵命闭关，摒弃一切！仁者天真灵性，举世莫匹，而不欲没沦繁华，至堪敬佩。深望今后，活泼庄严，为当代第一人耳。岁除之后，或往他处。谨复，不宣。

其信有感谢、有勉励、有期许，弘一与童子芳远的故事传为佛俗两界的佳话。

徐悲鸿为师绘像，
自度六十周甲寿

闲将岁月老烟汀，更遣诗情到香冥。

——南宋·朱熹《次韵寄题万顷寒光奉呈休斋先生》

1

乙卯年（1939），弘一六十岁。

出家后，弘一鲜有与人探讨篆刻书法艺术的专函。在戊寅年十月二十九日，他在泉州承天寺回马冬涵的一封信中，专门与其探讨书法、篆刻、印学艺术。他在信中写道：

> 冬涵居士道席，惠书诵悉，承示印稿至佳，刀尾扁尖而齐若锥状者，为朽人自意所创。（可随意刻之，寻常之锥亦可用）。锥形之刀，仅能刻白文，如似铁笔写字也。扁尖形之刀，可刻朱文，终不免雕琢之痕。不若以锥刻白文，能得自然之天趣也。此为朽人之创论，未审有当否……
>
> 朽人于写字时，皆依西洋画图案之原则，竭力配置调和全纸面之形状……故朽人所写之字，应作一张图案画观之，斯可矣。不惟写字，刻印亦然，仁者若能于图案法研究明了，所刻之印必大进步。因印文之章法布置能十分合宜也。又无论写字刻印等，皆是以表示作者之性格（此乃自然流露，非故意表示）朽人之字所示者，平淡，恬静，冲逸之致也。

马冬涵住漳州番仔楼，与七宝寺梅园相邻，年轻时喜金石篆刻，名响漳州。因仰慕弘一法师，他常到访请教书法篆刻艺术，曾自印个人书法篆刻集，向弘一法师请教。后又为弘一刻一枚朱文印章，字曰"弘一六后作"赠送。

弘一之信向马居士介绍了书法、篆刻艺术之心得，他强调学习要循序渐进，要注意构图，要有个性风格。

戊寅年岁末，弘一给泉州王振邦寄去一信，曾谈及手抄《金刚经》弘法之事：

> 前广洽法师印拙书《金刚经》所存无几，此书接引新青年至为逗机（军官等阅此生善心，功德尤大）。乞劝广洽师发心募印再版。（能印数千册广赠尤善）仍任上海费范九居士经手印制，最为善也。

丰子恺与范古农先生都说：闽中人士受弘一法师熏陶，大都富有宗教信仰和艺术修养，认为弘一以书法艺术弘法，效果很好。

弘一自己说："余字即是法。"

正如丰子恺先生所说，弘一的书法，在内容上是宗教的，但在形式上是艺术的。

作为艺术的书法是不分世俗和宗教的，佛教外的文化人喜欢弘一的书法，是因为其书法具有艺术的美感，有美学价值。当然，在念佛、以书法弘法的长期实践中，弘一干净的灵魂，精神的博大之气，已融进其书法作品，成为其精神内涵的载体，形成极具个性的"弘一体"——清静淡泊，空旷通透，天朗气清，天地广阔。也就是说，弘一的墨迹超脱了世俗的审美境界，达到了宗教与道德融为一体的理想境界。

弘一在闽南弘法，倡导"先识器而后文艺"的立德方向。文艺，非只为稻粱谋，混饭吃，其更重于谋道、文缘与尘缘，器识皆缘。弘一认为，艺术不能迁就世风，不被功利所惑，他主张艺术的自立品格。

丰子恺说：

> 最高的艺术家有言："无声之诗无一字，无形之画无一笔"……
> 艺术的精神，正是宗教的。古人云"文章一小技，于道未为尊"。
> 又曰："太上立德，其次立言。"弘一法师教人，亦常引用儒家
> 语："士先器识而后文艺。"所谓"文章""文艺"，便是艺术，所谓
> "道""德""器识"，正是宗教的修养。宗教与艺术的高下轻重，在
> 此已经明示，三层楼当然在二层楼之上的。

闽南的知识界和厦门的文人书画家，在弘一的影响下坚持儒家"志道、据仁、依德、游艺"的传统认识，他们不被习俗陋见所蒙蔽，钟爱文艺，追求艺术的真善美。

如弘一在泉州昭昧国学专校（梅石书院）讲《儒教之源流及宗派》，与几位教师李幼岩、汪照六等结下善缘，这对他的艺术影响甚大。

2

己卯年正月初一（1939年2月19日），弘一在承天寺月台别院，度过戊寅除夕。1938年，泉州常遭日寇飞机的疯狂轰炸，社会动荡不安。

正月初一，零星的鞭炮声让传统的热闹喜庆的大年初一过得有些惨淡。

弘一在僧舍忙着手书佛号及《华严经》，准备赠给漳州人刘锦松。今天共写四幅佛号及《华严经》偈：

> "佛、法、僧"。胜华居士礼敬供养。己卯元旦，沙门一音书。

刘锦松，弘一为其取法名胜华，其母系弘一的皈依弟子。去年年底，刘锦松广搜资料，编了《弘一大师文钞》，写信请教法师。

弘一一贯淡泊名利，唯恐避之不及，便回信：以"朽人旧作，可取者甚少"况多为"平庸之作"，拒绝出版此书，云：

> 仁者所编计划书，至为精密，但意在广辑巨帙，洋洋大观。此与朽意未合，乞亮（谅）之。

弘一强调，自己出家，绝不愿做"文字法师"：

> 朽人出家之宗旨，绝不愿为文字法师。今所拟编两小册，亦是未能免俗，聊复尔尔，岂期以此传久远，流芳万古耶。

312

前面讲过，弘一至孝，每逢亡母忌日总会写经偈回向纪念。眼下，是己卯二月初五日亡母王氏谢世三十四周年，他在《前尘影事》册上恭抄《金刚金》偈：

> 一切有为法，如梦幻泡影，如露亦如电，应作如是观。

功德回向亡故三十四年之母亲，回向菩萨。出家后，他年年写《金刚经》偈。

亡母忌日过去，已是己卯仲春，弘一在承天寺月台，集华严经长联，手书后赠广智法师，联曰：

> 远见如来无量光，具此普贤最胜愿。

勤修清净波罗蜜，恒不忘失菩提心。

己卯二月二十五日弘一到永春城东桃源殿，性常与李芳远相陪游城内环翠山，他们驻足瞻仰巨石上的朱熹刻壁诗，久视而不愿离去。石刻诗曰：

闲将岁月老烟汀，更遣诗情到杳冥。
游子故应悲旧国，壮怀那肯泣新亭。
一官避世今头白，万卷收功久汗青。
但见潮生与潮落，不知沉醉又还醒。

该诗抒发了山河破碎年华渐老的一腔悲叹，时逢国难，忧国忧民的弘一对此产生了情感共鸣。

次日，弘一为僧众讲《佛法之简易修持法》，其要点为三：深信因果，发菩提心，专修净土。后李芳远将弘一讲演记录印了数千册，广为流传。

后弘一离开永春城到普济寺闭关，断绝外界干扰，习静著作。

弘一在普济寺从己卯年二月直至庚辰年（1940）十月，一住就是五百七十三天。

普济寺山奥幽僻，古称桃源。五代至明，多次兴废，历代名人如朱熹、叶向高等大儒家都曾游历此寺，故得"桃源甲刹"之名。弘一到寺后，在自己住的精舍自题"十刹律院"。

当地林奉若居士在普济寺自家修筑的数椽茅棚供养弘一法师，并承担其斋食。

弘一在普济寺原本抛下一切外缘，谢绝一切人事，静修著律，因此，驻锡近六百天，只讲演两次。

己卯三月，刚到普济寺不久，他就致函丰子恺，说："朽人近年来，身体勉强支持，但旧病未除，新疾时增。"说明弘一身体继续恶化。四月、七月又致信李芳远，说："朽人近来闭门思过，谢绝一切人事周旋。附奉上血书佛号一页。"以羸弱之身"血书佛号"，其事佛之诚，苍天可证。正如他为普济寺补壁之联：

山静似太古，人间爱晚晴。

庚辰年（1940）九月二十日，弘一六十一岁寿辰，他又为普济寺后的精舍书一偈联，以自勉：

闭门思过，依教观心。

314

庚辰年，弘一在普济寺编撰了《南山律在家备览略编》草稿，该书是为在家修佛者提供的通俗读物；这与甲子年（1924）在温州闭关时，他完成的面向出家的学佛者的律学著作《四分律比丘戒相表论》对比，两部著作一部高深一部通俗，相映成趣。

闭关可抛下一切外缘，谢绝一切人事，依教观心，依南山律而著述。但修佛隔不断战争和民生疾苦，日寇铁蹄践踏我国国土，沦陷后民生艰难，即使是一些尚未被战火燃及的地区时局也不稳定，物价飞涨，连闭关的弘一都知道生活的沉重，他说：

泉州米价将至三百，火柴每一小盒二圆，其他可知。贫民苦矣。
朽人幸托庇佛门，食用无虑，诸事平足，惭愧惭愧。

庚辰年二月，弘一辑录南山、灵芝相关论述，完成《盗戒释相概略问答》一卷，交由上海李圆净付印。

七月，又撰毕《戒疏科别录论》。

在闽南，自戊辰年至庚辰年，弘一在闽南对南山律学校点题记，对道宣的《行事钞》等作了十多篇题记。众所周知，南山律学巨帙浩繁，南山、灵芝各三大部，文字义理艰深难懂，佛界很少有人敢贸然涉猎。

弘一近两年里在普济寺，一边养疴将息身体，一边研读律学，编撰了《南山律在家备览略编》草稿，他自己说出了编撰此书的艰难：

> 养疴山中，勉励辑是编，偶有疑义，无书可考，盖以朽疾相寻，昏蒙非一。舛讹脱略，应所未勉。率为录出，且存草稿。重治校订，愿俟当来。

最后，此书在晋江福林寺完成。

庚辰冬，终于把《南山律在家备览略编》的《宋体篇》交上海李圆净。原稿附记云：二十九年次寿星□月□日，辑录宋体篇并识。沙门山门善梦，时年六十有一，居毗湖山中。

弘一认为自知、自尊、反省、坚定方可使人智、明、久、寿的品格精神皆备，并"死而不亡"。庚辰年他对永春图书馆馆长王梦惺说：

> 我们做人最要紧的是心口如一，衣里如一，言行如一，梦醒如一，乃至生死如一。

弘一闭关，鲜有社会活动，却备受世人关注，有些讹传说弘一大师已经圆寂。

林奉若致信郁志朗说明真相，以正视听。

庚辰年三月十八日，弘一致函上海李圆净，自述近况：

> 朽人近年以来，精力衰颓，时有小疾，编辑之事，仅可量力渐次为之，若致圆满成就其业，必须早生极乐，见证佛果，回入婆娑，乃能为也。

一贯严谨的弘一，此信显出了些许幽默：外界传我圆寂，我也向往之，孰料精力衰颓，"时有小病"，无奈老天难于"见证佛果"。

而昔日神童李芳远，两次登普济山顶，探望、服侍恩师，使谣言灰飞烟灭。己卯六月，谣言风起之时，李芳远接到弘一师的信：

> 倘仁者来普济寺，乞于古历六月十九日前惠临，因自十二日始，即谢客养静，未能晤谈也。

李芳远第二次到普济寺，是庚辰春日，弘一师致信李芳远，让他上山交代普济寺厨房云：

> 自明日起，每日送粥两次。早晨送来时间，再延迟一点钟送来，因余近来老病日甚，晨起手足无力，精神颓唐，不能早起床，故须

再延迟一点钟也。

自厦门沦陷，听弘一劝告，李芳远回故乡永春避难，常与弘一师通信。从李芳远的《普济寺访弘一法师》一文中，可知弘一曾书遗灭二偈相赠。

后弘一之辞世二偈，由普济寺裱好，悬于寺中。林汉忠在《弘一法师在永春》一文中对此事有详尽记载：

> 是年秋，因病书偈："君子之交，其淡如水，执象而求，咫尺千里。"居普济寺半载，赋偈志别："问余何适，廓尔忘言；华枝春满，天心月圆。己卯秋，一音，年六十"偈之二署名"无畏"书赠"芳远童子渊誉"。

戒杀护生，实为佛门的慈悲护心。

弘一居深山，寺中自会常有山鼠侵扰破坏，使人昼夜难安。山鼠破坏力极强，大凡粮、油、衣、书，甚至寺中的佛经、佛典、佛身、佛像无不啃食。

但佛门慈悲，"爱鼠常留饭"，喂饲饥寒交迫之山鼠。弘一便有《饲鼠免鼠患之经验谈》：

> 昔圣贤谓以饲猫之饭饲鼠，则可无鼠患。常人罕为注意，而不知其言确实有据也。余每日饲鼠两次，饲时，并为发愿回向。冀彼等早得人身，乃至速证菩提云云。

据说，弘一此法使山鼠之患终于平息。此证"我于一切众生，当如慈母"，佛教戒杀，化害为无。弘一在杭州虎跑寺时曾为病死之黄狗诵经超度；在鼓浪屿日光岩，为小猫之死念《往生咒》超度；即使病在晋江草庵，仍为中毒而亡的蜜蜂超度……

有传说曰，戊寅岁尾，一位叫钱东亮的旅长，曾到承天寺拜访他崇敬的弘一法师，谈到杀戮，弘一劝诫这位司令："旅长还是远杀的好。杀，是不好的……"

笔者不知上述传说出自何典。僧侣弘法，宣传抗日救国，可不上战场。但抵御日本侵略者，只能武力抗战，奋勇杀敌，此刻说弘一还向抗战军人宣传什么"上苍忌杀戮"，既不合时宜，也在玷污弘一大师的爱国情怀，诋毁作为抗日统一战线的佛界众僧的爱国精神。

庚辰年十月，弘一从蓬壶山中到永春县城桃源寺下榻。过了几天，由传贯、静渊等法师陪同，步行至仁宅，住在南安珉琚山南麓之灵秀所钟、胜迹弥著的灵应寺。转应老法师不辞艰苦到寺礼忏，弘一非常敬佩，以"闽南砥柱，佛法金诚"短联相赠。并对转应老法师之"精勤无间"的精神十分赞叹。

闻弘一来灵应寺后，当地各界人士，特别是晋江、南安的教师蜂拥而至，国难当头，战火连天，他们有许多问题请教弘一。

弘一"以诸君皆从远道而来，且为教育界人士，破例接见"。

有教师问："当此生活程度提高，一个小学教师，家费无法维持，是否可以改业？"

弘一曰："小学教育为栽培人才基础，关系国家民族，至重且大。小学教师目下虽太清苦，然人格实至高尚，未可轻易转途云……"

众人"久仰弘一法师之名，难免见猎心喜"（见月笙《灵应寺访弘一法师》）。

弘一鼓励教师坚守自己的岗位，与孟郊诗句"清贫聊自尔，素质将如何"的主张主德、清格是一脉相承的。

4

辛巳年（1941）弘一六十二岁。弘一自说："朽人今岁世寿六十二。"

是年春，弘一在南安灵应寺时，他的师生道侣们的祝贺的诗词陆续寄到了。

弘一在天津的旧交王吟笙、姚彤章、曹幼占等皆有诗贺寿，依次为：

王吟笙，于辛巳小春，时年七十有二，贺寿诗：

> 世与望恒居，夙好诗史书。
>
> 聪明匹冰雪，同侪逊不如。
>
> ……

姚彤章祝寿诗：

> 仙李盘根岁月真，千秋事业有传薪。
>
> ……

曹幼占祝寿诗：

> 高贤自昔月为邻，早羡才华迈等伦。
>
> ……

国内知名人士也纷纷以诗贺寿，依次录之：

马一浮：

世寿远如朝露，腊高不涉春秋。

宝掌千年犹驻，赵州百岁能留。

……

杨云史：

词人风调美人骨，彻底聪明便大哀。

绮障尽头菩萨道，水流云乱一僧来。

……

闽南永春郑翘松：

海岳仙人杖锡来，祥风一扫漳云开。

320

神医果如伽陀药，天匠能客飘落才……

太虚法师贺寿偈：

以教印心，以律严身；

内外清净，菩提之因。

九龙柳亚子：

君礼释迦佛，我拜马克思。

大雄大无畏，救世心无歧。

……

此外，早在己卯年，抗战进行两年多时，著名画家徐悲鸿在新加坡举办画展，募捐支援抗战，广洽法师特请徐悲鸿为弘一法师画半身油画像一幅，为弘一法师贺六十寿。

后徐悲鸿在《弘一法师画像题记》一文中详记此事：

> 早岁识陈君师曾，闻知今弘一大师为人，心窃慕之。顾我之所以慕师者，正从师今日视若敝屣之书之画也。悲鸿不佞，直至今日尚沉湎于色相之中，不能自拔。于五六年前，且恳知友丐师书法。钝根之人，日从惑溺，愧于师书中启示，未能领悟。民国廿八年夏，广洽法师以纪念弘一法师诞辰，属为造像，欣然从命就吾所能，竭我驽钝于师，不知不觉之中，以答师之唯一因缘，良自庆幸。所愧即此自度微末之艺，尚未能以全力诣其极也。卅六年秋，悲鸿重为补书于北平寓斋。

徐悲鸿之《弘一法师画像题记》一文，本是1947年徐悲鸿补记，交新加坡广洽法师保存。后广洽托归国华侨带回国内，因"文化大革命"爆发，归国华侨无法转达而下落不明。所幸"文化大革命"期间，厦门同安马巷中学教师陈瑞琦先生在即将焚烧的"四旧"书画堆中，发现徐悲鸿之《题记》，细心收藏，《题记》得以保存。

至1985年，广洽归国，重提《题记》旧事，经人说服陈瑞琦，其渐明大义，将《题记》奉还广洽，让画像与《题记》珠联璧合，后藏于泉州开元寺弘一法师纪念馆。

辛巳年二月，弘一驻锡灵应寺，度过十方施主供养的一次寿诞。他让后学们将那些为他祝寿的寿字、寿诗、寿词辑成专册，作为纪念，妥善保管。到四月，这里又发生两件事，其中之一是弘一亡母八十冥诞。他提前十天把自己关在寮房里，念经，为亡母回向。四月十日，他写了张刺血佛号，寄给童子李芳远。其二是八天后他到水云洞向慧田法师辞行，尝山居粗茶淡饭。次日，写一幅偈语，寄给上海陈海量：

> 即今休去便休去，
>
> 若欲了时无了时。

并题跋曰："辛巳四月十九日第二次居南浦水云，明朝将复之福林——晚晴老人，时年六十又二，未御鱼目（眼镜）书。"

其时，弘一患有肺结核、支气管炎、关节炎……多病缠身，他带病又到乡间的福林寺。这座禅寺规模并不小，因名僧妙莲、传贯，特别是弘一的到来，充满了生气。

他们在此结夏，息心念佛，志于念佛三昧，其间他还要向年轻的比丘讲析律学。弘一除了讲律，讲《印光大师的行谊》，还把印光大师当成自己的偶像和榜样，勉励比丘，希望他们也能成为印光那样的佛学大家。他讲到印光大师时，多讲自己亲身经历的故事。

比如，一次弘一自己到普陀山，那时印光大师已六十岁高龄，但他事必躬亲，直到圆寂前，他还在苏州灵岩山每天抹桌、扫地、添油灯、洗衣，他讲大师的衣食住行极简朴粗粝。他自己在甲子年（1924）曾在普陀亲近大师七天，大师的一举一动他都看在眼里，大师每天早餐只吃一大碗饭，无菜，如此坚持三十年，食后用舌舐碗。中午吃饭一碗，大锅菜一碗。大师与客人同桌，见客人碗中留下米粒，一定大声说："你有多大福气，这么糟蹋粮食……"大师见有人将冷茶倒入痰盂，也大声责备。大师最重因果报应，遇人便讲"善有善报，恶有恶报"，因果与业报是连锁的，如果世间人能深明因果，社会上便无强梁匪盗，人们便能安居乐业；大师精通佛典，可他自己行持与劝人学佛时都以专修念佛法门相告，深一层的，便说到念佛三昧，对高级知识分子，大师绝不与其讲高深哲理，只劝他们专心念佛……

接着，弘一总是说："古今高僧，没有一位不是一门深入，净严戒律的，世间那些朝秦暮楚、不拘小节的菩萨戒比丘、菩萨戒优婆塞，想在历史上占一席之地，恐怕是做不到的。我说这些话，无非盼望年轻的同修中，多出几位出乎其类，拔乎其萃的佛门代表人物，众生才能免于沉沦之苦！"

最后，他说："而我们又是如此不堪入目，今天的僧道日非，叫人目不忍睹了，有些人一举手、一投足之间，望之无一道气——佛法真是沦落到令人痛哭流涕了！身为比丘的我们，都是其中一分子，也都有一份沉重的责任！这时，我们真的应该醒醒了，真的应该不看金刚看佛面了，真的应该悉心忏悔了……"

讲到这里，弘一已泪流满面，泣不成声，而听者也热泪盈眶，坐立不安了。

其实，他看似讲印光大师的功德，而那呕心沥血之语，所道印光大师的功德又何尝不是弘一的夫子之道呢。

闽南的雨季，山间经常笼罩在蒙蒙细雨之中，湿气很重。弘一在福林寺的楼上念经，湿气会轻些。

一天，崇拜弘一法师的年轻人黄福海在雨中拜访弘一法师。因黄福海与弘一侍者传贯相识，便由他带到楼上，那时弘一手握经卷凭栏望着苍茫的雨景。

弘一早就认识这位黄姓青年，请他进楼上一间小会客室，示意他坐下。

黄："法师，每天都要向众僧说法吗？"

弘一："不错。我是随缘跟结夏的同道们交流交流。当然也还编些律宗方面的小书。"

黄："看上去，法师的身体尚好。"

弘一："这里的夏天凉爽，旧病依旧，新病未上身。"

弘一讲了讲近来的念经生活情况，便习惯性地默默无语。

黄福海坐了些时候，起身鞠躬告别。回到家，他无法解释，在弘一法师沉默时，自己为何耐得住的那份寂寞。而让他分外惊喜的是，第三天，他竟然收到一幅弘一法师托人送来的字。这无疑是法师对每个学佛的年轻人都寄予的无限期望。关于法师与夏丏尊、丰子恺、刘质平等人的善缘，他是从报刊和朋友那里得知的。他感到很激动。

黄福海展开一看，是晚唐诗人韩偓的两首诗：

七绝：

324

斜烟缕缕鹭鸶栖，藕叶枯香折野泥。

有个高僧入图画，把经吟立水塘西。

五绝：

江海扁舟客，云山一衲僧。

相逢两无语，若个是难能。

读过书的黄福海，读了诗便懂得了弘一法师的用意。七律，乃是与自己晤面时，法师的自我写照，五绝是二人相对无语的情景。

送字者是福林寺的年轻和尚，他送了字，还有一卷宽窄不同的宣纸。他说："这是黄居士以前送弘一法师的纸，法师裁了些给你写字，剩下的退还居士。"

黄福海想起来，两年前，在泉州承天寺初会弘一法师时，他曾提道："法师，您虽然出家了，不再谈世间艺术，但在我心里，你一直是一位艺术家。"

他又想起自己的冒失，一次他未经通报就直接进了弘一法师的晚晴室，那时法师正埋头写字，见他突然闯进，便放下笔。他说："法师，您继续写字，我是专为瞻仰您写字而来的。"

弘一点点头，仍旧写字，见他很注意用笔和指法，便边写边道："我写字好像摆图案，其实，写字不悖摆图案的原则……"

他当时对法师说："我临摹过法师写的《金刚经》，可并不像。"

弘一法师笑了："我看过你的字呢，还是有些像我。"

后来，他就给弘一法师送过几回宣纸。

见到弘一法师赠的字及退回的宣纸，又想到这些往事，黄福海两眼有些湿润……

十月，秋高气爽，弘一在福林寺静静地念佛。一天他的法侣传贯从泉州来了，传贯手捧一束红色菊花，鲜红似血，娇艳炫目。

弘一见是西洋菊花，便作一偈，写在纸上，兼酬柳亚子，偈云：

亭亭菊一枝，高标矗晚节；

云何色殷红？殉道夜流血！

晚晴老人于莆林

"云何色殷红？殉道夜流血！"这句诗在文界、宗教界广为流传，激励人民用鲜血和生命英勇抗战保家卫国。

十一月，弘一受邀去泉州。自抗战以来，闽南的佛教寺院受战火影响，经济困难，日渐难以维持。上海老友刘传声想到梵行卓越的弘一法师也一定十分艰难，便托人由海道带千元法币到泉州转给弘一法师。

弘一见老友刘传声的信及款，说道："自我出家，从不受别人供养。"过去亲朋弟子所赠钱财也全部用在流布佛书上，于是决定将千元法币退回上海。但因交通断绝了，弘一只好将钱代捐给生活困难的开元寺。

过了一会儿，弘一说："好友夏丏尊，十年前曾送我白金水晶眼镜一副，现在也一并捐给开元寺吧，也能值五百块钱。"

此事很快就在社会上流传。永春的童子李芳远闻之，便给弘一法师写了一封信：

法师，听说您最近由乡下回到泉州，泉州的官绅，想又有一番盛会欢迎您，以您的法体与德行，均不宜受到这些名闻利养的骚扰，师以梵行坚决而感动人天，务请珍重。悉心摒去外缘。一心念佛，以了生死。弟子大言不惭，盼师顾念弟子曲谏的真情，弟子虽堕地狱而无憾……

弘一看完后，将信收起，自省后应酬比往昔少了许多。

弘一当晚即回信：

来书欣悉，朽人这次在泉州两旬，日堕于名闻利养的陷阱之中，又惭又愧。决定明天午前归队蒱林，闭门静修……音启。古十二月二十一日。

弘一刚到福林寺，李芳远又来信了，让弘一闭关。

辛巳冬十二月，正值抗日战争最严酷的时期，泉州大开元寺结士念佛，弘一书"念佛不忘救国，救国必须念佛"警句，并题记：

> 佛者觉也，觉了真理，乃能誓舍身命，牺牲一切，勇猛精进，救护国家。是故救国必须念佛。辛巳岁寒，大开元寺结七念佛敬书，呈奉，晚晴老人。

其爱国之心，可昭日月。也是弘一法师一生精神灵魂最为高光的时刻。

第十六章

郭沫若求师墨宝，
弘一圆寂晚晴室

风景依稀或不同，更从何处觅禅宗。

——弘一法师《灵瑞山勒石诗》

1

壬午年（1942），弘一六十三岁。

新年伊始，弘一写信给李芳远。

芳远居士：

　　此次朽人到泉州，虽不免名闻利养，但比起三四年前，已减轻许多。这次来泉州，未演讲未赴斋会，仅仅在三处吃了便饭，但是每天见客与写字，却成为一件忙事。写字结缘虽是弘扬佛法，但在朽人，道德学问一无所成，实在惭愧不安。自今以后，决心退而潜修，谢绝事务，以后断绝一切信函，来信也不披阅，请原谅……

　　以后，倘有他人问朽人近状，请答以"闭门思过，念佛待死"八字。

　　又，此次至泉州，朽人自身未受一文钱的供养，凡有供养者，都转赠寺中作生活费用，或买纸就近结缘。往返泉州旅费，则由传贯法师布施。附启。

　　虽李芳远还是一个乳臭未干的童子，弘一每致信于他，总无半点敷衍和草率，付出的是老朋友的一腔真诚的情怀。

　　壬午年春，郭沫若在重庆曾托童子李芳远代求弘一法师墨宝。弘一与文坛和政坛的名士郭沫若虽无缘相识，但其名声早就知晓，遂写诗一首，勉励文学家灵魂高洁。其诗曰：

我心似明月，碧潭澄皎洁。

无物堪比伦，教我如何说？

上款题为：

沫若居士澄览。

郭沫若收到弘一法师书法作品之后，即复信李芳远：

澄览大师言甚是，文事要在乎人，有旧学功底固佳，然仅有此而无人的修养，终不得事也。古人云："士先器识而后文艺。"殆见道之言耳。

专复，顺颂时祺。

郭沫若叩，六月八日

两位文人之"器识""澄览"，智者所见略同。

壬午年，弘一已六十有三了，病魔已将其纠缠折磨得弱不禁风，有几次他原以为就要驾鹤西去，写了几次遗书，但世缘未尽，奇迹般地活到六十三岁。

壬午春节前后，弘一住在百原寺。一位教育工作者顾一尘，从广义法师那里得知弘一法师来到泉州了，广义法师对他说："弘一法师一直很怀念你，请你到百原寺看看他。"

顾一尘匆匆赶到百原寺，他见弘一法师面容清瘦憔悴，声音低沉而战栗，虽一脸笑容，但着实让他心里一惊："莫非弘一法师真的要离开人世了？"他突然忆起多年前弘一法师给他写的那幅字，写的是古人的白话诗：

> 过去事已过去了，未来不必预思量。
>
> 只今便道即今句，梅子熟时栀子香。

顾一尘这才琢磨出此诗的含义，其中除了哲人的平淡与豪放，还有对生死的达观。

在福林寺，衰颓的弘一为学者讲演了《律钞宗要》，编写了《律钞宗要随讲别录》《事钞略科》《随分自誓菩萨戒文析疑》等著作，并重修了《晚晴集》。

壬午二月，弘一应昔日浙江一师的学生、如今的惠安县长石有纪之邀，偕侍者龚天发前往惠安灵瑞山。动身前，弘一与石县长已约法三章：

> 一、君子之交，其淡如水；二、不迎不送，不请斋；三、过城时不停留，径赴灵瑞山。

弘一在惠安约住了一个月，主要是助缘修葺灵瑞山寺，及扩建瑞竹岩寺前殿。其间弘一手书寺门柱联、寺门匾额等。此外除为石有纪教写字、改诗外，还敦其"存诚""戒杀"，做清廉爱民的好官。

门人石有纪为纪念弘一法师四赴惠安弘法，在灵瑞山勒石曰：

> 更从何处觅禅踪，风景依稀或不同。
>
> 稽首灵山千百拜，寺门长对夕阳红。

后来，经叶青眼及温陵养老院谊居士邀请，弘一又动身回到泉州，随最后一位侍侣妙莲法师住进养老院。弘一居"晚晴室",妙莲居"华珍一二三室"。

外界闻讯,仍有不少请弘一法师讲经的函件寄来,但均被婉拒。

养老院的食宿条件自然要比寺院苦行僧式的生活优越得多,这也是叶青眼坚请弘一法师到养老院好生静养的初衷。但在"晚晴室"里的弘一依然闲不住,他在这里写下"持非时食戒者应注意日中之时"一文,对"过午不食"的时间做了定义。

五月时,弘一还为福州怡山长庆寺书写《修建放生园池记》。

受晋江释迦寺护法蒋文泽的邀请,弘一重新撰述《削法仪式》,完成后,举行削发演示活动:

> 公旋闭关,谢绝接见,不收信件。余等因公在院,每月半必聚会一次。商所需,常数周不获其面。逮至七月廿一日,假过化亭为戒坛,教演出家剃度仪式,而广翰、道详二沙弥,证明传授沙弥戒。余等始得参与观礼,再聆教益。

壬午年七月二十一日,弘一宣说《削法仪式》时,交付妙莲法师《削发仪式》抄稿。

壬午年八月,弘一著述之《佛说八大人觉经》完稿,其跋云:

> 衰老日甚,体倦神昏。勉强录此,芜杂无次,讹误不免。此稿未可刊布流传,惟由友人收存以留纪念耳。壬午八月十三日书竟并记,弘一。

壬午年中秋及十六日,弘一在养老院宣讲《佛说八大人觉经》。两天后，他又宣讲《净土罗法》，讲经时，说到人世的悲欢离合、生命苦短，犹如朝露，他语音沉重、表情黯然。弘一讲经时由广义法师译成闽南语传给听众。

此时，养老院已是一派晚秋的萧瑟，而弘一沧桑、惨白的脸上没有一丝血色，如同即将燃尽的油灯，但那双不大的眼睛却格外明亮。

弘一讲《佛说八大人觉经》后休息了一周。其间，他为两位同道写了寺院大殿上的柱联。

此刻夏丏尊殷切地盼弘一回到浙江的晚晴山房终老。弘一未置可否。

2

八月二十三日傍晚，妙莲法师发现弘一法师有些发烧，劝他请医生看病，他一笑说："天天如此，不必多虑。"第二天清晨，除食量少些，一切照常。

八月二十五日，他为晋江中学的学生们写了一百多张《华严经》偈：

不为自己求安乐，但愿众生得离苦。

八月二十六日，弘一的状况让侍奉他的人们吃了一惊，他只吃了小半碗粥，但依然强打精神，埋头写字。如同他柔若无骨的字一样，挣扎着柔弱地活着。

八月二十七日，弘一宣布断食，只喝白开水。

八月二十八日，发烧加剧，四肢无力，在人生的最后时刻他觉得该有些交代了。

他叫来妙莲法师。妙莲法师俯身："您会好的！"

"我会好？"弘一枯瘦的脸上浮现一丝微笑，"好与歹，一个样。但我身后之事，全交你一人负责了。"

说罢他让妙莲法师研墨，挣扎起身，从桌上取出个信封，提笔写了：

　　余于未命终前、临命终时、既命终后，皆托妙莲法师一人负责，他人——无论何人皆不得干预。

共写三纸，然后让妙莲法师用他的印章分别盖在三纸的末端。将其中一份交妙莲法师："我相信你。"说罢，复又躺下去，似睡非睡地闭上了双眼。

八月二十九日下午，弘一又唤来妙莲法师，向他交代临终的几件事。无非是"我没有享受那份'死后哀荣'的心，一切祭吊从简"。但弘一特别交代，在临终助念时，看到我流泪，不是留恋世间、挂念亲友，而是悲欣交集的情感呈现；停止呼吸后，身有余热，送去火葬，只穿一件破旧短裤。遗骸装龛时，要四只小碗，准备垫在龛脚上，装水，别让蚂蚁昆虫爬上来……

九月初一上午，应黄福海之请，在其纪念册上写下座右铭：

　　吾人日夜行住坐卧，皆须至诚恭敬。

　　中华民国三十一年（1942）双十节大病中书勉福海贤首。晚晴老人。

该日下午两点左右，弘一又勉强起身写下绝笔："悲欣交集"四个字，交妙莲法师。几天后，又给挚友夏丏尊、同道性能法师及弟子刘质平预先写的诀别信：

朽人已于九月 日谢世，曾赋二偈附录于后：

君子之交，其淡如水；执象而求，咫尺千里。

问余何适，廓尔忘言；华枝春满，天心月圆。

前所证日月系依农历，谨达不宣。音启。

弘一法师之诀别信，日子留下空格，后来由性能法师以朱笔代填。

交代好后事，弘一法师放下一切外缘，不吃饭，不吃药，心里只念佛号。

到九月四日（阳历十月十三日）晚七时，守卫在弘一法师床前的人发现他的呼吸开始急促。妙莲见弘一法师的面容忽而变红，又忽而变白，这是临终前的征兆，也是一个高尚的灵魂即将离去的信号，妙莲俯身，对着他的耳朵轻声说："弟子妙莲来助念！"

妙莲法师清晰、抑扬顿挫，而又舒缓的佛号响在弘一法师的耳畔，身边的诸僧也跟着念诵："南—无—阿—弥—陀—佛……"像一曲庄严的乐曲，在寺庙里回荡。

弘一法师非常平静、安详地向右侧一倾，仿佛在诵经声中沉睡了。

众僧按弘一法师的安排念《普贤行愿品》《回向文》……

妙莲发现，弘一法师消瘦多皱的眼角汩汩地淌泪。

八时许，妙莲再次俯身，侧耳细听，弘一法师再无鼻息，只有眼角的泪痕闪光。法师走了。

众僧强忍悲痛，虔诚念佛，直到清晨……

1942年深秋，弘一圆寂的新闻已传到日本，五十二岁的雪子，从报纸上得到这一消息时，正与从东京来这里探亲的油子喝早茶。茶杯突然落地，她呆呆地垂泪。油子从早稻田大学毕业后，留在该校教书。几天前，她在东京《朝日新闻》看到父亲逝世的消息，报上引用了中国报纸的消息：大师灭后，请弟子遵遗嘱，经十小时以上再入其房巡视，"见其遗体如生"。遗体焚化，"捡出舍利颇多"……

油子担心母亲，乘机飞往冲绳。一开始她没有将此消息告诉母亲，怕她一时难以接受这噩耗。

当雪子的情绪慢慢平静下来，从一个小木匣里取出一绺胡须，一块怀表和一摞书信，摆在李叔同自画像前，又在一小香炉里插上三支点燃的藏香。然后换上三郎百看不厌的白色紧身旗袍，头上插朵从院里摘下的雪白菊花，拉油子站在这简单的灵位前，深深鞠躬。

那些如歌的岁月、如诗的往事，全都飘然而至，就是靠这些悲欣交集的记忆，雪子活到1988年，享年一百零六岁。

雪子归西那天，身着白色旗袍，坐在从上海带来的明代黄花梨圈椅上，哼着《送别》"长亭外，古道边，芳草碧连天，晚风拂柳笛声残，夕阳山外山。天之涯，地之角，知交半零落，一壶浊酒尽余欢，今宵别梦寒"。

歌声渐渐沉落，雪子怅然长眠……

据说，李叔同与雪子的女儿春山油子，在1988年，七十岁时，曾作为日本经济官员到中国考察，顺便到父亲剃度的杭州虎跑寺凭吊。

人间痛伤别，此地正是父母长别处，梦魂纵有也成虚，更那堪和梦无。父亲一句"悲欣交集"岂能将这岁岁年年的断肠悲痛轻轻带过！油子突然想起母亲教她的李清照的《武陵春》诗："物是人非事事休，欲语泪先流"，她感慨良多！

油子按捺不住好奇，又专程赴天津，独自来到粮店后街六十二号。那时此地还未拆除，已成一个破败的大杂院，母亲说父亲在这座曾经辉煌的田字格大院里度过了丰富多彩的童年。

万事翻覆如浮云，油子怎么想也想不出，从这个院里，走出过一位风华绝代的才子、一个名扬四海的云水高僧……

临离开这个大杂院前，油子用手帕装了一抔这里的黄土，她准备带到冲绳那座四合院……

3

弘一法师的入灭，无声无息，甚至显得沉默清冷，却牵动了僧俗两界众生的一腔怆怀，而这位风华才子、云水高僧，为新旧两代中国人留下了一个文化和人格的绝响，足以让人"悲欣交集"。

尽管弘一曾自号"二一老人"：即"一事无成人渐老"，"一钱不值何消说"，此系引前人的两句诗，以对抗好得赞谀的世情。但作为中国现代艺术和艺术教育的先驱者，他对文化的贡献，及皈依佛门后爱国殉道的砥砺、守成的精神，其成就的价值与意义，殊非言语能论断。这让人想起帕斯卡尔在《思想录》里的那句名言"对于寻求它的那些人来说，是可见的；而对不寻求它的那部分人来说，则不可见"。

弘一圆寂，其法侣广洽法师曾作如是说："虽亲近大师有年，但觉其语默动静，无非示教，因不敢以文字赞一词也。"这是一种境界，或禅机，但熟悉弘一大师的朋友，却以追忆的文字说出了那些不可言说的渊默，让世人了解哲人之三昧，让人看到了立体的李叔同和弘一大师。

南社文学团体的创始人之一柳亚子在《怀弘一上人》中，作"君礼释迦佛，我拜马克思，大雄大无畏，迹异心岂殊"之偈，道出弘一大师一生没有忘记对家国的危难和世人疾苦的关切。

弘一的朋友夏丏尊在《弘一法师之出家》中说：他与弘一在浙江一师任教时相识，"在这七年中我们晨夕一堂，相处很好，当时都已三十多岁，弘一少年名士气息忏除将尽，想在教育上做些实际功夫，他教的是图画、音乐两科。自他任教以后，就忽然被重视起来，几乎把全校学生的注意力都吸引过去了……这原因的一半，当然是他对于这二科的实力充足，一半也由于他的'感化力'大，只要提起他的名字，全校师生以及工役没有不起敬的。他的力量，全由诚敬中发出……"

弘一的学生丰子恺在《为青年说弘一法师》一文说："他的人格，值得我们崇敬的有两点：第一点是'凡事认真'，第二点是'多才多艺'。又说：'他做教师，有人格做背景，好比佛菩萨有后光。"他又在《怀李叔同先生》一文中陈述："弘一法师由翩翩公子一变而为留学生，再变而为老师，三变而为道人，四变而为和尚。每做一种人，都做得十分像样，好比全能的优伶，起青衣，像青衣，起老生，像老生……都是认真的缘故。"

著名编辑作家叶圣陶在《两法师》中说："弘一法师坐下来之后，便悠悠地数着手里的念珠……可怪的是，在座一些人，或是他的旧友，或是他的学生，在难得的会晤顷，似应有些抒情地同他讲，然而不然，大家也只默然不多开口……或者他们以为这样默对一二小时，已胜过十年的晤谈了。晴秋的午前的时光，在怡然的静默中经过，觉得有难言之美。""弘一法师与印光法师并肩而坐，正是绝好的对比，一个是水样的秀美、飘逸；而一个是山样的浑朴、凝重。"

弘一旧友和学生的回忆让我们看到多姿多彩的弘一法师的神魄。

弘一法师的沙门弟子，新加坡佛学总会会长广洽法师对其评价是"高风劲节，为世所钦"。

天津同代故人学者王吟笙在《怀弘一大师》中以诗叙其功德曰："经言开觉路，书法示真铨。笔墨俱人化，如参自在禅。"

中国佛教协会会长赵朴初评价弘一大师："以书画名家而为出世高

僧，复以翰墨因缘为弘法接引资粮。功巨利博，泽润无疆，岂仅艺事超绝，笔精墨妙而已哉！"

上取名人评价，仅为"弘一大师颂"之区区几页。但已让我们看到须弥顶峰之一雪松，其以"悲欣交集"圆其一生，成为一座中华民族精神文化的丰碑，也如一曲非凡的乐章，在精神的时空中回荡……

跋

　　"长亭外，古道边，芳草碧连天。晚风拂柳笛声残，夕阳山外山……"即使在物欲横流的当下，仍有人悄悄地流连于这温润清雅的文字里，如在大漠中邂逅绿洲甘泉。该词的作者李叔同是新文化运动的先驱，开中国现代艺术启蒙教育之先河。他在国学、诗词、音乐、美术、戏剧、书法、篆刻等方面具有极高的造诣，成为20世纪前半叶光耀一时的艺术家和风华才子。后来，他斩断尘缘，青鞋布衲，情系故乡，爱国卫教，普度众生，成为南山律宗第十一代祖师，被誉为僧德昭昭的云水高僧。

　　因缘萍水，亦非偶然。我与李叔同结缘是在天津。余生也晚，20世纪中期，我的童年在津门意奥租界别墅里度过，负笈读书于由大佛寺改成的二十六小学。出校门往北，一箭之遥便是粮店后街六十号李叔同故居。更巧的是，同班中有李叔同远亲叔侄二人，语文老师曾与李叔同谋过面。于是，那座门口高悬"进士第"大匾的宅第就成了我的乐园。经岁月风雨的剥蚀，那个"田"字形有近百间房舍的清代院落，已经有些破败，但其昔日错落有致的遗韵犹存，精巧的垂花门、游廊、园林尚在，李叔同少年时的一些遗物仍存。有时，语文老师会带着我们到大院里上课，在李叔同读书的"洋书房"里教我们李叔同的诗和歌，如一湾流水、疏林晚钟、飘然落叶，让我常常泛起想象的涟漪。于是，我便有了与李叔同心灵邂逅的契机。

20世纪50年代后期，我转学到北京六十六中学读高中，语文老师林逸君是佛学家、因明家、诗人和书法家虞愚的夫人，他们的两个女儿是我的同班同学。语文老师喜欢我，常常带我去她家里辅导写作。我便与虞先生熟悉起来，得知他20世纪30年代从厦门大学毕业后，一度师从李叔同学因明，习书法，得弘一法师真传。这让我对李叔同有了真切的认识。

到了大学读中文系，至我忝列文学队伍，阅读李叔同的诗文，烟云过眼，印象日深，更受到无形的陶冶。到青春不再，双鬓染霜，对李叔同的阅读，仍余情不了。每唱到"一壶浊酒尽余欢，今宵别梦寒"时，便卷起对大师李叔同的无限怀念。李叔同在艺术园地的辛勤耕耘，在教坛鞠躬尽瘁的精神，节制淡泊、明其道不急其功的入世态度，踏实、持正、勤勉、厚容的心灵跋涉的文化人格，一直影响、激励我的人生。

342

1982年春节前，我曾到东四八条七十一号，给叶圣陶老拜年。他正为人民文学出版社要出版的"中国现代作家选集"《叶圣陶》卷写序。八十八米寿之年的叶老，眼有些花、耳有些背，但记忆力极好。我问起叶老1927年在上海与李叔同会面时的情景，叶老声情并茂地讲述了这段往事。我觉得离李叔同更近了。

但是，为李叔同作传，另有机缘。我完成七卷本《民国清流》后，赠书给诗人、杂文家邵燕祥老哥，请他指教。一次，邵燕祥夫妇请宴于新侨饭店，席间，邵燕祥突然说："接下来，你应该写一本李叔同传，他是风华绝代的才子，又是拈花一笑的云水高僧，他可能不在乎身后的毁誉长短，但人们应该记住这位大师。"我表示自己智不能谋、力不能任，无法驾驭这一题材。邵燕祥老哥一笑："下下人有上上智，《六祖法坛经·行由》里这么说。"

说实在的，这一题材对我太有诱惑性，历史为李叔同的传记留下了许多可阐述的空间，值得我去搏一下。

我在按计划完成并出版了《文学即人学：诺贝尔文学奖百年群星闪耀时》《启幕：中国当代文学与文人》之后，不揣简陋，在2021年10月初开始动笔，写作《李叔同传》。

历史远去，宿草径荒，墓木成拱，法师圆寂已八十载，我无缘与其谋面，得耳提面命，只能利用活化资料，在大量卷帙、琐言缀说中，揽吉光片羽，寻雪泥鸿爪，识别考据上的疑难，以史料为佐证，以客观、严谨、求实的态度研究李叔同，一个有常人复杂丰富的灵魂，又有"高山仰止"的圣者容貌，便伫立在我的面前。

写传记，宋人张孝祥在《浣溪沙》词中说得要紧："妙手何人为写真，只难传处是精神。"要再现人物的本真面貌和精气神，最忌附会猜测、妄腾口说，并要"求个与人不同处"，即写出独特的"这一个"。

本传叙述了李叔同的功成名就，力求呈现李叔同丰富、复杂、和谐统一于一身的人格特质。

李叔同身上充满艺术气质，举手投足都有一种美感，超越传统文人的优雅，他以儒雅、谦默、柔弱的生命形态，蕴含着强大的生命力量，在泰山压顶之时，岿然不动。

李叔同一生有多次转折，生命多姿多彩，充满悬疑与想象，总让人雾里看花，不识庐山真面目。

在人格艺术上，李叔同的价值当然在于不拒新思潮，唯其能在举世趋新的潮流中，不忘持守清者的收敛沉潜性格与自律，治学、教育从不急功近利。

以艺术与佛学而言，李叔同的学养博大和理解圆转，既喜涉深事务而又不忘情俗世之精神品格，十分耐人寻味。这种形式合理性与价值合理性的对立，能和谐统一于他的身上，不得不让人产生一种思考的精神倾向。

当然，这种丰富、复杂的性格，与个人禀赋、时代际遇、传统背景等若干因素碰撞而形成合力塑绘出的并非单纯的色彩有关，也是近现代百年中国史由传统向现代选择的转型中产生的一个生动的侧影。

李叔同一生躬行"博学于文"和"行己有耻"，一面不苟且遁世，一面又"明其道而不急其功"，自然算不上时代的先锋。他又宁肯放弃当主角的机遇，甘愿皈依佛门，承受寂寞，而沉寂于一种心灵的跋涉。选择的矛盾，联系当时知识分子的忧乐穷达，这须有一个干净的精神境界。当然，这不能视为一种逃避，而是"绚烂至极归于平淡"。

李叔同最终以"华枝春满，天心月圆"完成了传奇的人生。不管江湖魏阙、水流云度，他的德范，他那心如秋月、通达晓畅、随缘而行的心灵境界，及静穆又磅礴的个性精神，将与青史永存。

344

2022年适逢弘一法师圆寂八十周年，谨以此书纪念致敬这位风华才子、云水高僧。

壬寅七月北京抱独斋